刀水歴史全書 59

モンゴルの歴史

遊牧民の誕生からモンゴル国まで

［増補新版］

宮脇淳子

刀水書房

刀水歴史全書59　モンゴルの歴史　遊牧民の誕生からモンゴル国まで〔増補新版〕　目次

モンゴルの歴史　遊牧民の誕生からモンゴル国まで　［増補新版］

第一章　遊牧騎馬民の誕生

馬の家畜化のはじまり

モンゴル人が歴史上有名になったのは、かれらが遊牧騎馬民であったからである。だから、モンゴルの歴史をよく理解するためには、モンゴル人の登場する前の遊牧騎馬民の歴史も知っておく方がいい。

ところで、遊牧騎馬民の歴史というのは、いうまでもなく、人が馬を家畜化し、これに乗ることを発明（発見？）した時代にまでさかのぼる。

人が馬を家畜化したころには、すでに羊や山羊は家畜になっていた。また、羊や山羊や牛の家畜化よりも、農耕の起源の方が古いのである。

人類最初の農耕は、紀元前八〇〇〇年ごろ、西アジアのザグロス山脈ではじまった原始農耕だといわれている。羊と山羊と牛はそこで家畜化された。農耕も牧畜も、人口が増加したため、狩猟採集だけでは食べていけなくなった人類が、食料を増やす手段としてはじめたといわれている。

馬の遠い祖先は、六〇〇〇万年から五〇〇〇万年前のエオヒップスという動物であるが、これは体高三

○センチしかなかったらしい。現在の馬の直接の祖先（学名エクウス）が出現したのは約一〇〇万年前で、ここから馬とシマウマとロバが分かれた。エクウスもまだ、いまの馬に比べて小さかった。

人類ははじめ、その小さな野生馬を狩って食用にしていたが、紀元前四〇〇〇年ごろ、今のウクライナの草原で、生き残った野生種の馬がはじめて家畜化された。ここの遺跡から銜留《はみどめ》が出土し、同じ場所に埋葬されていた馬の頭骨の小臼歯《しょうきゅうし》の前に、銜を使ったらしい痕跡が見つかったのだ。

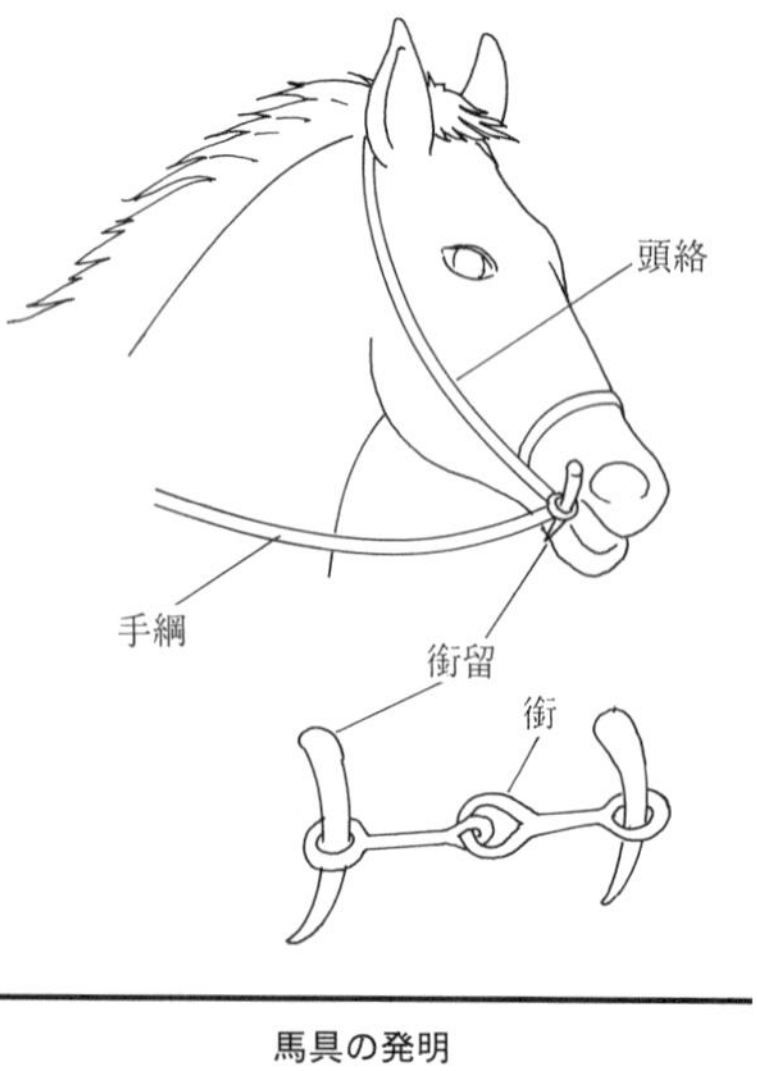

馬具の発明

銜《はみ》の発明

銜というのは、馬を御するための手綱《たづな》を馬につける道具である。馬の歯にはもともと隙間があるので、ここに横長に銜をかませて、両側の銜留で固定する。銜と銜留だけでははずれておちてしまうから、これを頭絡《とうらく》で馬の頭部にとめる。こうして、銜の左右に手綱をつけることによって、人が馬に荷物を引かせたり、馬に乗ったりすることが可能になった。

ウクライナ草原における人類最初の銜の使用は、騎乗のためだったらしい。車両が発明されたのはこれより後、紀元前三五〇〇年ごろのメソポタミアだからである。ただし、紀元前四〇〇〇年ごろに馬の家畜化がはじまったといっても、その後二〇〇〇年の間、馬の飼育は普及しなかった。

メソポタミアで発明された車両は、さいしょはおもに去勢《きょせい》牛が引いていたらしい。紀元前二〇〇〇年すぎにその北方の草原地帯で輻式《ふくしき》（スポーク式）車輪が発明されてから、馬の引く古代戦車があらわれ、またたく間に西は地中海から東は黄河流域にまで広く普及した。

人間が馬に乗って、広い草原で家畜を追って生活する騎馬遊牧の普及は、これからさらにあとの紀元前一千年前後であるといわれる。そうすると、本論の主人公である遊牧騎馬民の誕生は、このころと考えなければいけない。

遊牧生活の基本は、羊や山羊の群の放牧である。長距離の移動のために人間が騎乗する馬群と、移動するときに家財道具を乗せる牛車も必要である。家畜の比重は、中央ユーラシア草原のそれぞれの遊牧地によって差がある。モンゴル人は、羊と山羊と馬と牛と駱駝《らくだ》を五畜と呼んでいる。

ここまで見てきたように、生業としての遊牧の誕

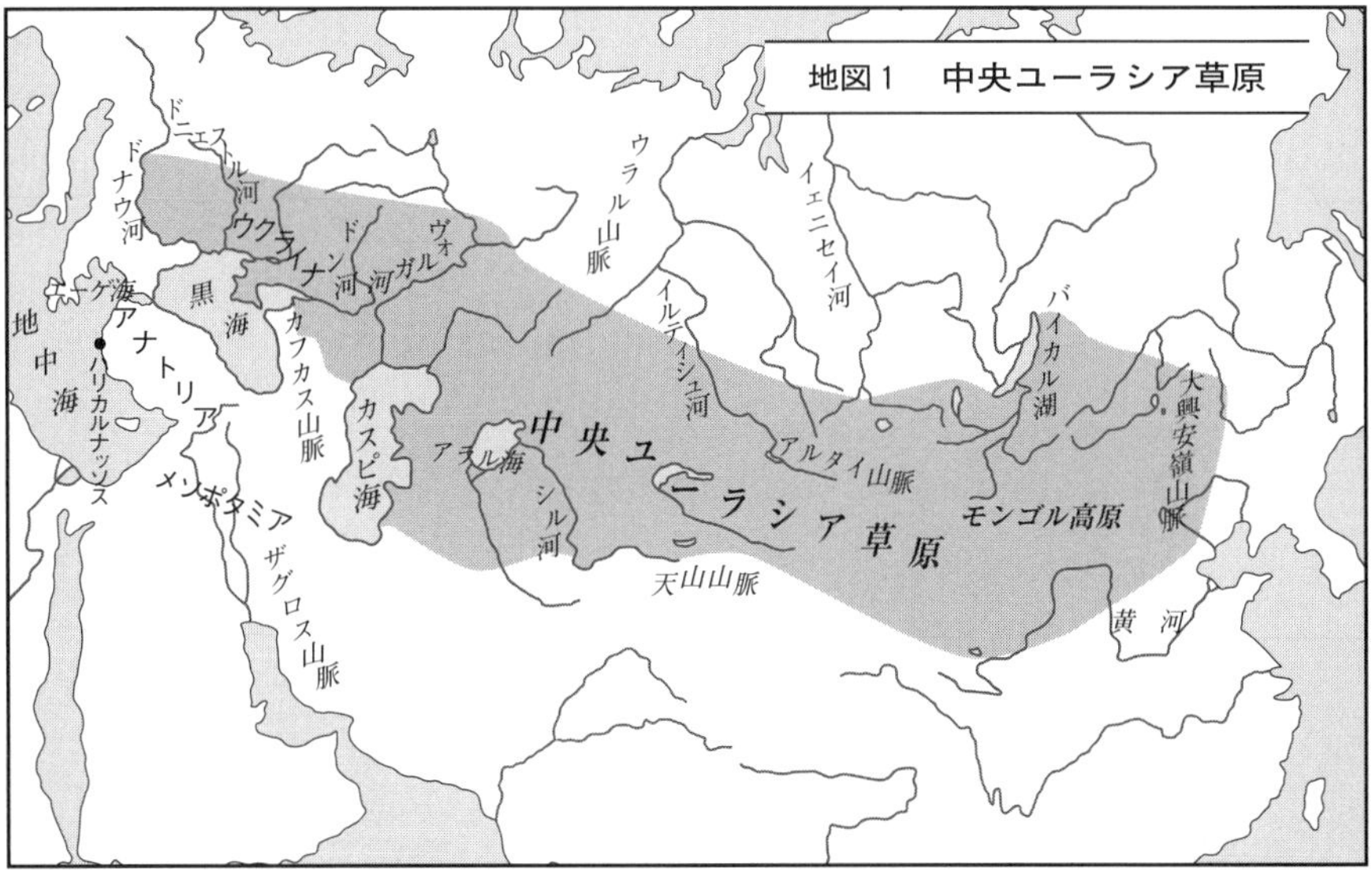

生は、原始農耕の発生よりずっと後世のことである。かつてマルクス主義の発展段階説でいわれていたような、狩猟採集から牧畜をへて農耕へと、人類の生産様式が進化してきたわけではないのだ。

鐙《あぶみ》と蹄鉄《ていてつ》

われわれが乗馬を思い浮かべるとき、銜の他に、鐙と蹄鉄が欠かせない。しかし、紀元前一〇〇〇年ごろに誕生した草原の遊牧騎馬民は、鐙も蹄鉄もなしで裸馬に乗っていた。

鐙は、四世紀ごろの中国で誕生する。騎馬が苦手な農耕民が、馬にまたがるときの踏み台として鐙を発明したらしく、最初は片側（左）だけ出土する。そのあと、鐙があると騎射が楽なので、これを遊牧騎馬民が逆輸入した。鐙をつけるために、かたい鞍《くら》と腹帯《はらおび》も必要になった。

遊牧騎馬民の歴史にとって、鐙にくらべて蹄鉄はさほど重要ではない。現在使われているような、鉄釘《てつくぎ》で馬のひづめに直接打ちつける蹄鉄は、ヨーロッパで古くに発明されたらしいが、広まるのはかなり後世で、ビザンティン帝国では八世紀末にはじめて登場する。西ヨーロッパでは、十世紀になって蹄鉄が普及した。一〇六六年、ノルマンディー公ウイリアム率いる蹄鉄をつけた騎馬軍が、アングロ・サクソンの伝統的な歩兵軍を蹂躙《じゅうりん》したヘースティングズの戦い［ノルマンのイングランド征服］以後、ヨーロッパでは、騎兵が戦闘の主力となり、馬耕が一般化したといわれている。

馬のひづめは湿気によって損傷しやすいので、ローマ時代にも、馬に履《は》き物をはかせてひもで足に結び

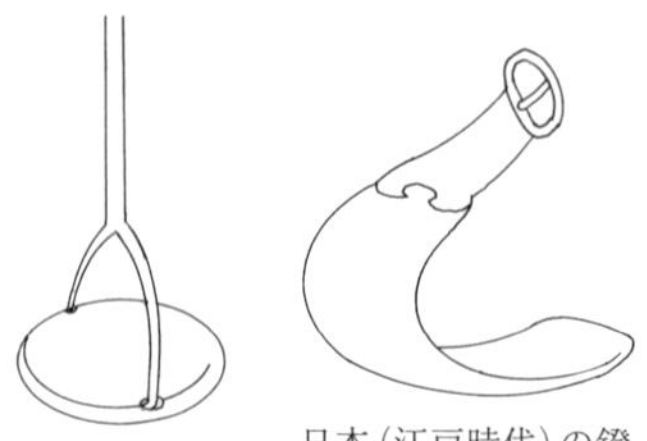

モンゴルの鐙と日本の鐙

つけるソレアsoleaというものはあった。十三世紀のモンゴル帝国時代の文献（南宋の彭大雅《ほうたいが》のモンゴル見聞記『黒韃事略《こくたつじりやく》』一二三七年）中にも、「モンゴル人は、ひづめが損耗《そんもう》して薄くなり、砂蹟《させき》地帯の走行に向かない馬には、鉄もしくは板でこしらえた「脚渋《きやくじゆう》」を装着する」とある。「脚渋」は、唐代以後の記録に「蹄渋《ていじゆう》」「木渋《もくじゆう》」ともあり、中央アジアの砂漠地帯で発達したもので、ひづめに穴をあけ、ひもでつづる馬沓《うまぐつ》だった。

アジアでもっとも古い蹄鉄は、九―十世紀のイェニセイ河流域の遊牧騎馬民の墳墓から出土している。しかし、たくさんの換え馬を引きつれ、やわらかい草地を疾駆する遊牧騎馬民の間には、蹄鉄は普及しなかった。

余談になるが、わが日本列島に蹄鉄技術が入ったのは幕末で、明治になってから普及した。去勢技術も、日本にはこのときまで知られていなかったのである。だから、第二次世界大戦後、一世を風靡《ふうび》した、江上波夫氏の「騎馬民族説」はあり得ない、と私は思う。

騎馬民族説は、正式には「騎馬民族征服王朝説」といい、「大陸から朝鮮半島を経由して、ある有力な騎馬民族が直接日本に侵入し、倭人を武力によって征服・支配した」「大和朝廷は東北アジア騎馬民族の直接の子孫である」というものだ。

しかし、大陸の草原に「遊牧騎馬民」はいるが、遊牧をしない「騎馬民族」はいない。そして、遊牧民であるなら、羊や山羊や馬の去勢を知らないはずがなかった。羊や山羊を連れずに、遊牧騎馬民が馬だけを駆って日本に侵入した、などという事態は想像できない。

日本の古墳から出土する銜・鞍・鐙や馬の飾りなどの馬具は、魏晋《ぎしん》南北朝時代の北中国のものと同類である。だから、北中国の農耕地帯に入った騎馬文化が、その文化の担い手、つまり、第二章で述べる北方出身の新しい中国人とともに、当時の日本列島に入ったと考えられる。

史上初の遊牧騎馬民

世界史上はじめて名前の知られる遊牧騎馬民は、紀元前一千年ごろ、今はウクライナの国土である黒海北岸の草原にいたといわれるキンメリア人である。先にいったように、騎馬で遊牧をおこなう技術が開発されたのもこのころだといわれるから、キンメリア人以前に名前の知られていない遊牧騎馬民がいたとは思えない。

キンメリア人は、東方から移動してきたスキタイ人に追われて、紀元前八世紀の末にカフカス山脈をこえてアナトリア（小アジア）に入り、アッシリア帝国を脅《おびや》かしたのち、紀元前七世紀末には消滅した。

これにかわって黒海北岸を占拠した遊牧騎馬民スキタイについては、「歴史の父」ヘーロドトスが詳しい記録を残しているので、人類史上はじまったばかりの遊牧騎馬民の社会について、われわれは、かなりよく知ることができる。

ヘーロドトスは、紀元前四八五年ごろ、ギリシアの植民地だったアナトリアのエーゲ海岸の町ハリカルナッソスで、土着の名門カリア人を父に、ギリシア人を母に生まれた（～前四二五ごろ）。「ヒストリア」というギリシア語はもともと「研究」という意味だったが、ヘーロドトスの著書『ヒストリアイ』［ヒストリアの複数形］が地中海世界ではじめての歴史書だったので、そのあと、このことばに「歴史」という意味が加わった。

ヘーロドトスによると、スキタイと呼ばれる人びとは、西は現在のドニエストル河から東はドン河まで住んでおり、西から、農耕スキタイ、農民スキタイ、遊牧スキタイ、王族スキタイに分かれていた。遊牧スキタイは「種も蒔《ま》かねば耕す術も知らない」。王族スキタイは「もっとも勇敢で数も多く、他のスキタイ人を自分の隷属民とみなしている」。スキタイ人について、ヘーロドトスは「町も城塞も築いておらず、その一人残らずが家を運んでは移動していく騎馬の弓使いで、生活は農耕によらず家畜に頼り、住む家は獣《けもの》に曳《ひ》かせる車である」と説明する。スキタイの支配者たちは遊牧騎馬民だったが、被支配者の中には、農耕民など出自の違う人びとも含まれていたのだ。

草原の道につらなる遊牧騎馬民

ヘーロドトスによれば、カスピ海の東、アラクセス河（ヴォルガ河）のかなたの大平原に、マッサゲタイ人という遊牧騎馬民が住んでいた。かれらは人口も多く勇猛な種族であり、スキタイ人はこのマッサゲタイ人におわれて、アラクセス河を渡り、黒海北岸に移ったという。マッサゲタイ人はスキタイ人と同族であるともいわれ、服装や生活様式もスキタイ人とよく似ている。「かれらには、騎兵も歩兵もある。弓兵、槍兵もあり、戦闘用の両刃《もろは》の斧《おの》を携《たずさ》えるのが慣習になっている。かれらは万事に金と青銅を用いる。農耕は全くせず、家畜と魚を食料として生活している。また、飲料にはもっぱら乳を用いる。神として崇敬するのは太陽だけで、馬を犠牲に供《そな》える」。

ヘーロドトスはまた、別の箇所で次のようにいう。スキタイ人の国の東の境であるタナイス河（ドン河）のさらに東方には、スキタイ王に属しない、別種のスキタイ人が住んでいる。ここまでの地域は、いずれも土壌の深い、平坦な土地であるのに対し、ここから先は小石や岩だらけの荒れ地がつづく。この荒れ地を過ぎると、高い山脈（ウラル山脈）の麓にアルギッパイオイ人という、男も女も生まれながらの禿頭《はげあたま》であるという種族が住んでいる。獅子鼻《ししばな》で顎《あご》が張り、服装はスキタイ風だが、独自の言語を話し、木の実を常食としている。かれらの住居は夏は樹蔭《こかげ》で、冬は樹に白いフェルトの覆《おお》いをかける。

その東方にはイッセドネス人が住んでいる。イッセドネス人の向こうには、一つ眼のアリマスポイ人が住み、その向こうには黄金を守る怪鳥グリュプスの群、さらにその向こうには、ヒュペルボレオイ人〔「北風のかなたの人びと」の意味〕が住んで、海に至っている。

このイッセドネス人は、風俗習慣から見て、前述のマッサゲタイ人と同じ種族らしい。「イッセドネス」はスキタイ語、「マッサゲタイ」はペルシア語の呼び名なのである。

イッセドネス人より向こうの話は、スキタイ人がイッセドネス人から聞いて、ギリシア人に伝えたのだが、黄金を守る怪鳥グリュプスの群のいるところは、アルタイ山脈だろう〔黄金をトルコ語でアルトゥン、モンゴル語でアルタンという〕。その向こうのヒュペルボレオイ人のいるところはモ

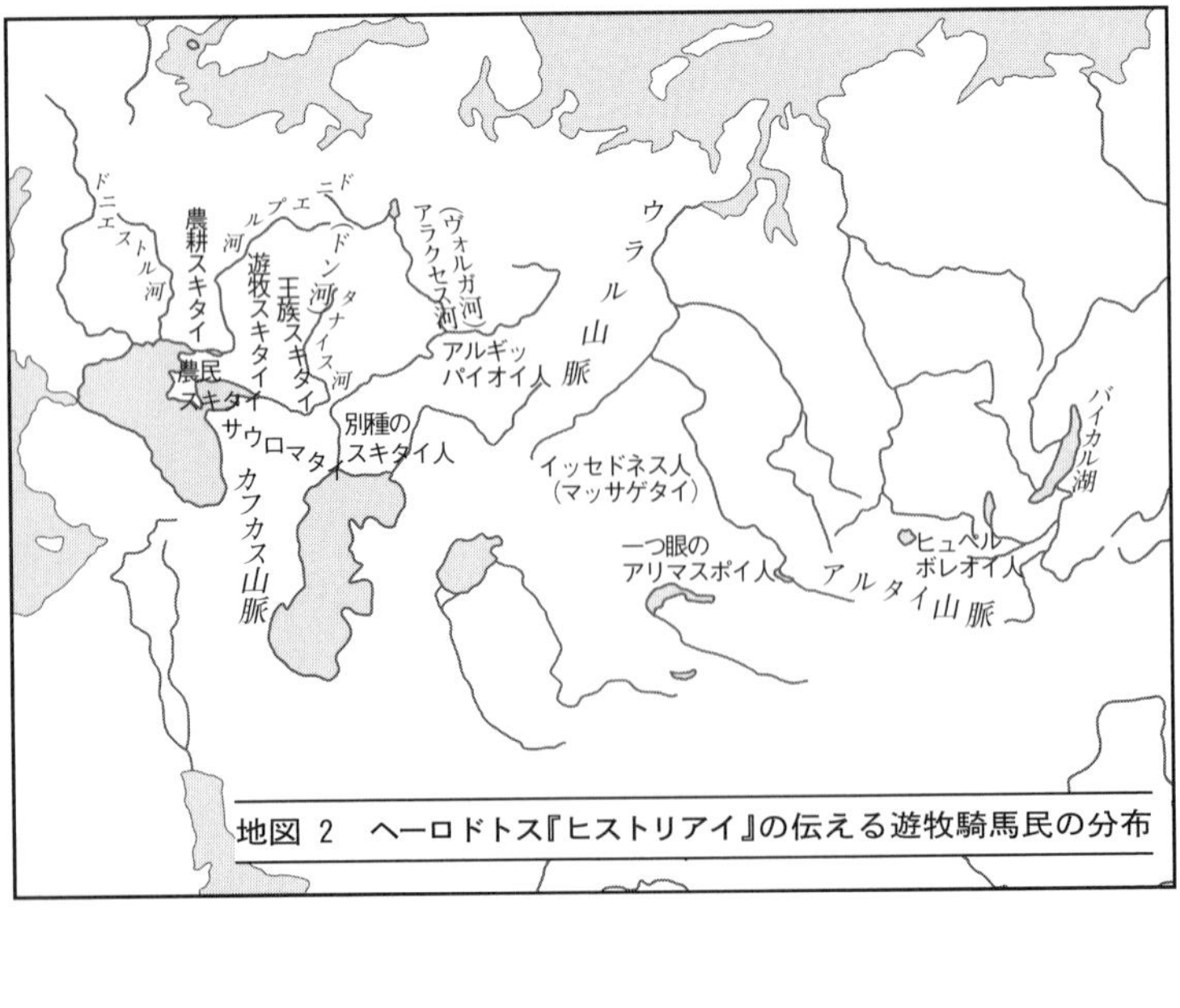

地図 2　ヘーロドトス『ヒストリアイ』の伝える遊牧騎馬民の分布

ンゴル高原で、海とは、バイカル湖のことにちがいない。

考古学調査の裏付け

二十世紀に入って盛んにおこなわれるようになった、遊牧騎馬民の墳墓の発掘調査のおかげで、ヘーロドトスの記述をおぎなう事実がたくさん明らかになった。

スキタイ文化とかスキタイ様式と呼ばれる、古代の遊牧騎馬民独特の美術は、逆ハート形のつばを持つ両刃のアキナケス剣、動物意匠、黄金の装身具や馬具などを特徴とする。墳墓は、クルガンと呼ばれる高《たか》塚《つか》古墳で、かならず馬が一緒に埋葬されている。

ヘーロドトスによると、紀元前八世紀に、スキタイ人はキンメリア人を黒海北岸から追い出したということであるが、紀元前九世紀から紀元前七世紀の間の黒海北岸の考古学遺物に差はない。つまり、スキタイ人とキンメリア人は同類だったのだ。

ヘーロドトスはまた、タナイス河（ドン河）のかなたには、本来のスキタイ人は住んでいなかった、というが、実際には、北カフカスの山麓にある墳墓から、スキタイ様式の武器や馬具がしばしば出土している。

紀元前七世紀末から紀元前四世紀にかけて黒海北岸で活躍したスキタイ人と、スキタイ人の東方にいて、なまりのあるスキタイ語を話したといわれるサウロマタイ人の墳墓が何千も見つかった。その中で紀元前四世紀のスキタイ女性の墳墓が多量に発見されたが、そのうち三七パーセントが武装した女だった。ヘーロドトスの伝えた「女戦士アマゾネス」の物語を思い起こさせる話である。埋葬品から判断して、スキタイの女戦士は裕福でない普通の遊牧民だったが、ヴォルガ河畔で発見されたサウロマタイ人の墳墓では、戦士の墓の二〇パーセントが女で、女たちは、もっとも豊かなグループに属していたという。

モンゴル国の西北にあるロシア連邦トゥヴァ共和国で、一九七一年から発掘された紀元前八世紀の墳墓が、スキタイ様式の遺跡の中では最古のものなので、今では、アルタイ山地がスキタイ文化の起源だと考えられるようになっている。

古代の遊牧騎馬民が、黒海北岸からバイカル湖まで広く分布していたという、ヘーロドトスが伝えた物語は、考古学上の発掘調査から裏付けられたのである。

言語と人種の区分

スキタイ人と、紀元前三世紀に黒海北岸に入ってきたサウロマタイ人は、イラン系言語を話す人びとだという。イラン系言語は、インド・ヨーロッパ語族に属する。

インド・ヨーロッパ語族の言語を話す人びとは、もともと中央ユーラシアの内部のどこかに住んでいた。それが、紀元前三千年紀に、西方および南方に向かって移動を開始したといわれている。その言語の中でイラン系に分類されるのは、東方では古くはソグド語、ホータン・サカ語、ホラズム語、パルティア語、バクトリア語、現在のアフガン語（パシュトゥ語）などである。西方ではペルシア語、タジク語、クルド語などが含まれる。

ところで、言語と人種の分類を混同してはいけない。ここのところが、遊牧騎馬民の歴史を考えるとき、もっとも注意してかからなければいけない問題なのである。

人種とは、例えば『大辞林』では、「地球上の人類を、骨格・皮膚の色・毛髪・血液型など形質的特徴によって区別した種類。普通、コーカソイド・ニグロイド・モンゴロイドに三大別するが、分類不能な集団も多い」と説明する。この人種区分をはじめたのは、ドイツの人類学者ブルーメンバッハ（一七五二―一八四〇）であるが、かれはこの他、アメリカ先住民とマラヤ人（太平洋の人びと）を別の人種と考えて、人類を五大人種に分類した。

かれの分類のなかで、コーカソイド・ニグロイド・モンゴロイドの三大区分だけがいまだに使われているのだが、この区分は単純に、白人種・黒人種・黄色人種ということだ。

「モンゴロイド」はもちろん「モンゴル」から生まれたことばだが、それは歴史上、モンゴル人がヨーロッパで一番有名な黄色人種だったからだ。「コーカソイド」は「コーカサス」から生まれたことばだが、ロシア人にとってコーカサス（カフカス）山地はアジアで異教の地だから、このことばが気に入らなかったらしく、ロシア語では「ユーロペオイド」といい換える。

ソ連で出版された研究書では、例えば現代のトルクメン人を「形質的には、わずかにモンゴロイド要素の混じったユーロペオイド」、ウイグル人を「各グループによってモンゴロイドの混血の度合いは違うが、全体としてはユーロペオイドに属する」などと説明する。ただし、この人たちのことばがトルコ系であることは、まぎれもない事実である。

人種による区分も言語による区分も、どちらも十九世紀にはじまっていて、きわめて政治的な動機から生まれたものだ。これについては、本書で、折にふれ論じていきたい。ただ、古い時代に中央ユーラシアにいた、インド・ヨーロッパ語系のことばを話した人びとが、コーカソイドの祖先で、イラン系言語を話したスキタイやサルマタイもコーカソイドであったらしいことは、発掘された遺骨などから明らかである。

モンゴル高原の遊牧騎馬民

さて、遊牧騎馬民の歴史に話を戻そう。ヘーロドトスが、世界最初の歴史書『ヒストリアイ』で、黒海北岸の遊牧騎馬民スキタイについて著述してから三五〇年へた紀元前一

○四年に、東方の中国文明における最初の歴史書、司馬遷《しばせん》の『史記《しき》』が生まれた。

ヘーロドトスの著作以前に、「ヒストリア」は「研究」という意味しかなかったように、司馬遷が『史記』を書く前には、「史」という漢字の意味は「帳簿をもつ役人」のことだった。帳簿に日々のできごとを書き込む役人が「史官」で、史官の記録が中国文明の歴史文化の起源になったのである。

司馬遷は、漢《かん》の武帝《ぶてい》に仕えた太史令《たいしれい》（史官長）だったが、そのころ、漢の北方のモンゴル高原には、強大な遊牧騎馬民の匈奴《きょうど》帝国があった。武帝は、五四年の治世の間、しばしば大軍をモンゴル高原に送って匈奴に攻撃を加えたが、戦争で国力を消耗したのは、漢のほうだった。そういうわけで、司馬遷の『史記』では、匈奴についてとくに一章をもうけている。ここで紹介する『史記』「匈奴列伝」は、北方の遊牧騎馬民について記した中国文献の中でもっとも有名なもので、のちの史書はみなこれをまねて書いた。

「匈奴は北の蛮地に居住し、畜類を牧するために移り住む。その家畜のうちで多いものは馬・牛・羊で、珍しいものとしては駱駝・驢馬《ろば》・騾馬《らば》・駃騠《けってい》［牡ロバと牝ウマの一代雑種］などがある。水と草を求めて移動して暮らし、城郭（都市）や固定家屋や耕作地はないが、それぞれ割当ての土地はある。文字はなく口頭で約束をする。子供は上手に羊に乗り、弓を引いて鳥や鼠を射る。少し成長すれば、狐や兎を射て、食用に当てる。大人の男で弓を引き絞る力のある者は、みな甲冑《かっちゅう》を付けて騎兵となる。その風俗は、平和時には家畜の世話をするかたわら、鳥や獣を射て生活を立てる。一旦急変ある時は、一人一人が戦士になって戦争にでかける。これが天性である。遠くに達する武器には弓と矢があり、接戦用の武器には刀と槍がある。勝つと見れば進み、不利と見れば退き、遁走《とんそう》を恥としない。利益ありと知れば礼儀もかえりみない。君主をはじめとして、みな家畜の肉を食い、その皮を着、フェルトや毛皮を被る。壮年の者は脂《あぶら》ののったうまいところを食い、老人はその余りを食う。壮年で力強い者を尊敬し、老いて弱い者を軽蔑する。父が死ねば、息子は継母と結婚する。兄弟が死ねばみなその寡婦《かふ》と結婚する。その習俗として諱《いみな》の習慣［人の本名を口にしたり書いたりすることを避ける］はなく、姓も字《あざな》もない」。

匈奴帝国のしくみ

中国王朝の歴史は、紀元前二二一年、秦《しん》の始皇帝《しこうてい》がはじめて天下を統一し、みずから「最初の皇帝」と名乗ったときにはじまる。「秦」がいまの英語の「チャイナ China」の語源である。秦の始皇帝は、黄河の流域から長江の流域に至る、中原《ちゅうげん》と呼ばれた地域の多くの都市国家を統一した。これ以前に漢字は誕生していたが、「中国」と呼べるような統一体はなかった。

紀元前二一〇年に始皇帝が死ぬと、中国の統一が破れ、各地で反乱が起きた。その中で、項羽《こうう》と劉邦《りゅうほう》（漢の高祖）が中国の天下を二分して争っていた時期、北方の陰山《いんざん》山脈の匈奴部族の冒頓単于《ぼくとんぜんう》が、東の遊牧民東胡《とうこ》を服属させ、西方では月氏《げっし》を討って、モンゴル高原をはじめて統一した。「単于」というのは、中国の「皇帝」に相当する、匈奴帝国の最高指導者の称号である。冒頓単于は、戦士三十余万人を率いたという。

冒頓単于の指導のもと、匈奴帝国の勢力は、東方では大興安嶺《だいこうあんれい》山脈を越えて、いまでは中国領になっている遼寧《りょうねい》省、吉林《きつりん》省、黒龍江《こくりゅうこう》省一帯の狩猟民に及び、北方ではバイカル湖に、西方ではアルタイ山脈にまで及んで、モンゴル高原の遊牧民すべてを支配下に入れた。

匈奴帝国は、多くの遊牧騎馬民の部族の連合体だった。司馬遷の伝えるところによると、単于の下には、左賢王《さけんおう》、右賢王《うけんおう》以下二四人の部族長がいて、それぞれ多い者で一万人、少ない者で数千人の騎兵を率い、「万騎《ばんき》」（万人隊長）と呼ばれた。こうした大臣たちの地位はみな世襲で、その中でもっとも格が高いのは呼衍《こえん》氏族、蘭《らん》氏族で、これらに次ぐのは須卜《しゅぼく》氏族だった。これらの部族長は左右に分かれて配置されていた。

モンゴル高原の遊牧民にとっての方位は、南（実はやや東南）が前で、北（やや西北）がうしろである。いまのモンゴル語でも、左と東、右と西は同じことばを使う。匈奴でも、左翼（左方）の部族長たちは東方におり、北京以東、満洲・朝鮮半島の前線を担当した。右翼（右方）の部族長たちは西方にいて、陝西《せんせい》以西、中央アジア方面の前線を担当した。単于の本営は中央にあって、山西の前線を担当した。単于以下、それぞれ割当ての土地があって、その範囲内で水と草を求めて移動するのである。二四人の部族長はそれぞれ、千長（千人隊長）、百長（百人隊長）、什長《じっちょう》（十人隊長）などの官を置いた。

この匈奴帝国のしくみは、あとで述べる十三世紀

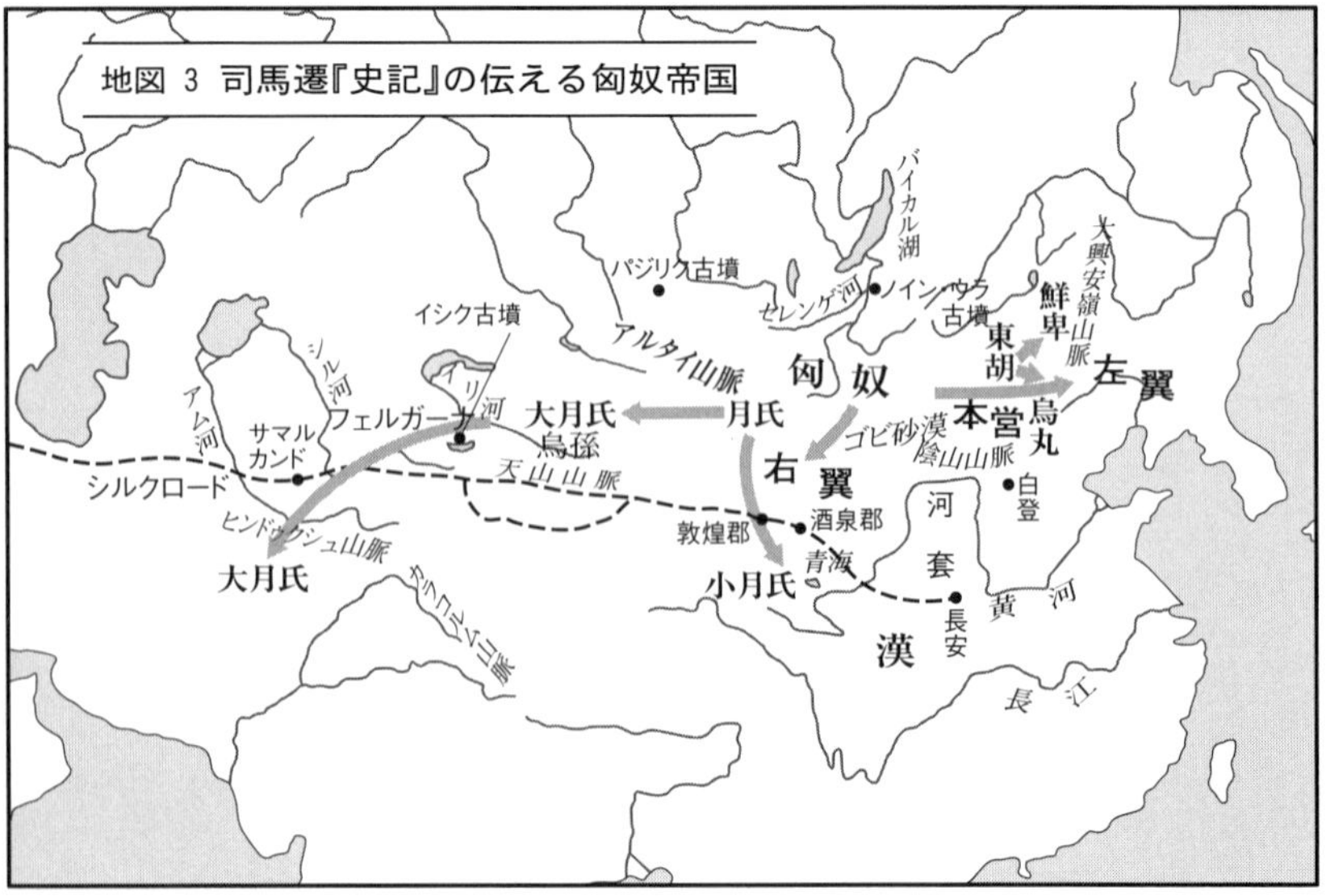

地図 3　司馬遷『史記』の伝える匈奴帝国

のモンゴル帝国と全く同じである。遊牧騎馬民自身が残した記録は、この時期まだないが、伝統は受け継がれていったのだ。

匈奴はモンゴル系かトルコ系か

モンゴル高原ではじめて遊牧騎馬民の政治連合体、つまり遊牧帝国をつくった匈奴は、モンゴル系だったか、トルコ系だったか、という議論が、かつてわが国の東洋史学界で話題になった。いまでも一般書では、匈奴にはじまって、鮮卑《せんぴ》、柔然《じゆうぜん》、鉄勒《てつろく》、契丹《きつたん》など、モンゴル高原で興亡を繰り返した遊牧騎馬民について、モンゴル系かトルコ系か、とりあえず決めて叙述する。しかし、この命題には、重大な欠陥がいくつも存在する。

まず第一に、その系統が、人種のことを指しているのか、言語のことを指しているのか、はっきりしないことである。

第二に、モンゴルもトルコも、匈奴よりも後世に誕生した遊牧騎馬民の名称である。かれらより古い時代の遊牧民が、どちらに属していたか、どうして決められるだろう。

どちらかに決めようとしている人たちにとって、分類の基準は、人種の場合だと、形質学的特徴が、現在のモンゴル民族とトルコ民族のどちらにより近いか、ということになる。ところが、人種の区分でいえば、現在トルコ系に分類される人びとは、さきにソ連の研究書を例に述べたように、大なり小なり、モンゴロイドとコーカソイドの混血である。古い時代に中央ユーラシアにいたコーカソイドが西方と南方に移住し、そのあとでモンゴロイドの遊牧騎馬民が広がったと単純に考えると、西にいくほどコーカソイドの血統が強く残っていることになる。一方、モンゴロイドという名称のもとになったモンゴル民族も、現代に至るまで、中央ユーラシアのさまざまな人種と混血してきたのだ。古代の遊牧民を、モンゴル系かトルコ系かに分類するなどということは不可能だ。

言語の系統の場合でも、分類の基準は、現代モンゴル語と現代トルコ語のどちらにより近いか、ということにすぎないのだが、中央ユーラシアに住む人びとの言語を、モンゴル系とトルコ系に分類したのは、十九世紀のヨーロッパの比較言語学者たちで、その研究の動機は、インド・ヨーロッパ語族に属する言語と区別するためだった。

わずかな単語が漢字に音訳されて残っているだけの匈奴のことばから、モンゴル系かトルコ系かを判断することはできない。十三世紀にモンゴル語が誕生した当時、今のようなトルコ語が存在したわけではない。長い歴史的経緯をへて、二つの系統に分かれたのだ。また、言語は生まれた後で習得するものだから、もともと人種とは関係がない。

そういうわけであるから、モンゴル高原で最初の遊牧帝国をつくった匈奴は、文化的にはまちがいなく、のちのモンゴル帝国の祖といえるが、血統がそのまま後世に伝わったとは考えにくい。次に見るように、匈奴は、南方へ、あるいは西方へと何度も移住をしているし、そもそも遊牧帝国の支配集団と、被支配集団が、同じ人種だったとは限らないのである。

匈奴と漢

中国では、紀元前二〇二年に項羽が死んで、劉邦が漢の初代高祖となった。紀元前二〇〇年、漢の高祖は三二万の歩兵を率いて匈奴の攻撃に向かった。高祖は本軍に先んじて進軍し、大同の東の白登《はくとう》で、冒頓単于率いる匈奴の大軍に包囲され、七日間も動きが取れず、窮地におちいった。高祖はひそかに冒頓の皇后［匈奴のことばで閼氏《あつし》という］に使者を送り、手厚い贈り物をして取りなしを頼んだ。俗書には、高祖が「単于がもし漢地に至れば漢の美女を愛し、閼氏への寵《ちょう》は衰えるだろう」といって閼氏を説得したとあるが、これは古くは『戦国策《せんごくさく》』［前漢の劉向《りゅうこう》が戦国時代の古い文辞を集めて編纂した］に登場する国から国へと自説を説いて歩いた遊説《ゆうぜい》の士の常套句《じょうとうく》で、中国ではやった決まり文句なので、とうてい史実とは思えない。

ともかく贈り物のおかげで冒頓単于は高祖を解放し、これ以来、漢は毎年決まった額の真綿《まわた》、絹織物、酒、米、食物を匈奴に贈り、皇族の娘（公主《こうしゅ》）を単于に嫁入りさせて、ようやく平和を保った。匈奴は漢に傲慢な態度でのぞみ、冒頓単于が漢に送った書状は「天の立てるところの匈奴の大単于は敬《つつし》んで問う。皇帝恙《つつが》なきか」という文句で始まる。漢にとってこのような屈辱的な友好関係は、第五代武帝の時まで半世紀続いた。

漢の武帝が即位すると、匈奴の西方にいる月氏と軍事同盟を結び、匈奴をはさみ撃ちしようとして、張騫《ちょうけん》を月氏に派遣した。月氏は、かつてモンゴル高原西半分を支配していた大勢力だったが、匈奴の冒頓単于に征伐されて、主力は天山《てんざん》北部からイリ河に移動した。これが大月氏《だいげっし》と呼ばれ、一部は甘粛《かんしゅく》・青《せい》海《かい》から黄河上流域に残って小月氏《しょうげっし》と呼ばれた。

張騫が漢を出発した紀元前一三九年には大月氏はまだ天山山脈北方にいたが、その後また匈奴に攻撃されて西に移動し、いまのアフガニスタン北部に進出してバクトリア王国を倒した。張騫は、途中匈奴に捕まり、抑留されて、ようやく逃げだし一〇年かかって、バクトリアに移住した大月氏のところに着いた。

月氏との同盟は成功しなかったが、その間も、武帝は、匈奴に対して積極的に攻撃をおこない、有名な将軍、衛青《えいせい》や霍去病《かくきょへい》が匈奴を破った。漢は河套《かとう》（今のオルドス）地方を匈奴から奪い、河西《かせい》の地に酒泉《しゅせん》郡と敦煌《とんこう》郡をおいて、オアシス・ルートを直接統治した。

天山北麓には、月氏のあと、烏孫《うそん》という遊牧騎馬民が住むようになっていた。武帝は、今度は烏孫王のもとへ張騫を派遣し、漢の公主を嫁にやって、匈奴に対抗させた。

匈奴の分裂と王昭君の降嫁

漢の武帝の時代は、匈奴に対して積極政策を取り、たびたび大軍を送って匈奴を攻撃した。しかし、漢の兵馬の損害も大きく、そのせいで国力を消耗した。それで、武帝が紀元前八七年に死ぬと、漢は一転して、匈奴と衝突しないように消極政策を取った。

漢にとって幸いなことに、まもなく匈奴の方で内乱が起こり、前五六年には五人の単于が立って、匈奴は東西に分裂した。そして、東匈奴の呼韓邪《こかんや》単于が、兄と対立して、前五一年に漢の首都長安《ちょうあん》を訪ねて、漢に臣下の礼を取るに至った。

呼韓邪単于は自ら、漢の帝室の婿となりたい、と申し出たので、漢の元帝《げんてい》は、後宮《こうきゅう》の良家子《りょうかし》［出のいい娘］の王昭君《おうしょうくん》を単于に賜《たまわ》った。王昭君は寧胡閼氏《ねいこあつし》［匈奴を安寧にする妃］と呼ばれ、呼韓邪単于との間に男の子を一人産んだ。呼韓邪が死ぬと、次の単于がまた王昭君を妻とし、女の子二人が生まれた。王昭君の娘と娘婿は、その後、匈奴と漢の和親に大いに力を尽くした。

『漢書《かんじょ》』［前漢について書いた正史］がこのように記したのは一世紀のことだが、漢が滅びて三国時代をへて晋《しん》の時代になると、中国で王昭君の歌が作られ、大いにはやった。日本人がよく知っている物語「後宮の女人の中で王昭君だけが画工にわいろを贈らなかったために、醜く描かれ、選ばれて匈奴に送られることになった。元帝が召し出してみれば、その容貌は後宮一番だったので、怒った帝は、画工を処刑した」という話は、三世紀ごろに誕生した。

そのあと、李白《りはく》をはじめ唐代の詩人たちが好んで歌い、また芝居になって、悲劇の女主人公として有名になったけれども、その物語は史実ではない。

五世紀に書かれた『後漢書《ごかんじょ》』〔後漢について書いた正史〕の「南匈奴列伝」は、四〇〇年の間に民間で作られ、はやった話に影響されて、これと似た話を載せているが、一世紀に書かれた『漢書』とくらべると、史料の価値は同じではない。そういうわけで、史料を使うときには、それがいつ、誰が、どういう目的で書いたものかを、いつも考えなくてはいけない。それを史料批判、と呼ぶ。

王昭君は、今では中国内蒙古自治区フフホト市に銅像が立っていて、漢族と少数民族の友好に尽力した、と褒《ほ》め称《たた》えられているが、このように、過去の人物の評価は、時代によって、時の政策によって、すっかり変わっていくのである。

匈奴の終焉とフン族

話を戻して、東西に分裂した匈奴は、王昭君を妃とした東匈奴の呼韓邪単于を漢が支援したので、兄の単于は中央アジアに逃亡して殺され、匈奴は再び安定した。

紀元八年、漢は、外戚の王莽《おうもう》に乗っ取られて滅んだ。王莽は国号を新《しん》と改めたが、まもなく内乱で滅び、二五年に光武帝が漢を復興して、後漢時代に入った。

紀元四八年、匈奴が今度は南北に分裂した。南匈奴は、先の呼韓邪単于の孫を単于に選んだ。新単于は、祖父と同じ呼韓邪という称号を採用し、後漢に同盟を申し入れた。

南匈奴が今の内モンゴルの地で後漢と共同作戦を取っている間、八七年に、北匈奴の単于が鮮卑《せんぴ》という遊牧騎馬民に殺され、その属下の五八部二〇万人が後漢に亡命した。

鮮卑というのは、モンゴル高原の東の端に沿って南北にのびる大興安嶺山脈の東斜面に住んでいた遊牧民である。匈奴の冒頓単于に滅ぼされた東胡の分かれだと、中国の史料はいう。匈奴が南北に分裂したあと、鮮卑の勢いが盛んになり、北匈奴を西方に追いやって、一世紀末には、鮮卑がゴビ砂漠の北、今のモンゴル国の領域に広がった。ただし、この地に十余万家族残っていた匈奴人は、みな鮮卑と自称するようになった、というから、支配部族が入れ替わったのだ。

アルタイ山脈の西、天山北部からイリ河方面におわれた北匈奴の支配層は、二世紀にはさらに西方に移動した。四世紀に黒海北岸を制圧した遊牧騎馬民フン族のフンという名称は、匈奴のことである。

匈奴という漢字の音は、現代中国語ではシュンヌ hsiung-nu だが、漢代の音はわからない。しかし、四世紀にサマルカンドにいたソグド商人が、五胡十六国の最初の王朝、南匈奴《みなみきょうど》の単于の末裔が中国に立てた前趙《ぜんちょう》の匈奴人を、フン xwn と書いている。

黒海北岸にあらわれた新しい遊牧騎馬民フンは、ギリシア語でウンノイ Ounnoi、ラテン語でフーニ Huni、フンニ Hunni などと写され、ローマの歴史家アンミアヌス・マルケリヌスは「馬上で食べ、飲み、会議をおこなう」と記した。ローマやビザンツの歴史家が描く典型的なフンは、短足で背が低く小太り、落ちくぼんだ目は黒く小さく、鼻は平らであるという。人種から見れば、明らかに、いまのモンゴロイドの特徴だ。

モンゴル高原にいた遊牧騎馬民が全員、今のカザフスタンを通って黒海北岸まで移動したわけではないが、北匈奴の後裔の一部が黒海に至ったことは間違いないと、私は思う。

考古学遺物に見る東西交流

匈奴時代の遺跡としてもっとも有名なものは、モンゴル国の首都ウラーンバートル市の北方二〇〇キロの、セレンゲ河沿いのノイン・ウラ山中の古墳群である。一九二〇年代に二〇〇以上の墳墓が発掘された。これらは紀元前後の匈奴の単于や貴族のものと考えられている。埋葬されていた人びとは、頭髪が黒い直毛で、今日のトゥングース民族とよく似た特徴を持つモンゴロイドであるが、一部にはコーカソイド型の遺骨も見られたという報告がある。

発掘された遺物には、耳杯《じはい》、乾漆《かんしつ》づくりの化粧箱、青銅器、玉器、さまざまな絹、漢字を織りだした錦《にしき》など、漢代中国の工芸品がたくさんある。一方、イラン系の容貌の騎士を刺繍《ししゅう》した壁掛けも見つかった。ラクダの毛のじゅうたんには、黒海北岸のサルマタイ様式のグリュプス〔ギリシア神話に出てくる怪獣で、頭と翼はワシ、胴体はライオン〕がトナカイに襲いかかる図柄と、中国風のヤクと有角ライオンが闘争している図柄がアップリケされていた。古墳の構造も、漢代木室墳《もくしつふん》とスキタイ系高塚《クルガン》古墳の両方の要素が混在しているという。東西どちらとも交流があったことが明らかである。

このほか、匈奴の統一よりも時期が少しさかのぼる、紀元前五－前四世紀の古墳群が、モンゴル高原の西北方、アルタイ山地で発見されている。このパジリク古墳も、ノイン・ウラ古墳と同様、永久凍結のおかげで、木製品、フェルト、織物、ミイラなどが腐食せずに出土した。

パジリク古墳は五基が発掘されているが、二号墳から一対の男女のミイラ遺体が発見された。男女はともに頭髪を剃《そ》り頭蓋を割って脳髄《のうずい》を取り去った上、詰めものをしてあった。男子は死亡当時六十歳前後で、頑丈な体格をしており、戦闘中斧で一撃をうけて死んだものだった。全身に動物文様の刺青《いれずみ》があり、頬骨《ほおぼね》が高く、今のカザフやキルギズ人に似たモンゴロイドである。女子は四十歳ぐらい、背が高く手足がすんなりしており、コーカソイドに属する。剃り落とした頭髪は束ねてわきに置いてあったが、波打つ黒髪だった。

パジリク古墳にはおびただしい数の馬が陪葬《ばいそう》されており、木製の屋根付き四輪車も出土した。車輪は直径一六〇センチメートルもある、高車である。

パジリクからは、世界最古のペルシアじゅうたんや、西アジア産のゴブラン風の織物が出土し、一方、中国製の不死鳥と花の刺繍のある絹織物も見つかった。このように、遠い土地から運ばれた品物の他に、フェルト製の白鳥のぬいぐるみや、鹿の毛をつめたフェルトの枕など、遊牧騎馬民独自の美術品や日常生活用品も多く見つかった。

中央アジアの遊牧騎馬民

パジリク古墳群に埋葬された人物が、どういう人びとだったのかは、記録がないのでわからない。匈奴におわれて中央アジアに移動した月氏ではないか、という説もあるが、モンゴル高原西部からアルタイ山脈を越えてしまうと、中国の史料はほとんど役に立たない。

中央アジアの遊牧騎馬民の話のついでに、今のカザフスタンのアルマトイ市東方五〇キロのイシク古墳から出土した、黄金人間について話しておこう。

これは、頭のてっぺんから足のつま先にいたるまで黄金づくめで装飾された、若者の遺骸である。頭には、四本の黄金の矢のついたとんがり帽子をかぶっている。上着は騎馬民族らしく丈が短く左前で、スキタイの習俗と共通である。上着とズボンの下半分は、鏃《やじり》の形の小さな金製品で装飾されている。身長は一六五センチ、モンゴロイドの特徴が混じっているが、容貌はコーカソイドであった。紀元前七世紀ごろのものであるこの遺骸は、アケメネス朝ペルシア人が、サカ（シャカ）と呼んだ遊牧騎馬民だろうといわれている。

ペルシア人は、サカを、とんがり帽子のサカ、ハウマ酒をつくるサカ、海のむこうのサカ、の三つのグループに分けた。サカという名称は、当時の中央アジアの遊牧騎馬民の総称だったらしく、ギリシア人は、サカを、アジアのスキタイ、と呼んだ。

最新の研究では、この「シル河のかなたからきたスキタイ人（サカ）」こそ、甘粛西部から大宛（フェルガナ）をへてアム河畔に移動してきた大月氏にほかならないという。

第二章　モンゴルの登場

モンゴルという名前の部族がはじめて歴史文献に登場するのは、七世紀のことである。その時代は、モンゴル高原を突厥《とっけつ》（トルコ）帝国が支配し、南の中国は、鮮卑族の建てた唐王朝が支配していた。第一章で、一世紀末に鮮卑が北匈奴を西方に追いやって、モンゴル高原を支配したところまで話をしたので、まず、その続きの歴史を概説しよう。

五胡十六国時代

後漢では、一七四年に黄巾《こうきん》の乱という宗教秘密結社の反乱が起こり、これを鎮圧した政府軍の間で、一八九年に董卓《とうたく》の乱と呼ばれる内戦が起こった。長い戦乱と飢饉《ききん》のために、漢人の人口は、二世紀半ばの五六〇〇万人から三世紀はじめには四〇〇万人に激減した。

後漢王朝は二二〇年に滅亡し、中国は魏《ぎ》、呉《ご》、蜀《しょく》の三国に分裂するが、この分裂が六〇年間も続いたのは、三国とも人口が極端に少なく、長い間戦争をつづける力がなかったからである。

人手不足を補うために、三国はそれぞれ辺境での異種族狩りを熱心におこなった。なかでも北方に位置した魏王曹操《そうそう》は、内モンゴル西部の南匈奴を支配下に入れて、山西省の高原に移住させて私兵とし、また内モンゴル東部の烏丸《うがん》という遊牧騎馬民を征服し、直属の騎兵隊とした。烏丸は鮮卑と同族である。

これら遊牧騎馬民の傭兵《ようへい》のおかげで、魏が蜀を併合できたのだが、そのあと、魏の実力者の司馬炎《しばえん》が皇帝を退位させて自分で皇帝になり、国号を晋と改めた。晋が呉を併合して中国を統一したのもつかのま、こんどは皇族の将軍たちが争い、八王の乱という内戦となった。この間の三〇四年に、南匈奴の単于の後裔の劉淵《りゅうえん》が独立を宣言し、漢（前趙）を建てた。これが五胡十六国時代のはじまりである。

五胡とは、匈奴、鮮卑、羯《かつ》、氐《てい》、羌《きょう》の五種類の遊牧民のことで、みな中国内地に移住させられていたのが、次々と十六の王国を建てたのだ。この時代に、中原はまったく遊牧民の天下となってしまった。わずかに生き残った漢人は、今の武漢を中心とする長江中流域と、今の南京を中心とする長江下流域に集まり、南朝と呼ばれる亡命政権をつくった。

鮮卑の北魏《ほくぎ》王朝

四三九年に、鮮卑の拓跋《たくばつ》氏族が建てた北魏が華北を統一し、一三五年続いた五胡十六国時代は終わった。華北を統一した太武帝《たいぶてい》の曾孫にあたる孝文帝《こうぶんてい》は、四九四年に、北魏の首都を平城《へいじょう》（大同）から洛陽《らくよう》に移した。

孝文帝は、遷都と同時に遊牧民の服装を禁止し、朝廷で遊牧民の部族語を話すことも禁止して、漢人の服装と漢語の使用を強制した。

これを「野蛮な遊牧民が中国に入ると、高度な中国文明に圧倒されて、中国人に同化したがるよい例」と後世の中国人は喧伝したが、当時華北《かほく》にはほとんど漢人は残っておらず、高度な中国文明など見あたらなかったはずだ。

ではなぜ、孝文帝は遊牧民の漢化を押し進めようとしたのかというと、一つには、北魏がいろいろな遊牧部族の連合体で、支配層の遊牧民の間に共通の話し言葉がなかったからだ。この点、漢字は表意文字で、どの部族の母語でもなかったから、公用語に適していた。だいたい五世紀当時、東アジアには、文字は漢字しかなかった。

第二に、漢人の南朝を征服して天下を統一するためには、皇帝の権力を強化しなくてはならない。それで、遊牧騎馬民の住地である大同盆地の平城から首都を洛陽に移し、朝廷の役職に従って住居を決め、同じ部族の出身者がまとまって住まないようにした。北魏の皇帝の地位を、それまでのような遊牧部族連合の盟主でなく、臣下一人一人を直接統治する、中国の伝統的な皇帝と同じ中央集権的なものにしようとしたのだ。

また、遊牧民と漢人の融和をはかるため、遊牧民に漢字一、二文字の姓を名乗らせ、漢人有力者の家を指定して遊牧民の貴族と同格に扱い、遊牧民と漢人の結婚を奨励した。

孝文帝のこの政策のせいで、このあと史料に登場する人びとはみな秦・漢時代から中原にいた漢人のように見えるが、よくよく調べてみると、北朝から隋・唐の支配層は、ほとんどが北方から南下した遊牧騎馬民の出身である。

さて、北魏では、首都を洛陽に移したあと、もとの本拠の内モンゴルには、六鎮《りくちん》という遊牧民の六個軍団が駐屯した。孝文帝の死から二四年へて、辺境に取り残された六鎮の遊牧民が反乱を起こした。五年後、六鎮一派の司令官が、洛陽の皇太后と幼い皇帝を黄河に投げ込んで殺し、北魏の命脈は尽きた。五四三年に北魏は東魏《とうぎ》と西魏《せいぎ》に分裂した。

鮮卑の隋・唐王朝

中国王朝の隋も唐も、王朝の祖は、この西魏に仕えた軍人である。西魏で実権を握った宇文泰《うぶんたい》は鮮卑人で、自分に従った鮮卑人と漢人の軍人たちを、遊牧騎馬民の伝説の三十六部族、九十九氏族に再編成した。そして漢人には鮮卑の姓を与えた。漢姓と鮮卑姓はどちらを使ってもよく、簡潔に書きたいときは漢名、正式に名乗るときは鮮卑名を使ったらしい。

こうして、鮮卑人と鮮卑化した漢人の連合体が陝西省と甘粛省にできたが、この連合体が、宇文泰の息子が皇帝となった北周《ほくしゅう》、これを乗っ取った隋《ずい》、そのあとの唐の政権の基盤となった。宇文泰は、自分に従って長安に移った有力者たちに、新しく系図を作って与えたという。その系図では、みな陝西省か甘粛省のどこかが出身地になっているので、その後の漢文史料に記された貴族たちの出身地は信用できない。

北朝の隋は、五八九年に南朝の陳《ちん》を滅ぼして、天下を統一した。この、久しぶりに統一された中国は、秦・漢の古い中国とは断絶した、新しい中国だった。

隋・唐の中国人の主流は、北アジアから入ってきた遊牧民なのである。

遊牧騎馬民がなぜ、このように大量に中国に入ったかを考えると、まず第一に、本章の最初に述べたように、後漢末の長く続いた戦乱で中国の人口が一〇分の一以下になり、人のいない地域が広がったからである。遊牧騎馬民は、傭兵として雇われて中国の軍人になっただけでなく、下層の遊牧民は農耕民になっていったと思われる。

北方の草原は、決して豊かなところではない。漠北のモンゴル高原では年平均降水量は二〇〇ミリ程度で、冬には零下三〇度から五〇度にまでなる。草もまばらにしか生えないので、一ケ所に留まっていたのでは、家畜がすぐに草を食い尽くしてしまう。だから、人びとは古来、フェルトでできた帳幕に住み、水草を求めて移動する遊牧生活を送ってきた。

遊牧民は、一応は自給自足の生活を送っている。夏は家畜の乳を主な食料とし、冬になる前に一定量の家畜を殺して、肉の保存食料を作る。衣服も毛皮やフェルトで作る。しかし、腹一杯になるためには穀物が必要だし、絹の肌着もなじめばずっと欲しい。それで、乳製品や家畜を、穀物や絹と交換しようとして南下するのである。交換がうまくいかないと、遊牧騎馬民は掠奪に転じる。これが、中国史で怖れられる、北方の遊牧騎馬民の襲撃の理由だった。匈奴が史上はじめて遊牧帝国をつくったのは、秦の始皇帝が中国を統一したために、それまでのように、遊牧部族が個別に中国の農村を掠奪することが難しくなったからだと、私は思う。

モンゴル高原の遊牧部族の中でも、南方にいる部族ほど、中国製品を手に入れる機会が多く、それを交易にまわすこともできて裕福になる。だから、北方からつねに新たな遊牧民が南下し、南方の遊牧民はこれに襲撃されて、さらに南方か西方に移った。万里の長城を越えた遊牧民は、支配階級はおそらく支配階級のまま、一般の遊牧民は牧畜をしながら、農業もおこなうようになり、こうして新しい中国人になっていったと思われる。

隋・唐の中国人が北アジアから入ってきた遊牧民であることが一番はっきりわかるのは、漢字の音である。

漢字の音は、紀元前二二一年に秦の始皇帝が統一して以来、一字一音である。

隋の天下統一後まもない六〇一年、陸法言《りくほうげん》という鮮卑人が『切韻《せついん》』という字典を編纂した。これは、漢字を発音別に分類した字典だが、ここでは、後漢時代にあった語頭の二重子音がなくなって音が単純になり、Rではじまる音がLに変わっている。

こうした変化がなぜ起こったかというと、六、七世紀に漢字を学んだ中国人が、秦・漢時代の中国人ではなく、遊牧民出身だったからである。北アジアの遊牧民のことばには、語頭の二重子音はないし、語頭のRは発音できない。

現在、中央ユーラシアで話されている、トルコ語、モンゴル語、満洲＝トゥングース語は、アルタイ系言語に分類されるが、いまでもこの特徴はそのままだ。たとえば、モンゴル語やトゥングース語では、「ロシア」と発音できなくて、「オロス」という。

つまり、秦・漢時代の中国人は二世紀末にほとんどいなくなり、隋・唐時代には、北アジアの遊牧民出身の人びとが、新しい中国人になったのである。

モンゴル高原の範囲

匈奴に代わってモンゴル高原の支配者になった鮮卑が、内モンゴルと華北で活躍している間に、ゴビ砂漠の北では、鮮卑から分離した柔然という遊牧騎馬民が、あらたな部族連合の中心となった。柔然は、五世紀に東は大興安嶺から西は天山山脈まで勢力を広げた。

北アジアの遊牧帝国の君主は、匈奴以来、単于という称号を使っていたが、この柔然はカガン（可汗）という称号を使うようになった。カガンの皇后をカガトン（可賀敦）と呼んだ。一九八〇年に大興安嶺東北部の「嘎仙洞《かつせんどう》」で発見された北魏の碑文によると、四四三年太武帝が祖先をまつるために遺《のこ》した祝文の中に「皇祖である先の可寒《かがん》」「皇妣《こうひ》である先の可敦《かとん》」とある。北魏をたてた鮮卑がすでにこのカガン、カトン（カガトン）という称号を持っていたらしい。これらがのちにモンゴル語のハーン、ハトンとなった。

柔然帝国は、五五二年に、西方から侵入してきた突厥という遊牧騎馬民に撃破され、最後の柔然のカガンは自殺した。そして、突厥が柔然に代わってゴビ砂漠の北（略して漠北という）のモンゴル高原の支配者になった。

本書では、歴史にモンゴルという部族名が登場する前から、地理的名称としてモンゴル高原という呼び名を使っている。モンゴル高原とは、東は大興安嶺山脈から西はアルタイ山脈まで、北はバイカル湖の南から、南は万里の長城までの遊牧地帯を漠然《ばくぜん》と指す名称である。おおよそ、今の中国内モンゴル自治区とモンゴル国〔一九九二年まではモンゴル人民共和国〕の領域を合わせた地域のことだが、草原だけでなく、山地も砂漠も含むので、モンゴル高原という呼び名が定着している。平均標高は一〇〇〇メートル以上ある。

ゴビ砂漠の南のことを指すとき、本書で「内モンゴル」と呼ぶことがあるが、これは地理的名称として使っている。厳密にいえば、「内モンゴル（内蒙古）」という行政区分ができるのは二十世紀になってからだから、それ以前の歴史に使うのは時代錯誤《さくご》で具合が悪いのだけれど、今の地名を使う方がわかりやすいことがあるので、その点を理解していただきたい。

一方、ゴビ砂漠の北のモンゴル高原を、これまで日本の書物では、「外モンゴル」あるいは「外蒙《がいもう》」とよく呼んできたが、このことばは、やはり十九世紀後半になってできたもので、しかも中国側から見た他称である。モンゴル人やロシア人はこのことばを嫌って「北モンゴル」と呼んでいる。だから、本書では、地名としても、外モンゴルということばは使わないで、漠北《ばくほく》のモンゴル高原と呼ぶようにしたい。

突厥帝国と現在のトルコ民族

さて、五五二年に柔然を破って漠北のモンゴル高原の支配者となった新しい遊牧騎馬民「突厥」が、現在のトルコという民族名の語源である。しかし、トルコ民族という観念自体は、二十世紀はじめに誕生した、たいへん新しいものである。

「突厥」という漢字は、もともと「チュルク」という遊牧騎馬民の集団名の音訳だった。このチュルクを現代中国人は「土耳古《トゥルクー》」と音訳し、これを日本人がトルコと写した。だから、チュルクもトルコも同じことばなのだが、日本では、現代のトルコと区別するために、古代トルコをチュルクといい分けることもある。

現在のトルコ共和国は、一九二三年に建国された。その前身のオスマン帝国を建てたオスマン家は、十三世紀に今のトルコ共和国のあるアナトリアに駐屯したモンゴル軍の出身である。オスマン帝国は、十五世紀にビザンティン帝国を滅ぼしてイスタンブルに都を移し、十六世紀には、その支配権はバルカン半島、東地中海、西アジア、北アフリカをおおった。

オスマン帝国の最盛期は約一五〇年続いたのち、一六八三年にハンガリーを失ったのを境にして、十八世紀には西ヨーロッパのほうが優勢になりはじめ、最後に第一次世界大戦に敗れて解体してしまった。残ったアナトリアのアンカラで、ケマル・アタチュルク［「チュルクの父」という意味］がトルコ共和国を建国した。初代大統領となったケマルは、国家の独立を維持するため、トルコ民族主義をスローガンとして採用したのである。

オスマン帝国時代には、「トルコ人」は「遊牧民」という意味で、地方に住む「田舎者」という蔑称《べっしょう》でもあった。宮廷の支配層は、自分たちのことをオスマン人といい、自分たちのことばをオスマン語と呼んでいた。オスマン帝国を構成した人びとは、さまざまな人種から成っていた。

しかし、建国したばかりのトルコ共和国をまとめるためには、国民の団結が必要である。ケマルは、トルコ共和国民は、純粋なトルコ民族である、と主張し、その建国は五五二年にさかのぼる、と決めた。つまり、突厥帝国がトルコ共和国の祖で、現在のトルコ共和国民はすべて、モンゴル高原と中央アジアからアナトリアに移住した、と主張したのだ。

第一章でいったように、人種や言語による区分は、きわめて政治的な動機から生まれたものだし、このように、民族という観念も、人間の創り出したイデオロギーなのである。

突厥帝国と北朝

突厥は、もともとモンゴル高原の西方のアルタイ山脈で遊牧していた部族だった。その祖先伝説はいくつかの種類があるが、共通しているのは、祖先が狼だったという神話である（49頁）。ある伝承によると、祖先は代々柔然に奉仕する鍛冶屋《かじや》の部族だったという。

五四六年、突厥の部族長ブミンが柔然から独立し、西魏と同盟した。西魏の宇文泰は、ブミンに西魏の公主を嫁にやった。このブミンが、五五二年に柔然最後のカガンを自殺させ、突厥帝国を建国した初代のカガンで、イルリグ・カガンと呼ばれる。イルリグはチュルク語で領民のことで、イルリグは「領民を持つ」という意味である。

イルリグ・カガンの息子のムカン・カガンは、一代の間に、東は遼河《りょうが》から北はバイカル湖畔、西は

地図4　突厥帝国時代の中国と北アジア

カスピ海に至るまでを征服し、突厥帝国は、またたくまに東西を結ぶ大帝国になった。ただし西方は、もともと、イルリグ・カガンの弟イステミが担当していた。イステミは、天山山脈の真中のユルドゥズ渓谷に本拠地を置いて、娘をペルシア王コスロー一世に嫁にやって同盟を結び、エフタルやアヴァルなど西方の遊牧騎馬民を制圧した。

突厥帝国の支配領域はあまりに広く、最初から兄弟で東西を分担していたこともあって、五八三年には東突厥と西突厥に分裂した。西突厥のカガンに攻撃された東突厥のカガンが、南に逃げ、同盟国の隋に援助を求める事態まで起こった。

先にいったように、突厥帝国初代のブミン・カガンの妻は西魏の公主だったが、その息子ムカン・カガンは、西魏に代わった北周の武帝に娘を嫁入らせた。三代後にカガンとなったムカンの甥イシュバラの妻は北周の千金公主《せんきん》だった。北周に取って代わった隋の文帝は、千金公主を自分の帝室の一員に加え、改めて大義《たいぎ》公主という称号を与えて、東突厥との同盟を続けた。

突厥帝国と唐

唐の高祖李淵《りえん》は、隋の皇帝煬帝《ようだい》が南方巡幸の間、太原留守《たいげんりゅうしゅ》という、太原に駐屯する隋の軍隊の司令官をつとめていた。六一七年に挙兵したとき、李淵は、まず東突厥のカガンに使者を送り、その臣下になることを条件に騎兵隊の援兵を求めた。だから、唐は中国を統一したあとも、突厥のカガンに対して「臣」と称して、貢ぎ物を贈っていた。

突厥帝国は、ムカン・カガンの時代、五六〇年代には、のちのモンゴル帝国の都カラコルムの近く、オルホン河上流域のウテュケン山を根拠地としていた。

ところが、東西に分裂したあと、東突厥のカガンは中国を頼って南下し、陰山山脈から南、今のオルドス地方から万里の長城の内外で遊牧した。唐の二代目の太宗は、即位するとすぐ、六三〇年に十余万の大軍を突厥に送り、東突厥のカガンを捕らえて連れ帰った。これが、突厥第一帝国の滅亡、と呼ばれている事件である。

このとき、北アジアの遊牧騎馬民の部族長たちは、唐の太宗を自分たちのカガンに選び、「テングリ・カガン」（天可汗《てんかがん》）という称号を捧げた。もともと唐の皇帝は鮮卑の出身だったから、かれらにとっては、自分たちと同じ遊牧騎馬民出身のカガンだったのだ。

陰山山脈と黄河の間で遊牧していた東突厥は、六八二年に再び団結し、唐から独立した。これが突厥第二帝国と呼ばれるものである。新カガンは、かつてのカガン一族の出身で、イルテリシュ・カガンと名乗った。イルテリシュは「領民を集めた」という意味である。

この突厥第二帝国の時代に、はじめて遊牧騎馬民独自の文字が誕生する。古代トルコ（チュルク）語を、ルーン文字と呼ばれるアルファベットで書き表した碑文が、今のモンゴル国のオルホン河畔でいくつも見つかっている。その中で、唐の皇帝を「タブガチ・カガン」と呼んでいるが、「タブガチ」は、北魏の皇帝の姓の「拓跋《たくばつ》」氏をなまって発音したものである。つまり、モンゴル高原の遊牧騎馬民にとって、唐は漢人の国ではなく鮮卑の国だったのだ。

モンゴル（蒙兀《もうごつ》）部の登場

ここでいよいよ、本書の主人公モンゴルの名前が歴史に登場する。

先にいったように、唐の二代目の太宗は、即位後すぐに、南下していた東突厥のカガンを捕らえて連れ帰り、突厥第一帝国を滅ぼした。これによって、唐の太宗自身が「テングリ・カガン」（天可汗）となり、北アジアの全遊牧騎馬民のカガンになった。

その結果、何が起こったかというと、それまで突厥のカガンに付属していた北アジアの遊牧民たちが、今度は唐の皇帝の家来になったので、使者を直接、唐の宮廷に派遣してくるようになったのだ。

その中に、今の中国黒龍江省西部の大興安嶺山脈のあたりを中心として、北方と西方に広がって住んでいた、室韋《しつい》と呼ばれる人びとがいた。中国の正史の一つである『旧唐書《くとうじょ》』の「北狄《ほくてき》　室韋伝」には、その中に「蒙兀《もうごつ》室韋」という部落があったと伝えている。『新唐書《しんとうじょ》』では「蒙瓦《もうが》」という漢字が使われているが、どちらも、「モンゴル」という音を漢字で写したものである。

では、その「室韋」がどういう人びとだったかについては、唐王朝が滅んだあとに編纂された『旧唐書』『新唐書』のほかに、唐代に編纂された正史である『隋書』『北史』にも記録がある。この四つの正史をまとめると、次のようになる。

室韋は、契丹の別種である（あるいは、契丹の同類で、南にいるものが契丹で、北にいるものが室韋と称した、とも説明する）。室韋は、大興安嶺山脈を中心に北方に広がり、東は黒水靺鞨《こくすいまっかつ》［黒水とは黒龍江のことで、靺鞨は遊牧民ではない人びとである］、西は突厥、南は契丹、北は海にのぞんだ［北の海とは、バイカル湖のことである］。かれらは多くの部落にわかれていたが、小部は千戸（千家族）、大部は数千戸であった。全室韋を統率する君主はなく、莫賀咄《バガトル》と呼ばれる大酋長たちが、おのおのその部衆を管轄して、突厥に付属していた。

室韋は、唐の武徳《ぶとく》・貞観《じょうがん》年間（六一八～六四九年）にはじめて使者を派遣して以後、ひんぱんに唐に朝貢し、開元《かいげん》・天宝《てんぽう》年間（七一三～七五六年）には、毎年あるいは隔年に入貢した。このおかげで、「蒙兀

(蒙瓦)」部落の名が漢字の記録に残ることになったのである。

モンゴル部の最初の住地

さて、室韋と呼ばれた人びとの住地について、中国の正史は次のように記している。七世紀に編纂された『隋書』や『北史』によると、洛陽を去ること六〇〇〇里、契丹の北三〇〇〇里に南室韋がおり、その国土は低くじめじめしていたという(中国の里の長さは時代によって違うし、「六〇〇〇里」というのもおおざっぱな数字だが、一応、一里を四五〇メートルで計算すると、二七〇〇キロメートルになる。現在の黒龍江省嫩江《のんこう》のあたりと思われる)。南室韋から北行すること一一日で北室韋にいたる。気候はもっとも寒く、雪が深くて馬の背を没するほどである。また北行一〇〇〇里にして鉢《はつ》室韋にいたり、西南へ四日行くと深末怛《しんまったん》室韋にいたる。そこから西北へ数千里行くと大室韋にいたるが、そこへ行く路は険阻《けんそ》で、言語は通じない。

『旧唐書』によると、大室韋の住地は、大山の北、望建《ぼうけん》河畔にあった。この大室韋部落の南に蒙兀室韋部があった。望建河は倶輪泊《くりんはく》に水源を発し、大室韋の住地を経て、蒙兀室韋の北を通って、東に流れて海に注ぐとある。

この大山は大興安嶺山脈のことで、望建河はアルグン河、倶輪泊はホロン・ノール湖のことである。アルグン河は、現在、中国とロシアの国境になっている河で、モンゴル語ではエルグネ河、漢字では額爾古納河と書く。

モンゴルという名前の集団が、七世紀にアルグン河渓谷にいたと、中国の史料は伝えているわけだが、実は、後述するが、十四世紀はじめにペルシア語で書かれたモンゴル史料『集史』(45頁参照)も、モンゴルの始祖説話として、次のような話を伝えている。

「むかしむかし、チンギス・ハーンが生まれるよりも二〇〇〇年も前のこと、モンゴル部族は、ほかの部族によって征服され、皆殺しにされたことがあった。このとき生き残ったのは、二人の男と二人の女だけだった。この二組の夫婦は、難を逃れて、エルゲネ・クンと呼ばれる山脈に囲まれたある土地に逃げ込んだ。エルゲネ・クンというのは、「けわしい岸壁」という意味である。この土地は豊かなよいところだったので、二組の夫婦の子孫はどんどん増えて、ヌクズとキヤンという二つの氏族になった。しかし切り立った岸壁に囲まれた狭い土地に閉じこめられて、どこにも行くところのなかったこの人びとは、外に出る方法を考えた。山のなかに鉄の鉱石の採れるところがあったが、そこに材木を積み上げて火をつけ、七〇本のふいごで吹き立てて岩を溶かし、山の横腹に坑道を開けた。こうして広い世界に出てきた人びとが、モンゴル部族の先祖になったのである」。

一族が敵に皆殺しにされ、わずかに生き残った人間を始祖として、再び部族が栄える、という説話は、北アジアの遊牧騎馬民が好んだ物語である。突厥の始祖説話にも、これによく似た話がある。ここでは、エルゲネ(エルグネ)という地名が、時代も地域も異なる史料に共通にあらわれることに注目したい。

室韋はすなわちタタル

七世紀にアルグン河渓谷にいたモンゴル部は、唐から見れば、室韋と総称される種族の一部だったわけだが、もともと当時の北アジアは突厥帝国の支配下にあり、中国史料にもあるように、室韋の諸部落もまた、突厥に付属していた。

その突厥帝国の史料については、先ほど少し触れたが、突厥第二帝国の時代にはじめて、古代トルコ

（チュルク）語、古代トルコ文字で書かれた碑文があらわれる。今のモンゴル国のオルホン河畔、すなわち突厥帝国の聖地ウテュケンの地に建てられた、突厥碑文と総称されるこれらの碑文の中に、八世紀に刻まれたキョル・テギン碑がある。

キョル・テギンは、突厥第二帝国を再建したイルテリシュ・カガンの息子で、兄のビルゲ・カガンを助けて、突厥帝国の繁栄をささえた。キョル・テギンが七三一年に死んだのち、かれの功績を記念して建てられたその碑文の中に、次のような記事が刻まれている。

「バイカル湖の東岸方面のクリカン（骨利幹）とシラムレン河辺のキタニ（契丹）の間に、三十姓タタル（オトズ・タタル）がいた」。

すなわち、三十姓という多数の部族からなるタタルが、ケルレン河中流下流域、アルグン河、オノン河、シルカ河方面にいたということになる。この、古代トルコ語でタタルと呼ばれる多数の部族が、同時代の中国史料では室韋と総称された諸部族であったことは間違いない。

同じく八世紀の突厥碑文のビルゲ・カガン碑と、突厥帝国を滅ぼしたウイグル帝国のシネウス碑文によると、「九姓タタル（トクズ・タタル）」がセレンゲ河下流近くにおり、突厥やウイグルと激戦したという。

ウラーンバートル民族歴史博物館所蔵の突厥帝国時代の石人

胴体部分に刻まれている文字が古代トルコ文字（ルーン文字）

三十姓タタルと九姓タタルの関係について記したものはないが、九姓タタルの住地が突厥やウイグルに近く、かれらがタタル諸部の中では、文化的により開けた部族であったとはいえるだろう。

突厥を滅ぼしたウイグルは、一〇〇〇年ちかく漠北のモンゴル高原を支配したのち、八四〇年に、西北方から侵入してきたキルギズ軍に本拠地を追われて四散した。しかし、キルギズの支配は長続きせず、八六〇年代には、タタルがキルギズをアルタイ山脈の北方に撃退してしまった。

キルギズをおって漠北の中心地にあるオルホン河畔に入ったのは、九姓タタルであると考えられる。十三世紀にモンゴル部が強大になるまでモンゴル高原の支配部族だったケレイト王家は、おそらくこの九姓タタルの後身だろう。一方、モンゴル部をふくむ残りの三十姓タタルは、九姓タタルがかつて住んでいたセレンゲ河上流域やケルレン河上流にまで住地を広げた。チンギス・ハーンの時代に大部族として有名であるモンゴル高原東部のタタル部族は、かつての三十姓タタルの一部族で、この集団にだけその名が残ったのである。

室韋あるいはタタルはモンゴルか

さて、七世紀ごろ、室韋あるいはタタルと呼ばれた部族のなかから、のちにモンゴル帝国の支配者となったモンゴル部族が出たことは明らかになった。それでは、室韋あるいはタタルはモンゴル系民族で、モンゴル語を話していたといってよいだろうか。単純にそのようにいうことはできない。

室韋と呼ばれた人びとが一つの種族であったとは、中国史料もいっていない。『隋書』では、大室韋に至ると言語は通じないと述べている。室韋だけではない。中国史料にはじめて登場する北アジアの遊牧民である匈奴から、トルコ系民族の祖といわれる突厥まで、そのなかには多くの種族がふくまれていたと中国史料は記す。たとえば『隋書』「鉄勒伝」では「鉄勒は匈奴の後裔である。その種類は最も多く、各地に絶えることなく住んでいる」といい、つづけて四〇もの種族名を数えあげて「これら姓氏は異なるが、鉄勒と総称する」と記している。『隋書』「突厥伝」中の高祖のことばのなかにも、「突厥の国内の民はけっして純一でなく千種万類であり……」とある。

北アジアでは古来多くの「民族」が興亡したと中国の正史は伝えているが、民族の興亡のたびに人びとがすべて死に絶えたわけではない。『後漢書』「鮮卑伝」の永元《えいげん》年間（八九〜一〇五）の記事には「匈奴の余種の残留する者がなお十余万家族ほどあり、みな自ら鮮卑と号した」とある。いつの時代もこれと同様のことが起こったはずだから、いわゆる北アジアの遊牧民族が、血筋として純一の種族のみで構成されていた時代は、かつて一度もなかったといえる。

第一章の「匈奴はモンゴル系かトルコ系か」で述べたように、北アジアの遊牧騎馬民をモンゴル系かトルコ系かに分類するという命題には、重大な欠陥がある。第一に、その系統が人種のことを指しているのか、言語のことを指しているのかはっきりしないこと、第二に、歴史的に大いに混血してきた現在のモンゴル民族やトルコ民族を基準にして、かれらより古い時代の遊牧民がどちらの系統に属していたか、どうして決められるだろう。

つまり、歴史の最初から、トルコ語を話す純血のトルコ人種、あるいはモンゴル語を話す純血のモンゴル人種が存在したわけではないのである。民族の区分はあくまでも現代を基準にしているのだ。

ここで、中央ユーラシアの遊牧民がトルコ系とモンゴル系に分類された分岐点は何だったか、私の考える結論を先に述べておこう。現在トルコ系民族に分類される人びとは、時期こそ違いがあるがイスラム教に帰依した人びとで、モンゴル系民族に分類される人びとは、十六世紀以後にチベット仏教徒になった人びとである。ただひとつの例外は、モンゴルの西北部にいるトルコ系で仏教徒のトゥヴァ人だが、宗教と民族の分布がここではほとんど完全に重なる。後述するが、チンギス・ハーンの時代にはモンゴル語とトルコ語の区別はまだあまりなかった。トルコ系言語にペルシア語やアラビア語の語彙《ごい》が入って、今のモンゴル語との相違が際だつようになるのは、もっとあとの時代である。宗教は強い求心力を持ち、言語と精神世界に影響をおよぼす文化そのものだと思う。

　中央ユーラシアから東北アジアでは、かってはもっと多くの言語が話されていたのだが、そのなかで、トルコ語、モンゴル語、トゥングース語のみが現代に生き残ったのであって、その他の言語の話し手は、固有の言語を失ってしまい、あるいは、これら三系統の言語の方言の話し手となったのだ。

　血筋からいえば、遊牧民の習慣では族外婚《ぞくがいこん》といって、同じ姓の人間とは結婚しないのがきまりだから、言語よりもさらにさまざまな起源を持っていた。だから、十三世紀のモンゴル帝国時代の遊牧民には、匈奴の遠い子孫も、鮮卑の子孫も、室韋の子孫も、突厥やウイグルや契丹の子孫も混在していた。そして、モンゴル帝国で人びとは一度は混合したあと、ふたたび新しいアイデンティティ（自分は何者か）が生まれて今日に至った。その話はもっとあとでしよう。

第三章　チンギス・ハーンの祖先たち

さて前章で見たように、七世紀の蒙兀室韋《もうごつしつい》あるいは八世紀の三十姓タタルが、モンゴル部族の遠い祖先らしいことは明らかになった。しかし、このあとチンギス・ハーンが誕生するまでの五〇〇年もの間、モンゴルについて記した史料はほとんどない。これから物語るチンギス・ハーンの祖先たちの話は、すべて、チンギス・ハーンの子孫の時代、十三世紀末から十四世紀になって、口頭で伝えられた伝承や当時のさまざまな言語の記録をもとにして、書き留められたものなのである。しかも当時の記録といっても、チンギス・ハーンが成人するまで、記録をつける習慣はモンゴル人にはなかった。

モンゴル史料の出現

十三世紀にチンギス・ハーンがモンゴル帝国を建国し、モンゴル人が中央ユーラシアの支配者となったために、古くから文字があり記録の伝統を持つ人びとが、モンゴル人の家来になった。それからはじめて、君主の一族の由来や偉業が書かれるようになったのだ。

それらのモンゴル史料のなかで、書かれた年代が古く、もっとも信頼のおける歴史書が二つある。一つはペルシア語の『集史《しゅうし》』、もう一つは漢文の『元史《げんし》』である。

『集史』

『集史』は、正式の書名を『ジャーミア・ウッタワーリーフ』（歴史の集成）という。チンギス・ハーンの孫でイランにいわゆるイル・ハーン国を建てたフレグの曾孫、第七代ガザン・ハーンが、一三〇二年にユダヤ人宰相ラシード・ウッディーンに命じて、「モンゴル史」（当初『ガザン史』といった）の編纂がはじまった。

この書物はガザン・ハーンの没後一三〇七年に完成し、弟のオルジェイト・ハーンに献呈された。オルジェイト・ハーンはラシードにさらに「万国史」の編纂を命じ、『ガザン史』を改訂した「モンゴル史」を第一巻、「万国史」を第二巻とする構成の『集史』が一三一一年に完成した。第三巻は地理誌だったはずだが、写本は残っていない。

『集史』「モンゴル史」の価値は非常に高い。ことばこそペルシア語だが、史料はイル・ハーンの宮廷所蔵のモンゴル語の由緒正しい古文書である。さらに史料の不備を補うために、イル・ハーンに仕えるさまざまな国の学者や、祖先の業績に詳しいモンゴルの元帥《げんすい》や大貴族、元朝大ハーンの代官などに諮問《しもん》することが命

اول از مجلد اول از کتاب جامع التواریخ

دیباجه

ラシード『集史』第1巻第1部序文
トルコ共和国トプカプ宮殿附属図書館所蔵写本より（志茂碩敏氏提供）

じられた。

モンゴル帝国が遠征軍を組織するときは、どのような場合でも、戦利品が各部族に公平に渡るように、それぞれの部族あるいは氏族が代表者を参加させた。このため、遠征軍がそのまま征服地に残留して国家をたてたこのイル・ハーン国のような場合には、モンゴルの故地から遠く離れたイランの地に、モンゴル高原のすべての部族や氏族の子孫が暮らしていた。だから、イランの地で、『集史』のような、あらゆる部族の伝承を記録したモンゴル史が書かれたのである。

『元史』

一方の『元史』は中国の正史の一つで、元朝を継承した明朝で編纂された歴史書である。『元史』は、いわゆる元朝最後の皇帝順帝《じゅんてい》（明の諡《おくりな》で、元では恵宗という）が大都《だいと》（今の北京）からモンゴル高原に退却した一三六八年の翌年、南京に史局が開設され、同年中に第一次の一五九巻が編纂された。順帝が内モンゴルで病死した一三七〇年には、第二次の五三巻が補充されて完成した。

中国では、王朝が交代すると、次の王朝が前王朝の正史を編纂して、天命が正統に継承されたことを証明する伝統があるのだが、前王朝の正史がこれほど早い時期に編纂されたことは他に例がなく、また編纂

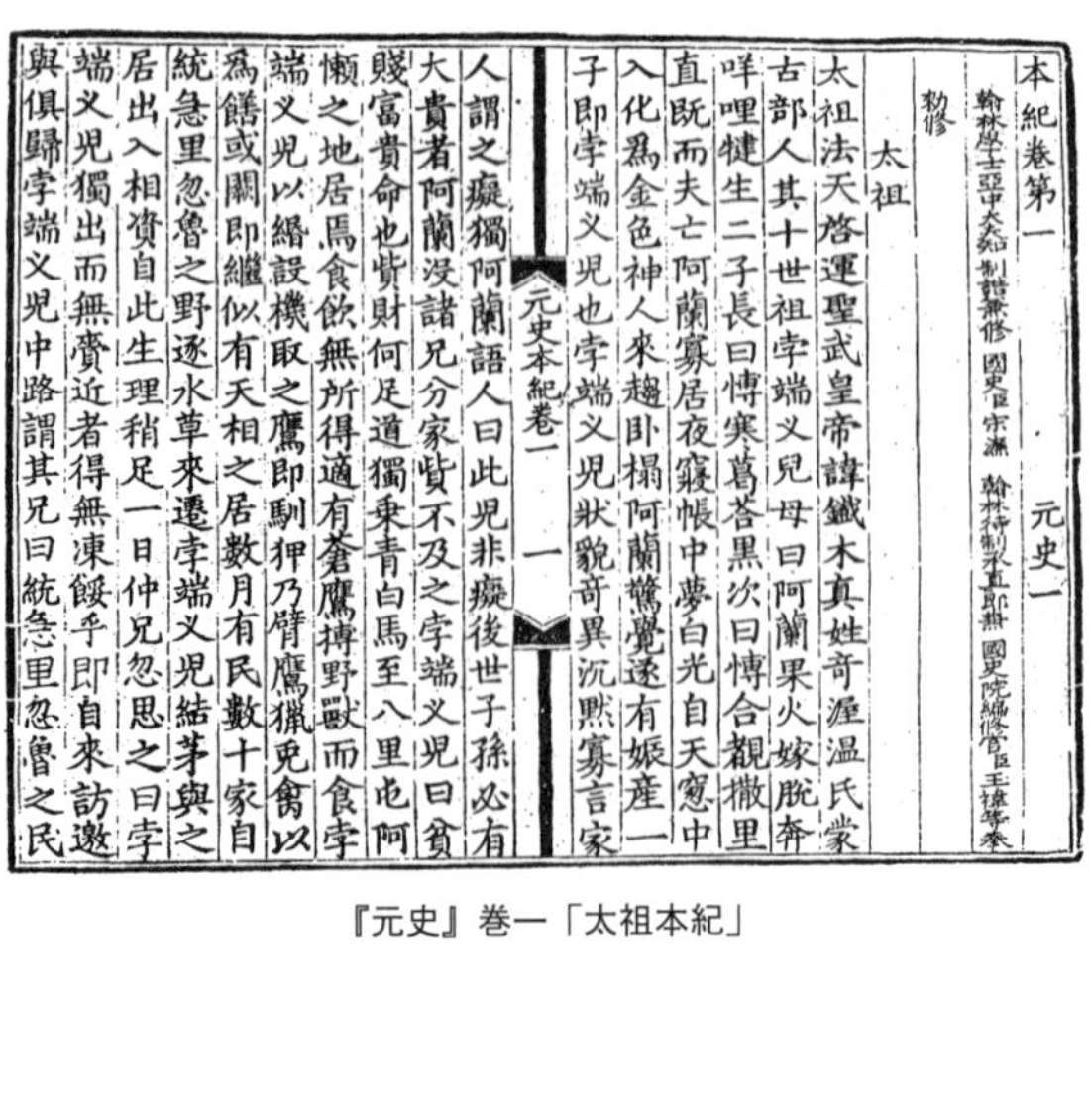
本紀巻第一　元史一
翰林學士亞中大夫知制誥兼修國史臣宋濂　翰林待制承直郎同知制誥兼國史院編修官臣王禕等奉
勅修
太祖
太祖法天啓運聖武皇帝諱鐵木真姓奇渥温氏蒙古部人其十世祖孛端叉兒母曰阿蘭果火嫁脱奔咩哩犍生二子長曰博寒葛荅黒次曰博合覩撒里直既而夫亡阿蘭寡居夜寢帳中夢白光自天窻中入化爲金色神人來趨臥榻阿蘭驚覺遂有娠産一子即孛端叉兒也孛端叉兒狀貌奇異沉黙寡言家人謂之癡獨阿蘭語人曰此兒非癡後世子孫必有大貴者阿蘭没諸兄分家貲不及之孛端叉兒曰貧賤富貴命也貲財何足道獨乘青白馬至八里屯阿懶之地居焉食飲無所得適有蒼鷹搏野獸而食孛端叉兒以緡設機取之鷹即馴狎乃臂鷹獵兎禽以爲饍或闕即繼似有天相之居數月有民數十家自統急里忽魯之野逐水草來遷孛端叉兒結茅與之居出入相資自此生理稍足一日仲兄忽思之曰孛端叉兒獨出而無賫近者得無凍餒乎即自來訪邀與俱歸孛端叉兒中路謂其兄曰統急里忽魯之民
元史本紀巻一　一

『元史』巻一「太祖本紀」

期間が短いことも、中国の正史中では随一である。

明朝では、なるべくはやく『元史』を編纂して、元朝はすでに滅んだということを示し、明朝が正統の継承者であることを宣言しなければ不安だったのだ。実際、元朝皇帝の後裔はその後もモンゴル高原を支配し続け、明は元の支配地域の南半分を継承しただけだった。このことについては、本書の後半部分で詳しく述べることになる。

元朝の支配地域は、北のモンゴル高原と南の中国とにまたがっており、元朝皇帝は、夏は内モンゴル草原の上都《じょうと》近郊、冬は万里の長城を南に越えて大都で避寒し、春と秋はその間を移動して暮らした。大都は中国の農耕地帯を統治するための都だったので、ここに残された漢文史料だけで編纂された『元史』には、元朝統治下のモンゴル高原や、他のチンギス家の一族が支配していた中央アジアから西方に関する記事はほとんどない。漢文以外の史料はおそらく上都に所蔵されていたと考えられるが、上都は元朝末期に紅巾《こうきん》軍によって焼き尽くされて、何一つ残らなかった。

急いで編纂されたために、『元史』には体裁の整わない部分があり、中国の他の正史とくらべて劣るかのようにいわれてきた。しかし、同じ人物が別の箇所では違う漢字で音訳されていたりするのは、史料をほとんどまる写しで利用したことを示唆するものである。『元史』本紀のもととなった『実録』は見つかっていないが、十三世紀後半に書かれたと思われる撰者不明の『聖武親征録《せいぶしんせいろく》』が、太祖チンギス・ハーンと太宗オゴデイ・ハーンの『実録』の稿本の一つではないかと考えられている。

『元朝秘史《げんちょうひし》』

今のモンゴル人にとって、もっとも大切な史料がこの『元朝秘史』である。モンゴル語の題は『モンゴルン・ニウチャ・トブチャアン』（『モンゴル秘史』）というが、モンゴル文字の原本は見つかっていない。原文のモンゴル語を、日本語の万葉仮名のように、一音ずつ漢字で写し、その脇に中国語で一語ずつの直訳を付け、一節が終わると漢文で意訳を付けたテキストだけが現存している。

『元朝秘史』一〇巻は、チンギス・ハーンの祖先の物語からはじまって、一二〇六年にチンギス・ハーンが即位するまでを語り、『元朝秘史続集』二巻は、即位後一二二七年に死ぬまでのチンギス・ハーンの行動と、一二二九年のオゴデイ・ハーンの即位までを記す。

『元朝秘史』一〇巻には、著者の名前も著作の年代も付いていないが、『元朝秘史続集』二巻には奥書が付いていて、「大クリルタイ（集会）に集《つど》いて、鼠の年の七月、ケルレン河のコデエ・アラルにオルド［移動式の宮殿］が下営《かえい》していた時に書き終えた」とある。モンゴル国では、公式には一二四〇年の庚子《こうし》の年に成立したという説を採用し、一九九〇年に『モンゴル秘史』成立七五〇周年記念大会が開催された。

しかし歴史的に見て、その前後にケルレン河畔で大集会が開かれた鼠の年は、一二二八年と一二五二年と一三二四年しかない。しかも『元朝秘史続集』の中には、一二五八年のバグダード陥落と、同年の高麗《こうらい》出征の記事や、一二七六年に建てられた中国の町の名前が登場する。

岡田英弘は、この『元朝秘史』『元朝秘史続集』は、ケルレン河畔の大オルドに祀られていた神としてのチンギス・ハーンの「縁起《えんぎ》」であるという。

チンギス・ハーンが生前に生活していたオルド（帳殿）は、その死後も漠北のケルレン河畔にあって、従者たちが生前通りにハーンの霊に奉仕し続けた。チンギス・ハーンの孫で元朝の創始者フビライ・ハーンは、このオルドの財産を自分の孫のカマラに相続させた。カマラの息子のイェスン・テムルは、一三二三年この地で開かれた大集会で元朝大ハーンの位についた。『元朝秘史続集』は、その翌一三二四年の甲子の年、ケルレン河畔に残ったチンギス・ハーン廟で書かれたのだ。

『元朝秘史』一〇巻も、カマラが一二九二年にチンギス・ハーンの遺産の四大オルドの領主となり、チンギス・ハーン廟を建てて大祭司となったあと、ケルレン河畔のカマラの宮廷で十三世紀末か十四世紀はじめに書かれたと推定される。

『元朝秘史』の内容は、さきの『集史』や『元史』と異なる部分が多く、ことにモンゴル部族に文字の記録がなかった時代のチンギス・ハーンの事蹟については、ほとんどが奔放な空想を馳せた創作である。これは、史実を利用しながら自由にまとめた、いわば「歴史小説」のようなものであるから、史料として利用するには慎重を期さねばならない。しかし、文学作品と考えるならその価値は非常に高い。ここに書かれた草原の遊牧生活の生き生きとした描写は、今もモンゴル人が愛してやまない、民族の優れた文化遺産である。

モンゴルの始祖説話

さきに『集史』が伝えるモンゴルの始祖説話として、難を逃れて、エルゲネ・クン（けわしい岸壁）と呼ばれる山脈に囲まれた土地に逃げ込んだ二組の夫婦の物語を紹介した。しかし、わが日本国でもっとも有名なチンギス・ハーンの始祖説話は、例の「蒼《あお》き狼」の神話である。『元朝秘史』はこのように物語をはじめる。

「高き天の定命《さだめ》を受けて生まれたボルテ・チノがあった。その妻のホワイ・マラルがあった。海を渡って来た。オノン河の源のブルハン・ハルドン［山］に遊牧して、生まれたバタチハンがあった」。

モンゴル語でチノは「狼」、マラルは「牝鹿《めじか》」の意味で、狼と牝鹿の夫妻が渡ってモンゴル高原に来た海とは、バイカル湖のことである。妻のホワイ・マラルのホワは、モンゴル語で黄毛のことで、ホワイはその女性形であるから、「黄色い牝鹿」という名前である。

ところで、このボルテ・チノに、『元朝秘史』の原文は「蒼色的狼」という中国語訳を付けている。このため、『元朝秘史』を一九〇六年（明治三十九年）に日本語訳して『成吉思汗実録《チンギスカンじつろく》』として出した那珂通《なかみち》世博《よ》士は、ボルテ・チノを「蒼き狼」と訳した。そもそも神話の世界のことだし、これがいかにもロマンティックな響きを持つ名前だったから、それ以来日本では、チンギス・ハーンを「蒼き狼」の子孫と呼ぶ。『元朝秘史』の英訳本でも、那珂通世訳に影響されて「bluish wolf」と書いているくらいだ。しかし、残念ながら「蒼き狼」は誤訳で、しかもチンギス・ハーンはその子孫ではないのだ。

モンゴル語で「ボルテ」は「斑点のある」という意味である。中国語で「蒼色的」とあるのは、毛色の場合は、「蒼髪《そうはつ》」は黒い毛と白い毛が交じった「斑白《はんぱく》」、つまりごま塩のことだからだ。だから、ボルテ・チノは「斑《まだら》の狼」という名前なのである。

『元朝秘史』の話では、ボルテ・チノとホワイ・マラル夫妻の八代あとの子孫に、ドブン・メルゲンが生まれる。ドブン・メルゲンが死んだあと、その寡婦のアラン・ゴワが天窓から差し込んだ光に感じて産んだ男の子が、チンギス・ハーンの祖先である。チンギス・ハーンはボルテ・チノと血統でつながっていないから、「蒼き狼」の子孫ではないのだ。

祖先が狼であるという始祖説話は、突厥など、いわゆるトルコ系部族に共通の物語である。『元朝秘史』の冒頭で、狼と鹿の夫妻が渡ってきた海、とあるバイカル湖の西方のイェニセイ河の流域は、トルコ系のキルギズ部族の古い住地だった。さらにバイカル湖の北方のシベリアのヤクート人はトルコ系の言語を話す。だから、海の向こうから来た斑の狼がモンゴル部族の首領になったという『元朝秘史』の物語は、モンゴル部族にはシベリアのトルコ系住民の血も混じっているということを示しているのだろう。

また、狼の子孫ドブン・メルゲンの妻となったアラン・ゴワの父は、ホリ・トマトの氏族長、母はバルグジン・トクムの領主の娘と伝えられるが、どちらもバイカル湖周囲の遊牧部族で、いまのブリヤート・モンゴル人の祖先にあたる。そういうわけで、チンギス・ハーンの祖先の物語は、モンゴル高原を中心とした広い地域の、さまざまな遊牧民に伝わっていた口頭伝承を集めて整理したものである、ということができる。

神人降臨説話

『元史』のチンギス・ハーン伝は「太祖本紀」というが、そのはじまりは次のようである。「太祖《たいそ》・法天啓運《ほうてんけいうん》・聖武皇帝《せいぶこうてい》（ボグド・チンギス・ハーン）、諱《いみな》は鐵木真（テムジン）、姓は奇渥温（キウウン、複数キヤト）氏、蒙古《もうこ》部の人、その十世の祖は孛端叉兒（ボドンチャル）、母を阿蘭果火（アランゴホ＝アラン・ゴワ）という」。続いて、夫が亡くなったあと、アラン・ゴワが帳幕《ゲル》の中で一人寝ていると、天窓から白い光が入って金色の神人となり、ベッドのところにやってくる夢を見た、これによって妊娠し、産んだのがボドンチャルであった、と物語る。

つまり、モンゴル部族が伝えた始祖説話の核心は、チンギス・ハーンの祖先は天の神様だという物語なのである。この話は、『元朝秘史』と『集史』にも同じように述べられている。

モンゴルが勃興する前のモンゴル高原で活躍した遊牧騎馬民には、匈奴《きょうど》からあと、鮮卑《せんぴ》、柔然《じゅうぜん》、突厥《とっけつ》、ウイグルなどさまざまな人びとがいた。モンゴル人は、七世紀にはじめて歴史に登場したあと、次第にモンゴル高原東北部から草原中央部へ進出して、十三世紀にモンゴル帝国を建国した。モンゴル人の文化が、先行する遊牧騎馬民の文化に大いに影響を受けたのは当然である。文化を考えるとき、わかりやすい例が始祖説話と宗教である。遊牧騎馬民自身が残した史料は少ないが、漢語などで記録された始祖説話が残っている人びともある。

匈奴の始祖説話は伝わっていない。次の鮮卑には、始祖説話ではないが、紀元一三七年に生まれた檀石《だんせき》槐《かい》という英雄の生誕説話が残っている。この人物は、その母が夫が匈奴との戦争にいっている留守中、昼間外出していて雷鳴を聞き、雹《ひょう》を呑《の》み込んで生まれたと伝えられている。

柔然の始祖説話も伝わっていない。ただ、柔然が漠北のモンゴル高原を支配している時代、その西北部に高車丁零《こうしゃていれい》と呼ばれる遊牧騎馬民がおり、柔然に敵対していた。高車の始祖説話は、匈奴の単于の娘が狼の妻になって産んだ子供の子孫であるという。

突厥には、何通りもの始祖説話が伝わっているが、いずれも狼の子孫であるという点では共通している。その一つを紹介すると、西方の海の西にいた部族が、隣国のために滅ぼされて、ただ一人の男の子が生き残った。敵兵は、男の子があまりに小さいので殺すに忍びず、両手両足を切り落として、草原の中に捨てた。ところが一頭の牝の狼が、肉を男の子に食べさせて養った。男の子は大きくなって牝の狼と交わった。隣国の王は、男の子がまだ生きていると聞いて、ふたたび人を遣わして男の子を殺させた。そのとき、神様のようなものが懐妊《かいにん》した狼を海の東に投げ、狼は空を飛んで天山山脈の中に落ちた。その中の洞窟に隠れて狼が産んだ一〇人の男の子が、突厥の十氏族の祖先になったという。

ウイグルは、モンゴルに大きな影響を及ぼした遊牧騎馬民であるので、あとで詳しく述べるが、その始祖説話として伝えられている物語は、カラコルムの、トーラとセレンゲ河の間の樹に、ある夜天の光が降った。二本の樹の間に大きな塚が盛り上がり、毎夜光に照らされて大きくなった。九ケ月と一〇日たって、妊婦の分娩《ぶんべん》のように塚の扉が開くと、別々の小部屋の中に五人の男の児が坐り、管から乳を吸っていた。幼児たちの一番下のブグ・テギンが選挙されてブグ・カガンとなり、ウイグル王家の始祖となったという。

「ブグ」というのは古代トルコ語で「賢い」という意味で、シャマン（巫）のことだった。この説話の舞台に近いバイカル湖周辺はシャマン教の盛んだったところで、いまでもシャマンが生き残っている。

シャマン教の話が出たところで、遊牧騎馬民に関係のある宗教について概観しておこう。

遊牧騎馬民の宗教

はじめに、北アジアの遊牧騎馬民の宗教として、最初から存在したシャマン教について説明する。英語でシャマニズムやシャマンという、このことばの起源は、満洲＝トゥングース語のサマン（巫）である。巫《みこ》のことを、トルコ語ではカム、モンゴル語ではボーという。日本、朝鮮半島、シベリア南部では女巫が多いが、極北では男巫が多い。

シャマン教は、天地万物に精霊があると信じるいわゆるアニミズムを基盤にし、巫が神懸《が》かりになって、天神や精霊と人間との媒介者となり、精霊の助けによって予言をおこない、病気を治すのである。

人びとは、万物の支配者であり、生命の源泉である天を信仰し、これを「蒼天」（モンゴル語でフフ・テンゲル）、「永遠なる天」（ムンフ・テンゲル）、「天神」（テンゲル）などと呼ぶ。天は、物質的存在であると同時に、精神的存在でもある。

さて、いわゆる世界宗教のすべてが、遊牧騎馬民の精神世界に何らかの影響を与えてきたが、古いものから見ると、紀元前七世紀に古代イランの予言者ゾロアスター（ザラトゥシュトラ）が始めたゾロアスター教がある。この宗教は、宇宙は光明（善）と闇黒《あんこく》（悪）の対立から成ると考える。中国には南北朝時代の北朝に入り、拝火教、祆《けん》教と呼ばれた。ゾロアスター教の主神である光明の神アフラ・マズダ Ahura Mazdaは、ウイグル人の信奉したマニ教を経由して、モンゴル語でフルムスタ Khurmustaとなり、仏教の帝釈天《たいしやくてん》が「フルムスタ・テンゲル」と呼ばれるようになる。

次に、マニ教は、紀元後三世紀後半に南バビロニアで生まれたマニが創唱したペルシア系の宗教で、キリスト教、ゾロアスター教、仏教などから影響を受けた善悪二元教である。マニは予言者とされ、シリア文字の書法に改良を加えてパフラヴィー文字で経典を書いたが、中央アジアでは、ソグド語、トルコ語、漢語で書かれた教本が発見されている。ウイグル人がソグド人の影響で熱心なマニ教徒になり、モンゴル高原にマニ教寺院が建立された。

ここで少し脱線して、ソグド人とソグド文字について述べておきたい。サマルカンドを中心とするザラフシャン河流域は、紀元前五世紀ごろのアケメネス朝ペルシアの時代からソグドといった。ソグド地方にはアケメネス朝の公用語だったアラム語アラム文字が伝わり、紀元前一世紀にアラム文字でソグド語を表記することが定着した。その後、ソグド人は、中央アジアのオアシス都市を根拠としながら、中国までやってきて東西貿易に従事したが、突厥やウイグルなどの遊牧帝国の商業活動をもっぱら担当したことでも有名である。中国の記録に「突厥人はもともと純朴なのだが、そこに多くの胡人（ソグド人）がいて、悪賢《わるがしこ》く、突厥人をそそのかしている」とあるくらいだ。文字の上でも、突厥やウイグルはソグド文字を借用して自分たちのことばを書き留めた。モンゴル人は、十三世紀にそのウイグル文字を借用してモンゴル語を書くようになったのである。

ソグド人は主にゾロアスター教徒だったが、ネストリウス派キリスト教、マニ教、仏教の信者もおり、遊牧騎馬民に宗教を伝道する役目も果たした。しかし、八世紀にアラブ軍がサマルカンド地方に侵入してからこの地方は急速にイスラム化し、やがてソグド人自身がペルシア語（のちのタジク語）を使うようになって、ソグドという名前はなくなった。

キリスト教の中では、紀元四三一年のエフェソスの宗教会議で異端と宣告されたネストリウス派が東方に広まった。この宗派はアッシリア東方教会とも呼ばれ、イランや中央アジアで布教し、ソグド語やトルコ語にも訳経された。七世紀には唐代の中国に入って景教と呼ばれたが、唐からウイグル人に伝わってモンゴル高原に入り、チンギス・ハーンの時代には、オングトやケレイトやナイマンというような大遊牧部族の王たちが、ネストリウス派キリスト教徒だった。

仏教とイスラム教については、後代、モンゴル帝国の後裔たちが、この二大宗教の信者に二分されたので、概観というわけにはいかない。現代モンゴル民族の形成に深く関係したチベット仏教については、あとで詳しく述べることになる。

ウイグル帝国

ウイグル部族は、突厥帝国時代、トクズ・オグズ（九姓鉄勒《きゅうせいてつろく》）の一部族だった。七四四年、ウイグルのクトゥルク・ボイラがトクズ・オグズのカガンになると、トクズ・オグズ自体が「九姓回鶻《かいこつ》（ウイグル）」と呼ばれるようになる。そして翌七四五年に、ウイグルのカガンが突厥第二帝国のカガンを攻めて殺し、ウイグル帝国が建国された。ウイグル帝国は、突厥第一、第二帝国と同様、ハンガイ山脈を本拠とし、東は大興安嶺山脈から西はアルタイ山脈に至るモンゴル高原全域を支配した。

ウイグル帝国建国後まもない七五五年、中国の唐で安・史の乱が起こった。安禄山《あんろくざん》はトルコ人の女シャマンの息子で、ソグド人将軍の養子になって出世した。かれの近所に住んでいた史思明《ししめい》は、父がトルコ人、母がソグド人の混血だった。安・史の乱は九年も続き、ウイグルと吐蕃《とばん》（チベット）が唐を助けて、ようやく終了した。

その結果、唐の都長安には、ウイグル人が常時一〇〇〇人以上いる居留地ができ、唐からウイグルに公主も降嫁した。ウイグルから唐には、時には数百人にも及ぶ使節団が送られ、「毎年馬を送ってくること一〇万匹、お返しとしての絵帛《かいはく》は百余万匹」といわれた。

ウイグル帝国の第二代カガンのとき、モンゴル高原にバイバリク（富の町）という都市が建設された。第三代ブグ・カガンのとき、突厥帝国の聖地ウテュケンの地に、オルドバリク（宮殿の町）が建設され、唐の公主に随行してきた中国人、ソグド商人やマニ教僧侶のための固定家屋が建てられ、マニ教寺院も建立された。この第三代カガンのとき、ウイグル人はマニ教を信奉するようになったらしい。このころ、イェニセイ河畔など他にも五ケ所に町が建設された。

遊牧騎馬民でも、帝国を建設したあとは、これを運営するために、商業センターとしての都市が必要になる。都市には、君主に奉仕する商人や職人が住み、食料品などを貯えておく倉庫が置かれる。使節を謁《えっ》見《けん》するための大広間もあっただろう。しかし、支配者である遊牧騎馬民の君主自身は都市にはほとんど住まず、広い草原に大テント（帳殿）をはり、鷹《たか》狩りや巻き狩りをしながら移動して暮らすという生活の仕方は、のちのモンゴル帝国にも受け継がれた。

八四〇年に西北からキルギズの一〇万の大軍が襲撃したとき、オルドバリクは焼かれ、カガンも殺された。その廃墟はハラ・バルガスン（黒い城）と呼ばれ、モンゴル高原のオルホン河畔にあった。モンゴル帝国の首都（つまり商業センター）カラコルムは、その近くに建てられた。

キルギズに襲撃されて、二〇万のウイグル人がモンゴル高原から逃亡したという。カガンの本営近くの十三部は南下して中国へ逃げたが、唐政府に受け入れられず、唐の辺境で衰亡してウイグルの名を留めなかった。十五部は今のカザフスタンにいた遊牧騎馬民カルルクの庇護《ひご》を求めて西走したが、その一部はトルファンに、また一部が河西に落ち着いた。

河西に入ったウイグル人は、「甘州回鶻《かんしゅうかいこつ》」と呼ばれ、王国として一三〇年続いたのち、西夏に滅ぼされた。その子孫が、元から明代の黄頭回鶻《こうとう》（サリ・ウイグル）だろうといわれている。

天山ウイグル王国

トルファン地方に入ったウイグル人は、そこの支配者となって、天山ウイグル王国を建てた。天山ウイグル王国の領域には、天山北麓の草原や山中のユルドゥズ渓谷などの牧地と、カラホージャ（高昌城《こうしょう》）、カラシャール、クチャなどのオアシス都市の両方を含んでいた。ウイグル王とその一族は、夏は避暑のため天山北麓のベシュバリク（北庭《ほくてい》）の草原、冬はトルファン盆地の高昌城付近に住み、西方のカラキタイの圧迫を受けながらも、チンギス・ハーンに服するまで、三世紀の間独立を保った。

天山地方に南下した当初、ウイグル人はまだマニ教徒だったが、オアシス都市の先住民トハラ人らの影響で、やがて仏教徒になった。ウイグル人の中には、オアシスの地主層になり、都市民化、農民化した者もいたが、天山北麓では遊牧騎馬文化も受け継がれた。

天山ウイグル王国は、草原の文化と都市・農村文化の複合体だった。これは、モンゴル帝国がその支配を中央ユーラシア全域に拡大するときのよい前例となった。モンゴル人はウイグル人を支配下に入れたが、文字や宗教をかれらから学んだ。才能豊かなウイグル人は、元朝時代のいわゆる色目《しきもく》人の中枢となって、文化のみならず、帝国の統治政策や商売の方面でも活躍した。

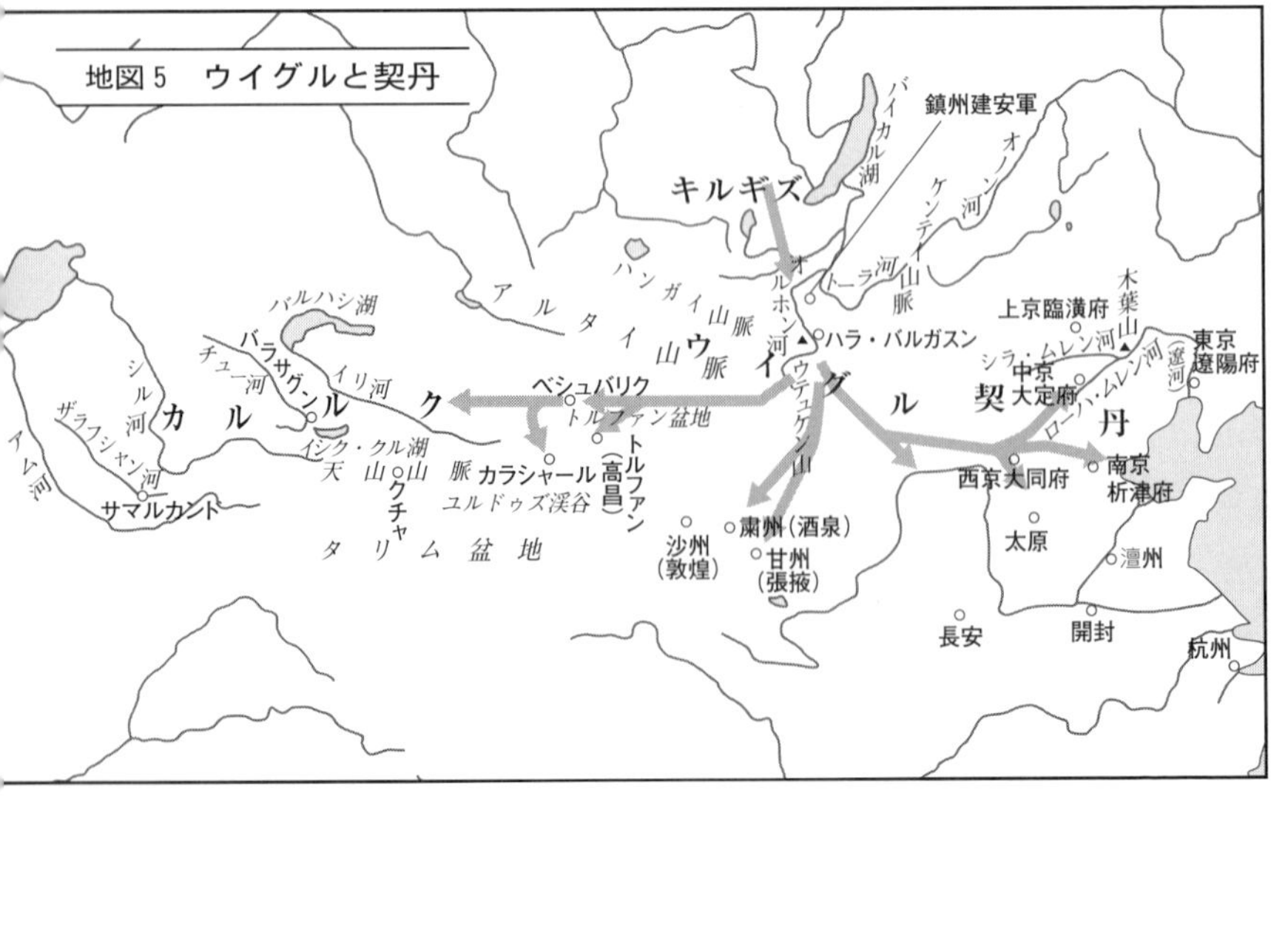

地図5　ウイグルと契丹

ところで、話をまた少し脱線させるが、ここで現代の中華人民共和国新疆《しんきょう》ウイグル自治区のウイグルという名称の由来について述べておきたい。

現在、ウイグル人と呼ばれているタリム盆地の住民は、二十世紀はじめまで固有の民族名はなかった。かれらはトルコ系イスラム教徒に分類されるが、トルコ化する（つまりトルコ系言語を話すようになる）のは、突厥からウイグルの時代で、イスラム教徒になったのは、西のカシュガルでは十世紀のカラ・ハーン朝の時代、東のハミ、トルファンでは十五世紀末だった。そのあと自分たちのことを、異教徒に対してはムスリム、異邦人に対してはイェルリク（土地の者）と称したり、住地によってカシュガルリク（カシュガル人）、ヤルカンドリクなどといっていた。

一九一七年の革命後のソ連で、「民族的境界区分」のため、民族とその自治領土の画定が人工的に強行された。一九二一年、当時のソ連領中央アジアに住んでいた新疆出身の民族運動家［その多くは一八八一年にイリ渓谷から移住した人びととその子孫］が会合し、かれらの民族名を、古代からの伝統を継承するものとして、ウイグルと自称することを決議した。これが、現代のウイグルという名称の起源である。

その後、この呼び名は新疆でも知られるようになった。一九三五年、新疆省の実権を掌握していた盛世才《せいせいさい》将軍が、これにならって、東はハミから西はカシュガルに至る、新疆省の定住トルコ族を以後、正式に維吾爾（ウイグル）と呼ぶことを布告したのだ。

だから、現代のウイグル族は、九世紀にモンゴル高原にいたウイグル帝国の遊牧騎馬民の直接の子孫ではない。現代の民族は、しばしば政治的な要請が先にあって、新たに創り出された集団であることは、先にトルコ共和国の誕生のところで見た通りである。

キタイ（契丹）帝国

キタイ人は、大興安嶺山脈の東斜面の遊牧騎馬民で、その名は四世紀の五胡十六国時代から記録に現れる。『新唐書』には「契丹はもと東胡種族で、その先祖は匈奴に破られて鮮卑山を保守した。北魏になって自ら契丹と号した」とある。十世紀にキタイ帝国を建国したとき伝わっていた始祖説話は、「昔、白馬に乗った男子がローハ・ムレン河（遼河の上流）を下ってきて、灰色の牛に引かせた小さな車に乗ってシラ・ムレン河を下ってきた婦人と、合流点の木葉山《もくようざん》で出会い、夫婦になった。これがキタイ人の始祖で、かれらから生まれた八人の息子が、キタイ人の八部族の祖となった」というものだ。

木葉山は現在の遼寧省と吉林省の境にある。キタイ人は最初突厥に臣属し、八部族長はそれぞれイルキン［テュルク語で領民の長］の官に任じられたが、その後隋と唐に帰順し、キタイの君主は唐の羈縻《きび》政策［羈は馬のたづな、縻は牛の鼻づなのことで、遊牧民に位や金品を与えてつなぎとめること］を受け、松漠都督《しょうばくととく》に任命され、唐の姓李《り》氏を賜った。

キタイ人の組織は最初遊牧部族連合だった。王は三年一期の選挙制で、八部族長が輪番で王に任じられた。最後に耶律阿保機《やりつあほうき》（太祖）が全種族を統合して終身の王となり、九一六年皇帝を自称した。これがキタイ帝国の建国である。この帝国は「キタイ（契丹）」のほかに「遼《りょう》」という国号を使用したが、これは故郷の遼河の名前から来ている。

遼代のキタイ人は部族連合を廃止し、すべての種族を二つの姓に統合した。一つは、馬をトーテムとする血縁集団の耶律《やりつ》（移剌《いら》）姓で、もう一つは牛をトーテムとする審密《しんみつ》（石抹《せきまつ》、蕭《しょう》）姓である。この二姓は、その内部では結婚できない、族外婚の単位（フラトリー）となった。

キタイは漠北のモンゴル高原に遠征軍を派遣し、九二八年にかれらが「烏古《うこ》」と呼ぶケンテイ山脈以東のタタル人を征服し、ここにキタイ人の軍団を駐屯させた。一〇〇〇年までには、かれらが「阻卜《そぼく》」と呼ぶケンテイ山脈以西のタタル人も征服した。一〇〇四年、キタイ帝国は、ウイグルの故城の一つ、オルホン河とトーラ河の間のカトンバリクの地に、モンゴル高原を統治する拠点として、鎮州建安軍《ちんしゅうけんあんぐん》という軍事基地を置いた。

同じ一〇〇四年、承天《しょうてん》皇太后と聖宗《せいそう》率いるキタイ軍が華北に侵入し、宋の首都開封《かいほう》に迫った。キタイ軍が黄河の北岸の澶《せん》州に達したとき、宋の皇帝真宗は和議を申し入れ、真宗と聖宗が兄弟となること、真宗は承天皇太后を叔母とすること、宋はキタイに年額、絹二〇万匹、銀一〇万両を支払うことを条件とする澶淵《せんえん》の盟約を結んだ。両国の関係はこれによって安定し、これから約一二〇年間、キタイ帝国の滅亡まで平和が続いた。

これより前の九三六年、キタイは太原の沙陀《さだ》トルコ人石敬《せきけい》瑭《とう》を助けて後唐《こうとう》を滅ぼしたとき、山西北部から河北北部にかけての地帯（燕雲《えんうん》十六州）の割譲《かつじょう》を受けていた。これからあとのキタイ帝国の組織は、草原の遊牧騎馬民の政治組織と中国型の都市文明を結合したものとなった。先に見たウイグルと同様、キタイ帝国の制度もまた、のちのモンゴル帝国の制度のよい手本となったのだ。

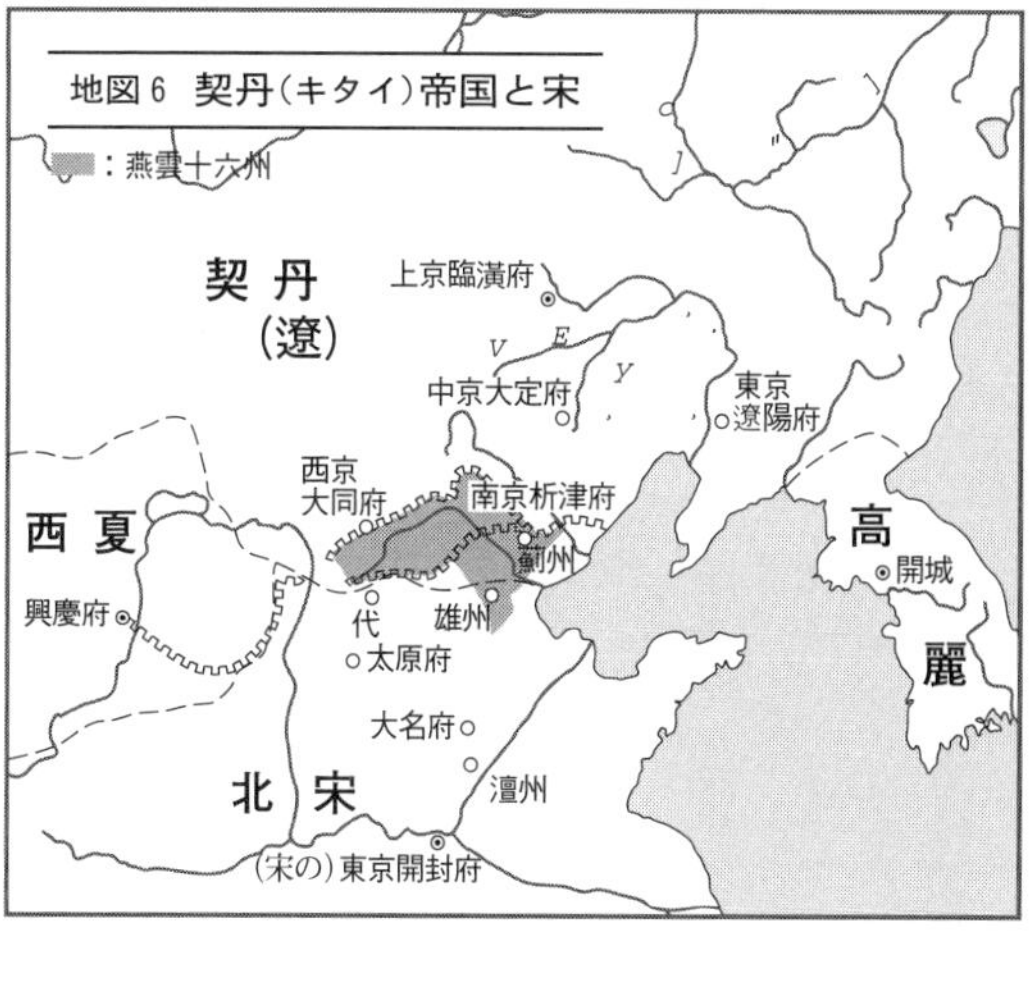

地図6　契丹（キタイ）帝国と宋

キタイ帝国は、全国を五道に分け、「五京《ごけい》」と呼ばれる都市をそれぞれの中心に置いた。キタイ人の本拠地には上京臨潢府《じょうけいりんこうふ》、奚《けい》人の中心地に中京大定府《ちゅうけいたいていふ》、渤海《ぼっかい》人の中心地に東京遼陽府《とうけいりようようふ》、沙陀トルコ人の中心地に西京大同府《せいけいだいどうふ》、いまの北京の地に南京析津府《なんけいせきしんふ》が置かれた。

キタイ帝国では、遊牧民は部族に、定住民は州・県に編成され、北面官《ほくめんかん》が遊牧民を、南面官《なんめんかん》が定住民を管轄した。キタイ皇帝や貴族たちはそれぞれ、遊牧民と定住民からなる私領を持ち、皇帝の私領を「オルド」といった。オルドはまた、皇帝の住む大天幕と、それに従う家来たちの天幕群のことでもあった。この「オルド」はことばごと、モンゴル帝国に継承された。

キタイ皇帝自身は都市には住まずに、春・夏・秋・冬と決まったキャンプ地（キタイ語でナパという）を移動して暮らしたのも、そのあとのモンゴル帝国の君主と同じだった。

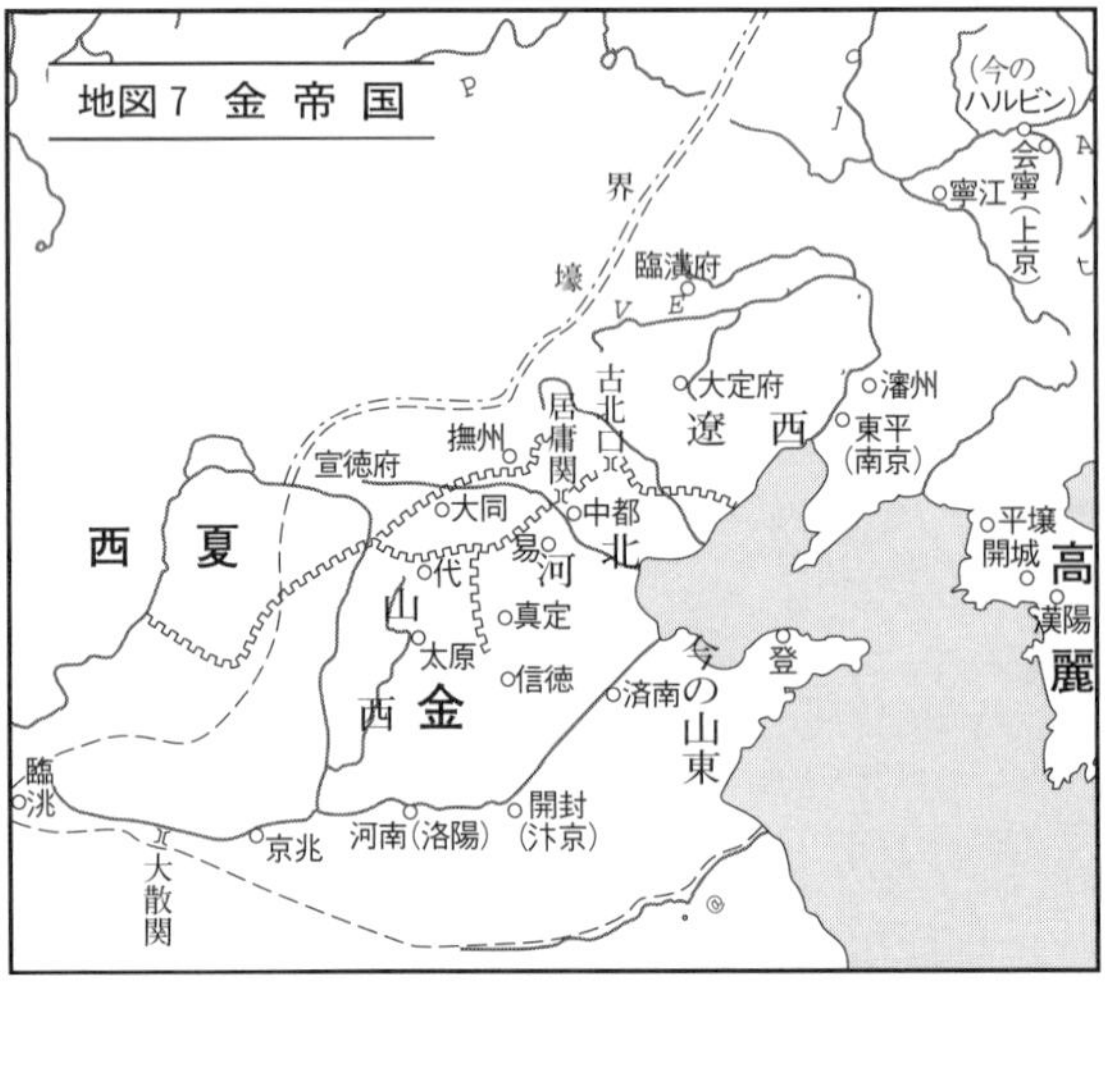

金帝国

キタイ帝国を滅ぼしたジュシェン［『遼史』『金史』『元史』は「女直《じょちょく》」と書き、宋と朝鮮の史料は「女真《じょしん》」と写す］という種族は、トゥングース系の言語を話す狩猟民で、唐代の黒水靺鞨《こくすいまっかつ》の一部族の後裔である。靺鞨人と一部分高句麗《こうくり》人を国民とした渤海国《ぼっかい》が九二六年キタイに滅ぼされると、キタイの太祖阿保機の長子突欲《とつよく》（漢名は倍《ばい》）が、渤海国を改称した東丹国《とうたん》の王となった。突欲は父の死後キタイに帰り、東丹の官庁や人民を東平《とうへい》（遼陽）に移してここを南京としたために、渤海国の旧土は支配者不在の状態となった。

それで、もともと黒龍江下流にいた黒水靺鞨が南下してきて、やがて各地に住みつくようになった。キタイ帝国では、自国の領内に移住させて戸籍を与えた者を「熟女直《じゅくじょちょく》」、キタイの直接支配を受けない者を「生女直《せいじょちょく》」と呼んだ。生女直の一部族、完顔《ワンヤン》部族長の阿骨打《アグダ》（金の太祖）が一一一五年に独立し、大金皇帝の位についたのが、金の建国である。

金という国号は、完顔部族の本拠がいまのハルビン市東南のアンチュフ（按出虎）水のほとりで、「アンチュン」がジュシェン語で黄金を意味するからである。この地には金代には上京会寧府《じょうけいかいねいふ》が置かれた。金の制度は、三〇〇戸を一ムクン（謀克）部とし、ここから選ばれた兵を一ムクン軍とする軍事組織だった。一〇ムクン軍は一ミンガン（猛安）軍となった。ムクンは里長、ミンガンは千人隊長のことでもある。

金軍はキタイ軍に連戦連勝して、最後のキタイ皇帝を一一二五年内モンゴルで捕らえ、引き続き宋に侵入して、翌年開封《かいほう》を占領し、宋の徽宗《きそう》・欽宗《きんそう》父子を捕らえた。欽宗の弟の高宗が南に逃げて、一一二七年に皇帝となり、杭州《こうしゅう》に臨時政府を置いた。これからあとの宋朝を南宋《なんそう》という。

金帝国はキタイの領土をほぼそっくり受け継いだ上に、新たに華北を領土に加えたが、遊牧地帯は内モンゴルまでで、漠北のモンゴル高原には支配が及ばなかった。キタイ人は遊牧騎馬民出身だったが、ジュシェン人はもともと森林の狩猟民出身だったからである。だから、キタイ帝国から金帝国になったあと、支配のゆるんだモンゴル高原の遊牧諸部族のあいだで主導権争いが起こるようになり、チンギス・ハーンの台頭へとつながったのだ。

カラキタイ（西遼《せいりょう》）

キタイ帝国が滅びる直前、キタイの皇族耶律大石《やりつたいせき》は漠北のモンゴル高原に逃れた。かれは、鎮州建安軍の置かれたカトンバリクの地に七州のキタイ人と遊牧民の一八部族を集め、一一二四年皇帝に選挙された。グル・ハーンと称するようになった耶律大石は、まもなく全軍をあげて西方に移動し、チュー河のほとりのバラサグンに本拠を置き、中央アジアを支配した。これがカラキタイ（西遼）で、その屯営をクズ・オルドと呼ぶ。

カラキタイの支配層は仏教徒だったが、かれらが支配したのは、十世紀以来、カラハーン朝というトルコ人のイスラム王朝が勢力をふるった地域で、被支配者層はイスラム教徒だった。カラキタイの最後の君主は、チンギス・ハーンにおわれて亡命してきたナイマンの王子クチュルクを娘婿にしたために、かれに国を乗っ取られ、クチュルクが一二一八年モンゴル軍に殺されて、カラキタイは滅んだ。しかし、モンゴル人はその後、中央アジアにおけるカラキタイの統治を見習ったわけで、キタイ人は西方でも、モンゴル帝国に道を開いた先駆者となったのである。

チンギス・ハーンの祖先の物語

話をモンゴル部族の始祖説話にもどそう。『集史』『元史』『元朝秘史』に共通な物語は、アラン・ゴワが天の光に感じて産んだボドンチャルが、ボルジギン氏族の祖になったというものであった。そのボドンチャルの孫の寡婦モナルンと息子たちは、キタイ軍に攻められ

系図1　モンゴル部族

〔△：男，○と平仮名は女
❶〜❸はモンゴル部族
のハーン〕

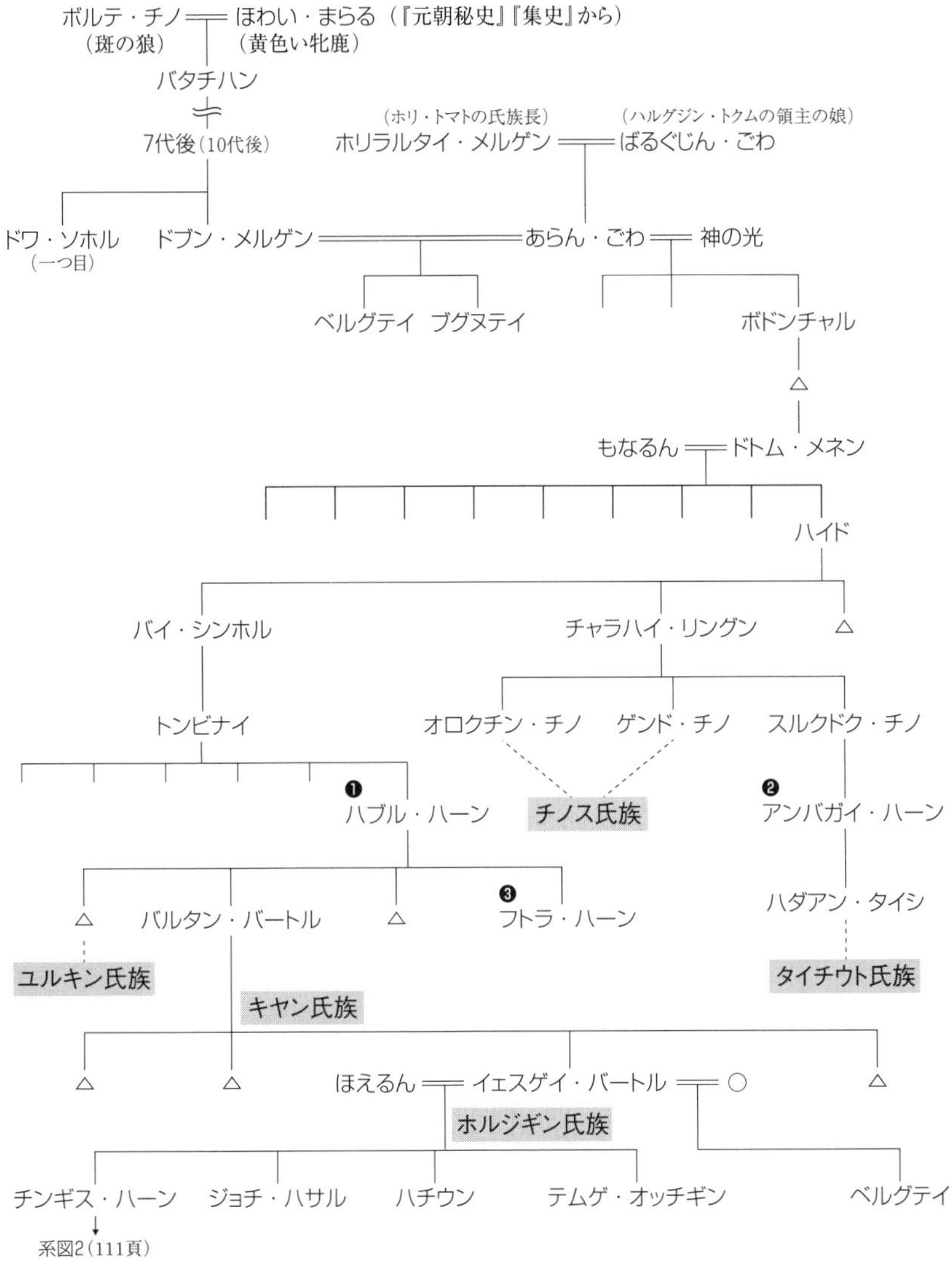

てケルレン河から逃げてきたジャライル部族に襲撃されて、皆殺しになった。ただ一人だけ生き残ったハイドが、バイカル湖のほとりのバルグジン・トクムに移って成人し、兵を率いてジャライル部族を攻め、これを臣下とした、という話が続く。このハイドはチンギス・ハーンの六代前の祖先だが、かれがどうやら最初の歴史上の人物らしい。

先に述べたように、アラン・ゴワもバイカル湖畔の出身だったことを考えると、チンギス・ハーンの祖先の本当の発祥の地はバイカル湖畔で、そこから南下してオノン河の渓谷に移住し、そこでチンギス・ハーンが生まれたと考えるほうがよさそうだ。

ハイドには三人の息子があって、次男のチャラハイ・リングンの子孫が、のちにチンギス・ハーンと敵対するタイチウト氏族になった。長男のバイ・シンホルにはトンビナイという息子があった。トンビナイには多くの息子があって、それぞれ氏族の始祖となったが、六番目の息子ハブル・ハーンが、チンギス・ハーンの曾祖父である。

トンビナイの時代と思われる一〇八四年、久しぶりに漢文史料に「モンゴル」が現れる。『遼史』によると、この年「萌古国《もうこ》」が契丹に使者を派遣している。このころようやくモンゴル部にも王権が生まれて、「国」と呼べるような集団になったらしい。

一一二五年に金帝国がキタイを滅ぼしたころのモンゴル部族の指導者は、チンギス・ハーンの曾祖父ハブル・ハーンだった。ハブル・ハーンは金の朝廷を訪問したこともあるらしい。ハブル・ハーンの死後、かれの又従兄弟《またいとこ》のアンバガイが次のハーンになった。

ハブルとアンバガイ二人のハーンの時代、モンゴル部族は、金の長城沿いに遊牧していたタタル部族と抗争をくりかえした。アンバガイ・ハーンはついにはタタル部族に捕らえられ、金の皇帝のもとに送られて殺された。

アンバガイ・ハーンのあと、今度はハブル・ハーンの息子フトラがハーンになった。チンギス・ハーンの祖父バルタン・バートルは、フトラ・ハーンの兄弟である。バートルとはモンゴル語で「勇士」の意味だ。バルタン・バートルには四人の息子があり、その三番目がチンギス・ハーンの父イェスゲイ・バートルだった。つまり、チンギス・ハーンは、モンゴルのハーン一族の出身ではあったが、傍系だった。

『元朝秘史』には続いて、チンギス・ハーンの父イェスゲイがメルキト部の若者から新妻ホエルンを掠奪する話、九歳のチンギス・ハーンとボルテの婚約、イェスゲイがタタル部族に毒殺され、残されたホエルンが苦労して息子たちを育てる話などが物語られるが、いずれも史実かどうかは定かではない。

第四章　チンギス・ハーンの統一

チンギス・ハーンの誕生

チンギス・ハーンの生誕年には、一一五四年と一一五五年と一一六二年の三通りの説がある。最初の説は、チンギス・ハーンの生きている間の一二二一年に、中国南部にあった南宋から、モンゴル人が占領していた金の中都（今の北京）に派遣された使者が書いた『蒙韃備録《もうたつびろく》』という書物の記録による。二番目は、一三一一年に、イランの地にあったチンギス・ハーンの子孫の宮廷で、ハーンの命令によってペルシア語で書かれた『集史』の説である。三番目は、やはりチンギス・ハーンの子孫のフビライ・ハーンが建てた元朝の公式記録『元史』の説である。『元史』自体は一三七〇年に明の首都南京で編纂された史料だが、その材料となった『太祖実録』にもとづいたらしい『聖武親征録』も同じ説をとる。

『集史』も『元史』も、どちらもチンギス・ハーンの直系の子孫が伝えた年代を記録したのに、どうしてこんなに違うのかというと、もともと、モンゴルの人びとは生年月日などにあまり関心がなく、チンギス・ハーンの生まれたころには、まだモンゴル人に記録をつける習慣がなかったからなのだ。

チンギス・ハーンの行動に関して年代が明らかになるのは一一九五年ごろからである。この年、まだテムジンという名だったのちのチンギス・ハーンのところに、内紛のため亡命中だったケレイト部族長の弟ジャア・ガンボが合流した。翌九六年には、亡命していたカラキタイ（西遼）から、ウイグルと西夏を通ってやっと故郷にたどりついたケレイト部族長トグリルとテムジンが会見した。トグリルはテムジンの亡き父イェスゲイのアンダ（盟友）であったので、テムジンはこのあとトグリルを父として仕える約束をした。ケレイト部族長と同盟をしたこの時から、テムジンのちのチンギス・ハーンについて、ようやく記録が残るようになる。ケレイト部族に記録係がいたことは疑いない。

テムジンの台頭

漢文史料である『聖武親征録』に、ちょうど同じ一一九五年、金軍がモンゴル高原に侵攻し、テムジンが活躍した記録がある。タタル部族長が金帝国との同盟条約に違反したので、金の皇帝は丞相《じょうしょう》完顔《ワンヤン》襄《じょう》を派遣して、タタル人を攻撃して北方に逃走させた。これを聞いたテムジンは、近隣から兵士を集め、オノン河を出発して、逃げてくるタタル人を迎え撃ち、部族長を殺した。金の皇帝は、テムジンがタタルを滅ぼした功績によって、テムジンにジャウト・フリの官職を授け、またケレイト部族長トグリルにも王（オン）の称号を与えた。トグリルはこれからあと、オン・ハーンと呼ばれる。

ここでテムジンが金から授けられた「ジャウト・フリ」とい

明の宮中にあった
チンギス・ハーンの肖像

う官職の意味は、「百人隊長」のことである。金帝国の同盟者となったテムジンは、まもなく、金に背いた同族のユルキン氏族長を追放し、キャン氏族の唯一の指導者となることができた。

実はこの直前、年代は明らかではないが、テムジンの最初の事業として「十三クリエンの戦い」が記録に残っている。これは、『元朝秘史』でテムジンの好敵手として描写されるジャムハが、タイチウト氏族を中核とするモンゴル諸氏族の連合軍を編成し、テムジンを攻めに来た戦いであった。テムジンの側で編成した連合軍が一三の「クリエン」からなっていたので、この名がついた。クリエンというのは円陣のことで、遊牧民がキャンプを張る時、敵襲を防ぐためにキャンプの周囲に牛車を円形に配置する。これをクリエンと呼ぶのだが、この場合は「部隊」と考えればいい。漢文史料には「十三翼《よく》」とある。

一三クリエンの第一クリエンは、テムジンの母ホエルンとその一家、つまり、父イェスゲイ・バートルの家族と家臣だった。第二クリエンは、テムジンとその直系の部下

20世紀初頭に撮された天山山中のトルグート族のクリエン（円陣）

で、その後、ノホル（僚友）、ケシク（親衛隊）などと呼ばれるようになる譜代の家臣からなる。第三クリエンから第十二クリエンまでは、テムジンの曾祖父ハブル・ハーンや大叔父フトラ・ハーン父子の一族とその同盟氏族だった。ただ第十三クリエンのチノス氏族だけは、敵方のタイチウト氏族の同族だった。

この戦争の結果は、『聖武親征録』と『元史』では、テムジン側が勝ってジャムハは敗走したことになっているが、『元朝秘史』では、テムジンはジャムハに敗れてオノン河畔の峡谷に逃げ込んだことになっている。

どちらが史実かというと、『元朝秘史』には、ジャムハは勝利のあとで「チノスの子らを七〇の鍋で煮た」とあり、『聖武親征録』には「ジャムハは七二のかまどをつくり、狼を煮て食料とした」とある。モンゴル語で「チノス」は「狼」の複数形である。この戦いで、同族のタイチウトを裏切ってテムジン側についたチノス氏族の人びとが釜ゆでの刑に処せられたとすれば、ジャムハとタイチウト側が勝ったというのが真相だろう。

テムジンのモンゴル高原統一

一一九六年、ケレイト王オン・ハーンと同盟した、というよりもその臣下となったテムジンは、これから七年の間、オン・ハーンのもとで、モンゴル高原の遊牧部族をつぎつぎに征服して支配下に加えていく。このようなことが可能だったのも、オン・ハーンが金帝国のモンゴル高原における最有力の同盟相手となり、金の援助を受けられたからである。最後に同盟相手のケレイト王オン・ハーンを討ってモンゴル高原を統一するまでのテムジンの事跡を、年代を追って見ていこう。

一一九七年、テムジンはセレンゲ河のメルキト部族を攻め、多数の捕虜を手に入れて、ことごとくオン・ハーンに与えた。翌九八年、オン・ハーンは自らメルキト部族を攻め、大勝利をおさめたが、テムジンに何のお返しもしなかった。

一一九九年、オン・ハーンはテムジンとともに、いまの新疆ウイグル自治区北部にいた、ナイマンのブイルク・ハーンを討った。ブイルク・ハーンは北方のイェニセイ河の渓谷に逃げ、ケレイト軍は多くの捕虜を手に入れた。ところが、引き揚げる途中、追いすがるナイマンの武将とハンガイ山脈の南で対陣し、夜明けを待って戦おうというその夜、オン・ハーンはひそかに軍を率いて移動し、テムジンを置き去りにした。テムジンはあきれて自分の本拠に戻ったが、そのあと、オン・ハーンの長男と弟がナイマン軍に襲われ、オン・ハーンはテムジンに援軍を請うた。テムジンは恨みを忘れて、部下の「四傑《しけつ》」［モンゴル語では「四頭の駿馬」と呼ばれる勇将たち］を派遣し、ケレイトを救ったのである。

一二〇〇年、オン・ハーンとテムジンは、オノン河のほとりでタイチウトを破った。続いて、大興安嶺山脈方面のモンゴル諸氏族とタタル部族の連合軍をブイル・ノール湖畔で破った。その冬もテムジンはタタル部族を破った。

一二〇一年、東方の遊牧諸部族が、反オン・ハーン、反テムジン同盟をゲン（根）河で結び、ジャダラン部族のジャムハをグル・ハーンに推戴《すいたい》した。テムジンがこの連合軍を破ったので、モンゴル部族の有力氏族であるフンギラトがテムジンに降った。

一二〇二年、モンゴル高原西方のナイマン部族、西北方のオイラト部族、北方のメルキト部族とさきの東方の諸部族が連合し、オン・ハーンとテムジンに向かって来た。オン・ハーンとテムジンは、南に移動して金帝国の長城の内側に避難し、家族や家畜を安全なところにかくまってから、コイテンの野で寄せ手を迎え撃って、この連合軍を撃破した。

一二〇三年、長男とジャムハにそそのかされたオン・ハーンがテムジンを襲った。テムジンは、生まれ故郷のオノン河渓谷から山一つ北に越した、今はロシア領のバルジュナ湖まで退いた。テムジンは、ここまで離れずに従ってくれた部下たちと、バルジュナ湖の濁《にご》り水を飲み合って誓いを立てた。この部下たちの子孫が、モンゴル帝国の譜代《ふだい》中の譜代の家臣となる。やがてテムジンはオノン河をさかのぼってケンテイ山中に兵力を集結し、オン・ハーン陣営の内部分裂も利用して敵の本営を襲撃し、大勝利をおさめる。ケレイト軍はことごとくテムジンに降伏し、出奔《しゅっぽん》したオン・ハーンは、ナイマンの国境守備隊に殺された。オン・ハーンの長男は、西夏《せいか》王国を通って今の青海省に逃げ込んだが、土地のチベット人の反撃を受け、天山山脈の南のクチャで殺された。

一二〇四年、テムジンはオルホン河畔でナイマン軍と対陣し、大勝利をおさめた。この戦いでナイマン部族長タヤン・ハーンは戦死し、その子クチュルクは叔父ブイルク・ハーンのもとに逃げた。テムジンは引き続き北方のメルキト部族を攻撃し、ジャムハを捕らえて殺した。さらに、金の国境付近にいたモンゴル部族の仇敵タタル部族を潰滅《かいめつ》させた。こうしてテムジンは、東は大興安嶺山脈から西はアルタイ山脈に至るモンゴル高原をことごとく統一したのだ。

一二〇五年、テムジンははじめて西夏王国に遠征し、多くの人民や駱駝を掠奪した。

チンギス・ハーンの即位

モンゴル高原を統一したテムジンは、一二〇六年の春、オノン河の水源地に、部下とモンゴル高原の遊牧部族、氏族の代表者を召集して大会議（クリルタイ）を開催し、その

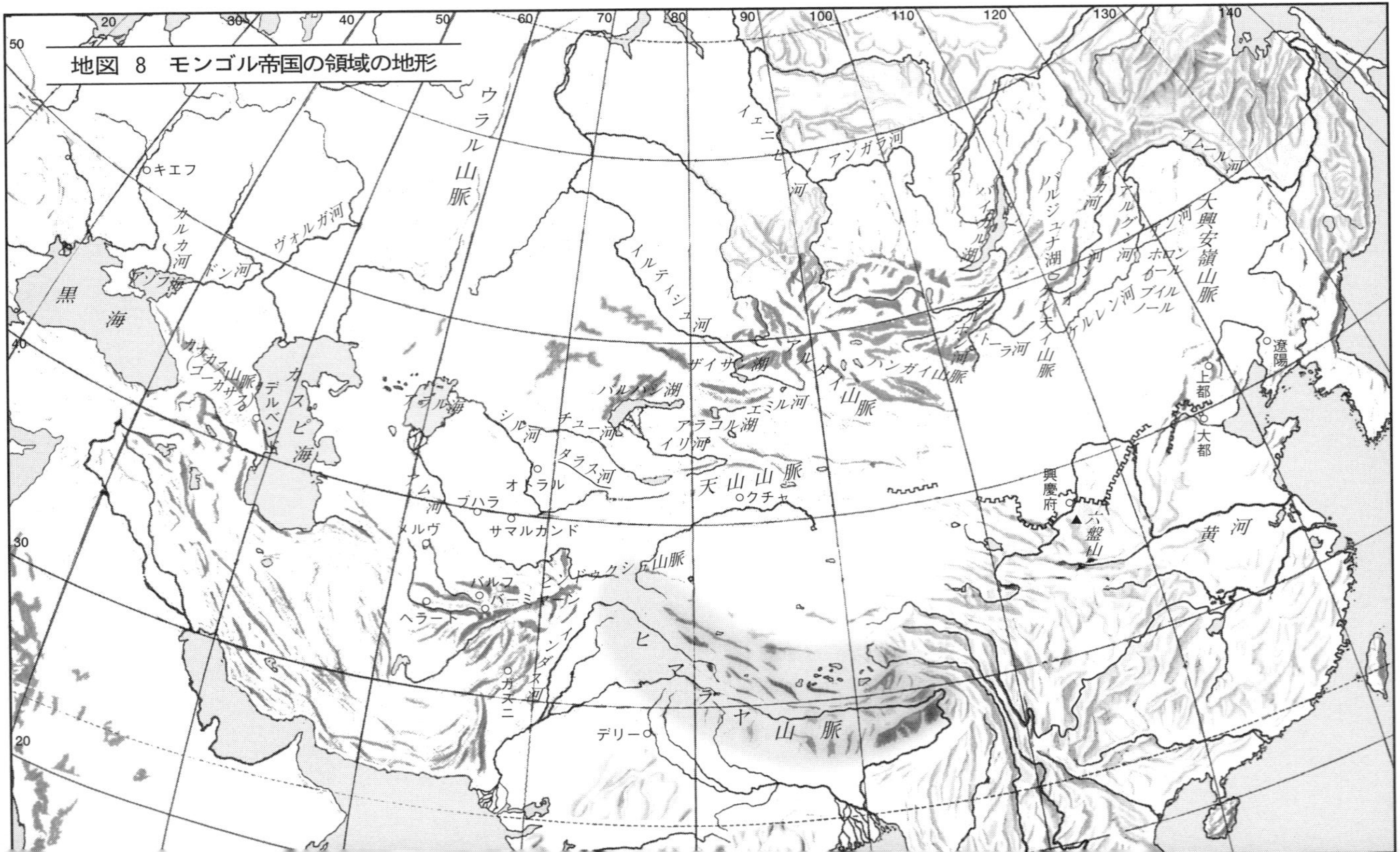
地図 8 モンゴル帝国の領域の地形
ウラル山脈
キエフ
カルカ河
ヴォルガ河
ドン河
アゾフ海
黒海
カフカス山脈
（コーカサス）
デルベン
カスピ海
アラル海
シル河
アム河
ブハラ
サマルカンド
オトラル
メルヴ
バルフ
バーミヤーン
ヘラート
ガズニ
ヒンドゥクシュ山脈
インダス河
デリー
ヒマラヤ山脈
イルティシュ河
バルハシ湖
チュー河
タラス河
イリ河
アラコル湖
エミル河
ザイサン湖
アルタイ山脈
天山山脈
クチャ
イェニセイ河
アンガラ河
バイカル湖
ハンガイ山脈
トーラ河
オルホン河
セレンゲ河
バルジュナ湖
ケンテイ山脈
ケルレン河
ブイルノール
ホロンノール
アルグン河
オノン河
シルカ河
アムール河
大興安嶺山脈
遼陽
上都
大都
興慶府
六盤山
黄河

地図 9 モンゴル帝国の成立

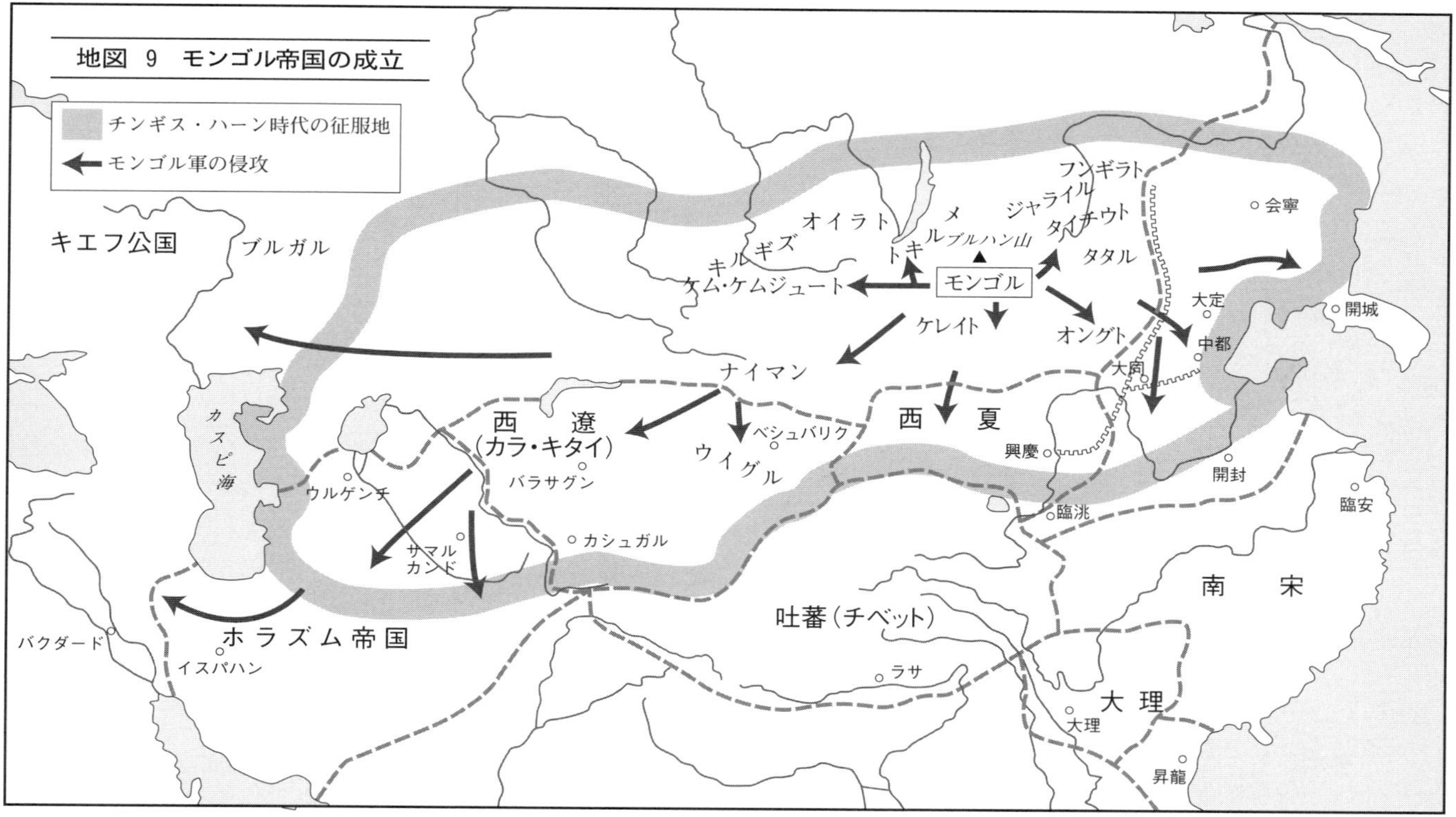

席上、全員の支持を受けて最高指導者つまりハーンに選出された。テムジンの義弟［母ホエルンの再婚相手の息子］の大シャマン（巫）、ココチュ・テブ・テングリが、チンギス・ハーンという称号を選んで授けたが、チンギスというのは、古いトルコ語のチンギズの借用であって、「勇猛な」という意味である。

さらに、ココチュ・テブ・テングリは神がかりになって次の天命を宣言した。

「永遠なる天の命令であるぞ。天上には、唯一の永遠なる天の神があり、地上には、唯一の君主なるチンギス・ハーンがある。これは汝らに伝える言葉である。我が命令を、地上のあらゆる地方のあらゆる人びとに、馬の足が至り、舟が至り、使者が至り、手紙が至る限り、聞き知らせよ。我が命令を聞き知りながら従おうとしない者は、眼があっても見えなくなり、手があっても持てなくなり、足があっても歩けなくなるであろう。これは永遠なる天の命令である」。

これは地上の全人類に、チンギス・ハーンを唯一の君主として絶対服従することを命ずる、神聖なる天の命令だった。チンギス・ハーンも、かれをハーンに選出したモンゴル高原の全遊牧部族も、この天命を固く信じ、この天命に導かれて世界征服の事業に乗り出したのである。チンギス・ハーンと家臣たちにとって、無条件で降伏しない者は天に逆らう極悪人であり、極悪人を殺し尽くすのは、天に対する神聖なる義務を果たすことだった。いつの時代も、宗教の果たす役割には恐るべき力がある。

チンギス・ハーンが君主に即位した一二〇六年が、モンゴル帝国建国の年であり、現代のことばを借りればモンゴル「民族」誕生の年である。君主になったチンギス・ハーンがモンゴルと総称される氏族集団の出身だったので、新しい遊牧部族連合の名前もモンゴルになったのだ。ただし、かつて匈奴の単于が鮮卑に殺されたあと「匈奴の余種の残留する者がなお十余万家族ほどあり、みな自ら鮮卑と号した」ように、このとき誕生した「モンゴル」は、種々雑多な遊牧民の連合だった。今のわれわれが考えるような「民族」という観念は、当時の世界には存在しなかった。

チンギス・ハーンの征服戦争

チンギス・ハーンは即位するとまず、ナイマン部族の残党勢力の討伐をおこなった。ブイルク・ハーンは攻め殺され、かれのところに亡命していたタヤン・ハーンの子クチュルクはイルティシュ河に逃げた。一二〇八年、チンギス・ハーンがイルティシュ河に進軍すると、クチュルクはカラキタイ（西遼）に亡命し、モンゴル高原の西北方のオイラト、ケム・ケムジュート、キルギズ部族がチンギス・ハーンの支配下に入った。

一二〇九年春、チンギス・ハーンは軍を率いて西夏王国の首都興慶府《こうけいふ》（今の銀川市《ぎんせんし》）を包囲した。西夏王はチンギス・ハーンに降伏し、娘をチンギス・ハーンに嫁入らせた。同じころ、天山山脈東端のウイグル王国も、これまで服従していたカラキタイの総督を殺して、チンギス・ハーン側に寝返った。

一二一〇年、チンギス・ハーンは金と断交し、翌一一年春、モンゴル軍を指揮してケルレン河から南下し、金領の草原に侵入した。これから五年間、チンギス・ハーンは故郷に帰らず、つねに内モンゴル草原にいて作戦を指揮し、モンゴル軍は金の華北の領土を踏みにじった。

金に遠征したモンゴル軍の数は記録がないが、のちの一二一九年の中央アジア遠征時は一五万とも二〇万ともいわれる。金遠征は、一〇万足らずの軍勢だったのではないだろうか。チンギス・ハーンは娘婿トクチャルに二〇〇〇の兵を預けて留守をゆだね、四人の息子ジョチ、チャガタイ、オゴデイ、トルイ全員を連れて遠征した。

一二一一年、モンゴル軍はまず撫州《ぶしゅう》と大同を攻略した。次いで張家口《ちょうかこう》の南で金軍を粉砕、将軍ジェベが居庸関《きょようかん》を占領し、モンゴル騎馬兵が金の中都（今の北京）城下にせまった。

一二一二年、モンゴル軍が金の宣徳府《せんとくふ》を取ったところ、遼東の契丹人で、金軍の北方辺境の千人隊長だった耶律留哥《やりつりゅうか》が、金に背いて挙兵した。耶律留哥は、チンギス・ハーンに援兵を請うて三〇〇〇の兵を受け取り、金が派遣した六〇万の軍を破ったという。かれは掠奪品をチンギス・ハーンに届けたので、今度は将軍ジェベとさらに多くの援兵がかけつけて、遼陽《りょうよう》を包囲した。

一二一三年、モンゴル軍は三軍にわかれて南下し、九〇もの都市を掠奪した。チンギス・ハーンの息子たち、ジョチ、チャガタイ、オゴデイ率いる左翼軍が遼西（今の遼寧省西部）、弟のジョチ・ハサル率いる右翼軍が今の山西、ハーン本人と末子トルイ率いる中軍が今の河北と山東を掠奪したあと、全軍で中都を囲んだ。金側ではクーデターが起こり、皇帝衛紹王《えいしょうおう》が殺され、先代皇帝の弟が即位した。

一二一四年、金の新皇帝宣宗《せんそう》はチンギス・ハーンに講和を申し入れ、衛紹王の娘を公主として、莫大な持参金を付けてハーンに嫁入らせた。ところが講和が成立した直後、宣宗は中都を捨てて開封に遷都した。チンギス・ハーンは金の背信を怒り、中都を包囲するよう命令を下した。

一二一五年、チンギス・ハーンが内モンゴル草原で避暑をしている間、モンゴル軍に包囲された中都は食糧不足に苦しんで陥落《かんらく》し、城内に入ったモンゴル軍は大虐殺をおこなった。この時、契丹人の耶律楚材《やりつそざい》がモンゴルに降り、チンギス・ハーンの家来になったことは有名だが、金が完全に滅亡するのは、チンギス・ハーンの死より七年へた第二代オゴデイ・ハーン時代の一二三四年のことである。

一二一六年、対金作戦は部下にまかせて、チンギス・ハーンは五年ぶりにケルレン河に帰った。

故郷に戻ったチンギス・ハーンは、二年の間休息を取りながら、こんどは西方へ向かう大遠征の準備をした。

チンギス・ハーンの中央アジア遠征

一二一八年、チンギス・ハーンは、部下の「四狗《しく》」の一人ジェベに二万騎を与えて先発させた。「四狗」は「四匹の犬」のことで、前述の「四傑（四頭の駿馬）」と好一対のチンギス・ハーンの側近の愛称である。馬はハーンのお側近くに仕える古来の盟友であるのに対し、犬は命令された作戦地に先に飛んでいって攻撃をかける先鋒軍の大将というイメージがある。

そのジェベが向かったカラキタイは、一二〇八年、チンギス・ハーンに追われて亡命してきたナイマンの王子クチュルクを受け入れ、国王の娘婿とした。ところがクチュルクは、義父を裏切って一二一二年西遼国を簒奪《さんだつ》したのである。クチュルクはイスラム教徒を迫害したので嫌われており、ジェベの進軍はオアシス都市の住民に歓迎された。クチュルクはパミール山中で捕殺され、カラキタイとその人びとはモンゴル帝国に併合された。

一二一九年、チンギス・ハーンの中央アジア遠征が始まった。この前年、ハーンの派遣した隊商が、欲に目がくらんだホラズム領オトラルの知事に虐殺されたので、チンギス・ハーンは復讐のために兵を挙げたということになっている。しかし、実際はその前から遠征の準備に入っているので、この事件は戦争のよい口実になったにすぎない。ハーンは夏の間、イルティシュ河畔に駐営して馬を休養させ、秋に軍を四つに分けて進撃を開始した。第二軍はハーンの第二子チャガタイと第三子オゴデイが指揮し、オトラルを包囲した。第三軍はハーンの長子ジョチが指揮し西方へ、第四軍は三人の将軍の指揮の下に東方へ向かい、チンギス・ハーンは第一の中軍を率いてブハラへ進軍した。

一二二〇年二月、チンギス・ハーンが到着してすぐにブハラは陥落、三月にはサマルカンドも陥落した。一方オトラルは五ケ月間の包囲ののち陥落し、生け捕りにされた例の知事は、サマルカンド城外にいたチンギス・ハーンの面前に連れてこられ、強欲の報いとして、溶かした銀を両眼と両耳に流し込まれて殺された。

チンギス・ハーンの進撃を受けたホラズム・シャー朝は、中央アジアに入ってイスラム教徒になった遊牧民の王朝である。兵力は四万あったといわれているのに、モンゴル軍の敵ではなかった。その理由は、君主のスルタン・ムハンマドと母后テルケン・ハトンが不仲で、軍の中核をなす遊牧民カンクリ族の騎兵が、カンクリ族出身の母后の命令しか聞かなかったからである。ホラズム軍は兵力を集中できず、騎兵中心の野戦を避け、堅固な防備の各都市にたてこもるしかなかった。

スルタン・ムハンマドは、首都サマルカンドを捨てて今のアフガニスタン方面へ逃げた。「四狗」のジェベとスベエデイがかれを追い続けたため、ムハンマドは最後にカスピ海の小島に逃げ込んだ。「かくも多くの地方を支配したあげくの果ては、墳墓の地となすに足る寸土も残っていない」と嘆いたと伝えられる。かれは一二二〇年十二月にこの小島で他界し、島内に埋葬された時には、死体を包む経帷子《きようかたびら》すらなかったという。

一方、新スルタンとなったムハンマドの息子ジャラール・ウッディーンは、翌一二二一年にガズニに六、七万の騎兵からなる大軍を集結し、その春、バーミヤーンに隣接するパルワーンの平原で三万のモンゴル軍をほぼ全滅させた。しかし、戦利品のアラビア駿馬の分配で将軍たちが対立し、トルクメン族が離反したため、スルタンはインダス河に向かって退却した。

チンギス・ハーンの軍は、かれを追跡してインダス河畔で追いついたが、スルタンは六メートルの高所から馬もろとも河に飛び込み、泳いで河を渡り、デリーに向かった。二人の将軍が率いるモンゴル軍もインダス河を渡ったが、酷暑のために引き返した。

モンゴル軍の虐殺の真相

モンゴル軍は、中央アジアの諸都市に対してまず降伏を要求した。要求に応じて開城した都市の住民は、掠奪は受けたが生命は助かった。その反対に、城門を閉じて抵抗した都市の住民は、落城のあとで、工芸家と職人を除いてことごとく虐殺された。

たとえばサマルカンドが落城したあと、住民は強制的に出城を命ぜられ、何びとであっても城内に留まる者は殺されるべしと布告された。モンゴル軍は掠奪のために市内に散らばり、市内に隠れていた多数の住民を皆殺しにした。チンギス・ハーンは生き残った住民の数を計算し、そのなかから工芸家と職人三万人を抜いて、他を賜物《たまもの》として皇子、后妃、将校たちに分配した。これと同数の捕虜が兵役に徴発された。残った五万人近くの捕虜は、身代金を支払うことを条件として市内に帰ることを許された、とペルシア語史料『世界征服者の歴史』は記す。

一二二一年冬、旧金の領土から、長春《ちょうしゅん》真人《しんじん》丘処機《きゅうしょき》という道教の教主が、チンギス・ハーンに召されてサマルカンドに到着した。かれの旅行記『長春真人西遊記』によると、ホラズム帝国の時代には、サマルカンドの城内にはつねに十余万戸の住民がいたが、帝国の滅亡後にはその四分の一しか残っていなかったという。二万五〇〇〇家族と考えると、右のペルシア語史料の数とほぼ一致する。

ただし、降伏したのに虐殺された都市も例外としてある。一二二一年春、バルフの町の代表者はチンギス・ハーンの軍を出迎えて臣従を誓い、高価な贈り物を捧げたが、ホラズムの新スルタン、ジャラール・ウッディーンの大軍が前方にいたので、人口の多い都市を背後に残して前進するのは危険であると、チンギス・ハーンは考えた。そこで、バルフの人口を調査するという口実で、その住民を市外に出させ、全員を虐殺した。

同じころ、チンギス・ハーンの末子トルイは、七万の軍を率いてメルヴ（マルィ）を攻めた。イスラム教徒の記録の伝えるところでは、メルヴで殺された人数は約七〇万人とも一三〇万人以上ともいう。しかし、七万のモンゴル軍の部隊に殺されるために分配された市民の数が、それを十何倍も上回るほど多いはずがない。同様に、一二二三年六月に落城したヘラートの町でも一六〇万人が殺されたと伝えられるが、これらの数は実数の一〇〇倍程度の誇張であると考えられる。

モンゴル軍は、中央アジア遠征の前に、東方の金領にも進攻して猛威を振るったが、この方面で大虐殺があったことは伝えられていない。これは、漢文で記録を残した人びとにとって、虐殺は自分たちの古来の戦争のルールであるから、特に怪しまなかったのだろう。

大虐殺の記録が中央アジアで特に多く、被害を実際の一〇〇倍にも誇張しているのは、イスラム教徒がモンゴル軍の侵入で受けた心理的なショックの大きさを物語るものである。イスラム教徒のこれまでの常識では、戦争は外交と同じく交渉の一形式で、一方では戦闘の姿勢をとりながら他方では取引をして、なるべく実力行使に持ち込まずに勝負をつけるものだった。さらに捕虜は殺すものではなく、身代金と交換するためにに、大切に扱うべきものである。

それなのに、モンゴル軍は、最初にまず無条件降伏を要求して、一切の取引を認めなかった。さらに少しでも抵抗した敵に対しては、その後で降伏してももはや助命を許さず、捕虜を殺し尽くすという原則を貫いた。イスラム教徒が大きなショックを受けて、虐殺を誇大に伝えたのは無理もない。またモンゴル側が、これから進攻する先の敵を脅すための戦略として、自らの「大殺戮《さつりく》」を宣伝したふしもある。

チンギス・ハーンの帰還

一二二二年春、チンギス・ハーンはインダス河畔を去り、帰国の途についた。二年前にすでにホラズムのスルタン・ムハンマドが死んでいたことは知らず、その息子のジャラール・ウッディーンにも逃げられたままであった。かれらの行方を捜索するために、チンギス・ハーンは「四狗」の勇将二人、ジェベとスベエデイを派遣した。

チンギス・ハーンの帰還は、実にゆっくりしたペースであった。同年夏はヒンドゥクシュ山中で夏営し、秋にバルフ地方で長春真人と再会し、サマルカンド近郊で冬営した。長春真人がチンギス・ハーンと会見した時に通訳したと伝えられるキタイ人耶律阿海《やりつあはい》は、ハーンの命令でサマルカンドに留まり、この地方の統治を担当した。

この間、ジェベとスベエデイ二人の将軍が率いるモンゴル軍は、西に進んでイラン高原の都市をつぎつぎに攻め落とし、アゼルバイジャンに入ってキリスト教王国グルジアを攻撃し、カスピ海の西岸に沿ってカフカス山脈を越え、遊牧民キプチャク族の住地に至った。当時、ロシア人の住地ははるか北方にあり、多くの小さな公国に分かれていて、国民の統一もなかった時代である。それでも、ロシアの諸侯は連合してモンゴル軍を迎え撃ったが、一二二三年五月アゾフ海北岸のカルカ河畔でモンゴル軍に大敗した。しかし、この時のモンゴル遠征軍は留まることなく直ちに軍を返し、途中ヴォルガ河中流のブルガル人を征服し、カスピ海の北側を回って、翌一二二四年、モンゴル本土に帰還する途中、イルティシュ河畔に駐営していたチンギス・ハーンの本軍に合流したのである。

一二二五年春、六年ぶりにモンゴル高原に戻ったチンギス・ハーンは、すぐに新しい遠征の準備をはじめた。今度の相手は西夏王国だった。

西夏王国

西夏は、もともと今の四川《しせん》省西北部の山地に住んでいた党項《とうこう》（タングト）という遊牧民が建てた王朝で、首領の氏族名は北魏の帝室と同じく、鮮卑《せんぴ》族の拓跋《たくばつ》といった。青海地方にあった鮮卑系遊牧民の王国、吐谷渾《とよくこん》が七世紀に滅亡した後、唐が国境の安全を保つため、かれらを河套《かとう》（黄河の湾曲部）の地に移住させたのである。その後、黄巣の反乱軍から唐の都長安を奪回した功績で、首長が唐から帝室の姓李氏と夏国公《かこくこう》の爵位を与えられ、独立の軍閥となった。一〇三八年に首長李元昊《りげんこう》が皇帝を称し、国号を大夏《たいか》と定めたので、西夏と呼ばれるようになった。今の中国寧夏《ねいか》回族自治区を中心に、甘粛省、青海省、内モンゴル自治区西部を領有した。

西夏の主要産業は牧畜で、馬と羊のほかに駱駝が有名である。その支配下には遊牧民も農耕民もおり、農業は甘州と涼州のオアシス地域と黄河沿岸、陝西北部でおこなわれた。王国は、西方と宋・遼との仲継貿易で栄え、独自の文字や仏教など、文化の育成にも努力が払われた。西夏文字は、漢字の構成原理を模倣した六千数百字にもおよぶ独特の文字であるが、まだ完全に解読されるには至っていない。

タングトということばは、のち十六世紀以降のモンゴル語でチベットのことをいうようになったために、現代モンゴル語やチベット語の本の中には、チンギス・ハーンが一二〇五年にはじめてチベットを攻めた、と書いてあるものがあるが、これは誤りである。モンゴルがはじめてチベットに進攻したのは、一二三九年、第二代オゴデイ・ハーンの時代、その息子ゴデンが率いる軍勢だった。

さて話を戻して、チンギス・ハーンは、即位前の一二〇五年にはじまり、七年、九年と西夏に遠征したが、それは、金に通じる交易路を遮断《しやだん》するためと、輸送手段である大量の駱駝を確保するためだった。一二〇九年、首都の興慶府《こうけいふ》が水攻めで落ちると、西夏王はチンギス・ハーンに降り、こう言った。「ハーンが女真を征伐されるときは右手となりましょう、回回（イスラム教徒）を征伐されるときは左手となりましょう」。

ところが、チンギス・ハーンが中央アジア遠征に向かったとき、西夏王は約束に反して従軍しなかった。また、王子を人質としてモンゴルに差し出すことを拒否したのだ。

チンギス・ハーンの死と墓所

一二二六年春から、西夏王国に対するモンゴル軍の侵攻がはじまり、チンギス・ハーンじきじきの指揮のもとに、西夏王国の都市はつぎつぎ陥落した。残ったのは首都の興慶府だけとなった。チンギス・ハーンはその攻略を待つ間、一二二七年の夏、大暑を避けて本営を六盤山《りくばんざん》に置いた。この山は寧夏回族自治区の南の端に近いところにある。

西夏王は使者を派遣して、降伏と首都の開城をチンギス・ハーンに申し入れ、ハーンはこれを受け入れた。しかし、西夏王が謁見に来る前に、チンギス・ハーンは重病にかかった。死を予感したチンギス・ハーンは、自分の死を厳重に秘密にすること、西夏王が謁見に来たら捕らえて殺し、開城した首都の住民をことごとく殺し尽くすことを遺言した。

チンギス・ハーンは発病して八日目の一二二七年八月二十五日（十八日ともいう）、六盤山の陣中で他界した。一一六二年の生まれとすれば、数え年で六十六歳、一一五五年の生まれとすれば、七十三歳だったことになる。

チンギス・ハーンの遺骸は秘密裏にモンゴル本土へ運ばれた。その訃報が広がるのをふせぐため、柩《ひつぎ》に同行した軍隊は北方への長途で出会った民すべてを殺害した。柩がケルレン河源に近いハーンの大オルド（帳殿）に到着した時、はじめて喪が公表されたのだ。

ハーンの遺骸は順番に主な后妃のオルドに安置され、皇子、公主、将軍たちが大帝国の各地から駆けつけて、柩の前で嘆き悲しみ、最後の敬意を表した。葬儀がおわったのち、遺骸は、オノン、ケルレン、トーラ河が源を発する、ケンテイ山脈のブルハン・ハルドン山の一峰に埋葬された。漢字文献では「起輦《きれん》谷《こく》に葬られた」とある。

墓には盛り土も墓標もなく、埋葬が終わると、多数の馬に踏ませて土を平らにした。やがて樹木が生い茂って、ハーンの遺骸がどの樹木の下に埋葬されているかはわからなくなった。かれの子孫の多くもこの森の中に埋葬され、長い間、ウリヤンハイ氏族の千人隊が警備にあたっていたが、この墓所には、何びとも近づくことを許されなかった。今日に至るまで、チンギス・ハーンの墓は発見されていない。

チンギス・ハーンには、この埋め墓の他に、詣《まい》り墓とでも呼べるものが存在した。ハーンの生前、四人の后妃が住んでいた大オルドがそのまま、ハーンの霊に奉仕する祭殿となったのだ。この四大オルドの祭殿に奉仕する神官たちは、ダルハンという、税を免除される特権を持つ人びとで、複数形でダルハトと呼ばれる。また、四大オルドを守る遊牧民たちも、オルドの複数形オルドスという部族名で呼ばれることになった。チンギス・ハーンと四人の后妃たちの祭殿が八つの白い大きな天幕（帳殿）からなっていたので、チンギス・ハーンの祭殿は「八つの白いオルド（宮）」と呼ばれるようになった。

移動する祭殿「八白宮」は、長い間北のケルレン河畔にあったが、十五世紀に黄河の湾曲部、今の内モンゴル自治区オルドス地方に、オルドス部族の遊牧民とともに南下した。チンギス・ハーンの祭殿「八白宮」は、その後もこの地で遊牧民とともに移動し続けたが、一九五六年、中国共産党の政策で、今の場所に固定建築のチンギス・ハーン陵が完成した。つまり、内モンゴル自治区にあるチンギス・ハーン陵には、遺骸はないのである。

チンギス・ハーン陵が完成したあと、中国内モンゴル自治区に旅行した人に、実はチンギス・ハーンが六盤山で他界したあと、秘密裏に北方に運ぶ途中、今の御陵の場所で牛車が一歩も動かなくなったので、仕方なく遺骸をここに埋めたのだ、などという物語がまことしやかに語られる。これは、二十世紀後半に創り出された新しい神話である。

第五章　モンゴル帝国のしくみ

チンギス・ハーンの遺産

チンギス・ハーンは生前に、自分の諸子と諸弟などの親族に、それぞれ遊牧領地を割りあてていた。ハーンの第一夫人ボルテは、ジョチ、チャガタイ、オゴデイ、トルイの四人の息子を産んだが、これからあとチンギス・ハーンの子孫と呼ばれる男子はすべて、この四子のいずれかの子孫である。

長子ジョチは、オイラト、キルギズなどの森の民を服属させたとき、恩賞としてそれらの民を与えられており、イルティシュ河とアルタイ山脈を根拠地として、ここから西方に広がるシル河以北のキプチャク草原（今のカザフスタン）を領地として与えられた。次子チャガタイの領地は、バルハシ湖にそそぐイリ河流域からアム河畔に及んだ。三子オゴデイは、アラコル湖にそそぐエミル河流域を領地として与えられ、末子トルイは、当時の北アジア遊牧民の慣習通り父チンギス・ハーンと同居しており、その父がハンガイ山脈とケンテイ山脈の間に保留していた領地と、その天幕や財産さらに軍隊の大部分を継承することになっていた。

チンギス・ハーンの諸弟のうち、次弟ハサルはモンゴル高原東北方、アルグン河からホロン・ノールおよびハイラル河にいたる地方、第三弟ハチウンは、大興安嶺山脈の西側、ブイル・ノールの南からウラングイ河にいたる地方、末弟オッチギンは、ホロンブイル草原から大興安嶺山脈の東側におよぶ地方を領地として割りあてられた。

ただし、遊牧領地とはいっても、かれら遊牧民には、定住民のように土地を所有するという観念はないので、それぞれの領民が遊牧をする占有権を持つ地域という意味である。この「領民」ということばをモンゴル語で「ウルス」という。現代モンゴル語では、ウルスは「国民国家」の訳語として用いられているが、これはもともと領土の観念を含まないことばだった。十三世紀には、モンゴル帝国の国民（くにたみ）こそがウルスだったが、たとえばジョチの領民もまたジョチ・ウルスと呼ばれた。

チンギス・ハーンが死んだとき、一二九の千人隊（ミンガン）からなる軍隊が、その諸子と親族に遺贈された。末子トルイに与えられた一〇一の千人隊のうち、六二の千人隊は左翼の万人隊（トメン）と呼ばれて、ジャライル族出身のムハリの指揮下にあった。ムハリ自身はジャライル三千人隊の長で、ハーンの裁可がなくても、部下のジャライル部隊の将校を任命する権利を持っていた。三八の千人隊は右翼の万人隊と呼ばれて、アルラト族出身のボオルチュの指揮下にあった。ボオルチュもまた、自分自身の千人隊を持っていた。残る一つの千人隊がチンギス・ハーン自身の親衛隊で、タングト（西夏）人の養子チャガンがこれを指揮したが、チャガン自身はこの千人隊のなかの第一番目の百人隊長であった。

残りの二八の千人隊のうち、チンギス・ハーンは四つずつを他の諸子、ジョチ、チャガタイ、オゴデイに、四つをフラン妃が産んだ第六子コルゲンに、五つを末弟オッチギンに、三つを弟ハチウンの一子に、三つを生母ホエルンに、一つを次弟ハサルの諸子に与えた。

以上は、十四世紀はじめにペルシア語で書かれたラシードの『集史』にもとづく記述であるが、実はこれ以外に、チンギス・ハーンの時代のモンゴル帝国の組織に関して記した史料はほとんどない。われわれは、後世の状況や、さまざまな言語による断片的な記録を利用しながら、モンゴル帝国のしくみを推察するしかないのである。

チンギス・ハーンの政治

チンギス・ハーンは、一二〇六年の大集会で、モンゴル高原の遊牧部族長たちから最高君主に選ばれたわけだが、チンギス・ハーンの臣下となった部族長たち自身も、自分の領民（ウルス）を持つ遊牧領主（ノヤン／アミール）だった。チンギス・ハーンといえども、自分の直轄の領民以外には、他の部族長の領民に直接の支配をおよぼすことはできなかった。では、チンギス・ハーンがおこなった政治は何だったかといえば、かれをハーンに選出したモンゴル高原の遊牧部族長を、万人長、千人長、百人長などに任命し、モンゴル高原を秩序立てたことである。

もちろん、このような階級制を発明したのはチンギス・ハーンではない。本書の最初に述べた『史記』の「匈奴伝」にもあったように、遊牧民に古くから伝わった制度である。

チンギス・ハーンはかつてよくいわれたように、モンゴル高原のすべての遊牧諸部族を解体し、その構成員を千人隊、百人隊に再編成したのではない。もともとあった遊牧集団に、千人隊や百人隊の規格を与えたと考えたほうがわかりやすい。たとえば、『集史』にあるように、左翼万人隊長ムハリは、自分の部族であるジャライル三千人隊の長であったし、オイラトのクトカ・ベキはオイラト四千人隊の長だった。

遊牧集団を規格化するときの基準は千人隊（ミンガン）だった。漢字文献では「千戸《せんこ》」と書く。これは一〇〇〇人の兵力を供出できる集団という意味だが、前から存在していた遊牧部族集団を規格化したのだから、どう頑張っても一〇〇〇人の兵隊を出せない千人隊もあったろうし、もっと多くの兵力を備えた千人隊もあったろう。『史記』「匈奴伝」に「単于の下にいる二四人の部族長が、それぞれ多い者で一万人、少ない者で数千人の騎兵を率い、みな万騎（万人隊長）と呼ばれた」とあったのと同じである。

モンゴル帝国のハーンは、遠征を試みるに先立って、かならず部族長である皇族と将軍たちを召集して大集会（クリルタイ）を開催し、そこで軍の編成と徴発する兵隊の数を協議した。決められた数の兵力を供出した各千人隊や百人隊は、戦争で得た掠奪品の中から、その割合に見合った報酬を分配される権利を有した。だから、千人隊は株のようなものである。また、千人長、百人長の位は、平時には宮廷席次つまり身分であるが、戦時には、百人長は自分の属する集団の千人長の命令には絶対服従しなければならない。つまり、モンゴル帝国の組織は、そのまま軍隊の階級に転化できたのである。

チンギス・ハーンの宮廷

モンゴル高原の遊牧諸部族を、以上のような十進法の階級組織のもとに秩序立てた他に、チンギス・ハーンは、自分自身の直属部隊であるケシクを創設した。ケシクはモンゴル語で「恩寵《おんちよう》」という意味で、千人長、百人長、十人長、その他氏素性《うじすじよう》のよい者の子弟から、技能・体格ともに優秀な者を選抜して、平時には侍衛《じえい》すなわちハーンの宮営の番士［ケシクテイ「天子の恩寵を有する者」、複数はケシクテン］とし、戦時には近衛兵《このえ》としたのだ。

チンギス・ハーンの最初のケシクは、テムジンの時代から付き従った、ノホルと呼ばれる譜代の家来たちだった。やがてケシクは、宿衛《ケプテウル》一〇〇〇人、箭筒士《ホルチ》一〇〇〇人、衛士《トルカウト》一〇〇〇人八組で一万人の規模になった。一万人のケシクは四班に分かれ、班ごとに三日三晩の当直についた。四班のケシク長は、チンギス・ハーンの「四傑」〔モンゴル語では「四頭の駿馬」〕のボログル、ボオルチュ、ムハリ、チラウンとその子孫がまかされた。

『元史』巻九九「兵志」によると、ケシクの職掌《しょくしょう》は、ホルチのほか、鷹匠《シバウチ》、書記《ビチエチ》、料理番《バウルチ》、刀持ち《ウルドウチ》、馬丁《コトチ》、門番《バルガチ》、掌酒者《ダラチ》、典車馬者《ウラアチ》、馬飼い《モリチ》、衣服係《スクルチ》、駱駝飼い《テメゲチ》、羊飼い《ホニチ》、警官《フラガンチ》、楽士《フールチ》などがあった。モンゴル語の語尾のチは、何々をする「人」という意味である。

チンギス・ハーン自身の直轄の領民《ウルス》は四大集団に分かれており、それぞれ皇后《ハトン》の住むオルド（帳殿）がこれを管理していたので、四大オルドと呼ばれる。大オルドはフンギラト族出身の第一皇后ボルテ・フジンが率いた。第二オルドはメルキト族出身のフラン・ハトンが率いた。第三オルドはタタル族出身のイェスイ・ハトンが率いた。第四オルドはイェスイの妹イェスケン・ハトンが率いた。

『元史』后妃表には、太祖チンギス・ハーンの三九人の皇后と妃子の名前があがっており、所属のわからない一人を除いて四大オルドのいずれかに所属している。ただし、金の皇女（公主）はオルドに属さず、別の場所に住んでいた。四大オルドの領主のハトンたちと金の公主の五人だけが、大皇后《イエケ・ハトン》という称号を持っていた。

チンギス・ハーンは、平時にはこれらハトンたちの住むオルドを泊まって歩いていた。ケシクたちももちろん、ハーンに従って移動した。移動式のオルドがすなわち宮殿で、モンゴル帝国最初の中央政府である。この時期、政府と宮廷の区別はなかった。

ところで、中央アジアのホラーサーン出身で、一生モンゴル人に仕えたジュワイニー（一二二六ごろ―八三）が一二六〇年にペルシア語で著した『世界征服者の歴史』には、チンギス・ハーンは約五〇〇人の妃《ひ》妾《しょう》を持っていたとある。チンギス・ハーンの臣下になった諸部族や定住民が、ハーンと姻戚になるため、自分の部族のもっとも美しい女をハーンに献じたのだ。しかし、チンギスがハーンに即位したのはすでに四十代から五十代はじめだったから、実際に五〇〇人もの妃妾と契ったわけではなさそうだ。チンギス・ハーンに嫁入りした女たちは、あらためてハーンの息子や孫たち、また親族の諸王侯に嫁入ったのではないかと思われる。これからあとハーン一族の人口は爆発的に増えるからである。同じくジュワイニーによると、一二六〇年当時チンギス・ハーンの子孫は一万人を数えたということだ。

数多い皇后の中で、チンギス・ハーンの子を産んだのは、第一皇后のボルテと第二皇后のフランだけである。糟糠《そうこう》の妻であるボルテは、四人の息子と五人の娘を産んだ。フランは息子コルゲンを産んだが、コルゲンはヨーロッパ遠征に従軍し、ロシアで若くして戦没したため子孫は知られていない。後世のチンギス・ハーンの男系子孫はすべて、ボルテが産んだ四人の息子、ジョチ、チャガタイ、オゴデイ、トルイのいずれかの子孫である。

モンゴル帝国時代の移動式ゲル（帳幕）の復原

チンギス・ハーンの編成したモンゴル軍は、非常によく統制のとれた、向かうところ敵なしの当時の世界最強の軍隊だった。ハーンの死後もその伝統は受けつがれ、モンゴル帝国の領土は拡大しつづけた。その理由を考えてみよう。

モンゴル軍団強さの秘密

チンギス・ハーンは軍隊の規律に関して非常に厳格だったということが伝えられている。軍隊の最小の単位は十人隊で、その中の一人が他の九人を指揮した。一人の十人長が百人長を兼ね、かれは他の九人の十人長を指揮した。同様に九人の百人長は自分の属する千人長の指揮に従い、九人の千人長は万人長の指揮に従った。他の部隊に属する兵士を一人たりとも自分の部隊に引き取ることは厳禁されたし、自分の属する十人隊から離れた者は死刑に処せられた。上官の命令には絶対服従で、許可なく掠奪する者も死刑になった。戦闘中に逃亡する者があれば、かれの属する十人隊の残り全員が殺され、十人隊全員が脱走した場合は、その十人隊が属する百人隊の残りの者が死刑となった。

戦闘前にハーンはかならずその軍隊を検閲し、将校たちはハーンの査閲《さえつ》で処罰されるような手落ちのないように、部下の兵器と装備を点検した。遊牧民の戦争は、馬も兵器も食糧も支給されない。手弁当で出かけるかわりに、掠奪品の分配に与かるのである。

チンギス・ハーンはある日、指揮官にふさわしい人物像について語った。他人よりも体力にすぐれ、飢えやかわきを感じない者は、部下の兵卒の困苦を理解できず、戦闘力を浪費することになるから、指揮官には適さないといっている。

チンギス・ハーンは、冬のはじめの狩猟の時期に大巻狩《だいまきがり》をおこなった。これはハーンの御前での軍事演習である。ハーンはまず人を派遣して野獣が豊富にいるかどうか観察させ、この報告を得たのち兵を徴発して軍隊を編成した。軍は右翼、左翼、中軍に分かたれ、それぞれ将軍を頭に戴いた。兵の円陣ははじめは広大な領域を囲んでいるが、しだいにせばめられてついに兵士たちは肩と肩をふれあうほどになり、猟場として定められた地点を囲む。兵士は野獣を脱走させないよう警戒してその陣営を守らねばならず、いささかなりとも怠慢なことがあれば杖刑で罰せられた。

ハーンが第一に后妃たちと供の者を連れて囲みの中に入り、この狭い地点に満ちあふれるおびただしい各種の動物を射て楽しんだ。ハーンたちが疲れて退くと、皇族や将軍たちが狩猟を楽しみ、そのあとで普通の将校が、最後に兵士たちがこれを楽しんだ。数日へて野獣の数がきわめて少なくなると、捕殺をまぬがれたものを解放して猟獣の分配をおこない、軍隊は解散したのである。

チンギス・ハーンは諸皇子に対して狩猟の訓練を強く勧め、これを戦士の学校と呼び、モンゴル族は人間に対して戦争をしないときは動物に対して戦うべきであると要望した。

モンゴル帝国の軍隊が強力であった理由はほかに、兵士は全員騎馬兵で、しかも何頭もの替え馬を連れていたため機動力にすぐれていたこと、張り合わせ弓を使用し矢の速力が大きく射程が長かったこと、大石などを

ラシード『集史』挿絵のモンゴル兵士（イスタンブルのトプカプ宮殿博物館所蔵）

投げる弩砲《どほう》や火薬や地雷といった、当時の最先端の戦争道具を取り入れた、などである。

さらにいうなら、モンゴルの征服戦争がつねに勝利をおさめた何より大きな原因は、かれらが前もって情報をよく集め、地理を調査し、綿密な作戦予定表をつくってそれに従って行動したことにある。戦争がはじまるとまず斥候《せっこう》を派遣し、先鋒《せんぽう》軍のあと本軍がつづいた。攻撃時の戦闘隊形は基本的には巻狩の時と同じである。最後の輜《し》重《ちょう》軍は、兵士の家族が家畜を連れて放牧しながら進む、といったものだったらしい。兵士たちは、遥かな故郷まで戻らなくても、家族と一緒の休暇が取れたのである。

チンギス・ハーンの法令・勅令・訓言

チンギス・ハーンが統一する以前のモンゴル高原は乱世であった。ハーンは即位すると、混乱していた社会を秩序立てるべく厳格な法令を施行した。大法令《ジャサク／ヤサ》と呼ばれるこの法典は、古くから遊牧民の間でおこなわれていた慣習を法制化し、さらにチンギス・ハーン自身の勅令《ジャルリク／ヤルリク》や教訓《ソユル》を加えたもので、子孫たちの間で長く遵奉《じゅんぽう》された。ウイグル文字のモンゴル語で書きとめられたという原文は残念ながら伝わっていないが、ペルシア語史料などに断片が引用されている。

ハーンの法令では、殺人、窃盗、姦通、私通、男色は死刑である。管理をまかされた資本を三度失った者、逃亡した奴隷や拾得した物品を隠した者、戦場に遺棄された物品または武器を拾ったまま持ち主に返還しない者、他人に損害を与えるために妖術を用いた者、決闘に干渉して決闘者の一人に援助を与えた者も、死刑に処すべきと考えられた。被告は現行犯で逮捕された者以外は、自ら罪を自白した者でなければ罰せられなかったが、自白させるためには拷問が加えられた。小さな窃盗は杖刑だけで許された。

このほか日常の生活習慣に関するとりきめとして、水中や余燼《よじん》の中に放尿しない、火、テーブル、皿をまたいではいけない、手を流水にひたしてはいけない、敷居を踏んではいけないなどがあり、神が怒り雷が落ちるからといって、衣服を洗濯することも禁じられた。

チンギス・ハーンはまた、過度の飲酒を戒め、後継者たちに対して、いずれの宗教も平等に取り扱うよう、華麗な称号を採用しないように指示した。

元朝のモンゴル人は、これらのほかにも、あらゆることに関するチンギス・ハーンの教えを「チンギス・ハーンのビリク（智恵）」という呼び方で代々伝えて、今に残った。

ハーン位の継承法

本章のはじめの「チンギス・ハーンの遺産」のところでいったように、チンギス・ハーンは生前に、自分の諸子と諸弟などの親族に、それぞれ遊牧領地を割りあてていた。また、軍隊も諸子と親族に遺贈された。

遊牧騎馬民の相続は、原則的には均分相続である。一般に遊牧民の家庭では、年上の息子から順番に結婚して、財産となる家畜を親から分けてもらい、家を出て独立していく。最後に残った末子が両親と同居してその面倒を見、親の死後その財産を引き継いだので、末子のことを、家のかまどの火を守る君主という意味の「オッチギン（オト〈火〉＋テギン〈古代トルコ語の王子〉）」「オトハン（オト＋ハーン）」などと呼んだ。このことから、遊牧民は末子相続制だといわれることがあるが、末子が全財産を相続するという意味ではない。

遊牧民の財産は第一には家畜であるが、チンギス・ハーンの一族のような遊牧帝国の支配層にとっては、財産はウルスすなわち国民である。チンギス・ハーンが征服した広い範囲におよぶモンゴル帝国の国民《ウルス》は、遊牧民の慣習通り、かれの四子とさらに諸弟にも原則として均分に相続された。すでに述べたようにそれぞれ土地が割りあてられているが、その土地とは、子弟が相続したウルス（領民）が家畜を放牧させることのできる遊牧領地のことで、近代的な意味での土地所有権といった観念はなかった。チンギス・ハーンの血をひく皇室の人びと以外にも、ハーンの臣下である有力な部族長すなわち将軍たちは、皆それぞれのウルスを持っており、ノヤン（殿様）と呼ばれた。

帝国の君主となるためには、このような、それぞれ領主《ノヤン》である皇族や将軍たちが集まる大集会《クリルタイ》で、正式に選出されなければならない。モンゴル帝国の創始者チンギス・ハーンの子弟が、帝国の次のハーンを継承することには誰も異存はなかったが、ハーンの子弟の間に継承権は平等に存した。

古来、遊牧騎馬民が首長を選ぶ基準は、戦争の指揮がうまく、掠奪品を公平に分配し、仲裁能力があること、つまり「民を養う」能力である。この場合の民とはもちろん、遊牧民のことであって、支配下に入れた農耕地帯の人民は収奪の対象である。

チンギス・ハーンが一二二七年に他界した時、長子ジョチはすでに亡くなっていた。次子チャガタイは峻厳《しゅんげん》すぎて人望に乏しかったので、ハーン自身は三子オゴデイを後継者に指名したという。ただし、いくらチンギス・ハーンの指名でも、大集会で選出されなくてはハーンになれない。チンギス・ハーンの葬儀ののち新しいハーンが選出されるまで、末子トルイが監国《かんこく》（摂政）の任務を託された。トルイに野望がなかったわけではないだろうが、チャガタイがオゴデイを強く支持したので、結局、チンギス・ハーンの希望通り、一二二九年春ケルレン河畔で開かれた大集会で、オゴデイが正式に第二代ハーンに選出された。

オゴデイの治世の一三年間は、チンギス・ハーンの人格に直接触れた人びとがモンゴル帝国の支配層だった時代で、帝国の領土は拡大し続けたが、まだ分裂の兆しは見られない。

しかし、第二代オゴデイ・ハーンが一二四一年に他界した後は、モンゴル帝国のハーン位継承はつねに紛糾し、とうとう第五代ハーンを選出する時に帝国は分裂した。これについてはあとで詳しく述べよう。

第二代オゴデイ・ハーンの治世

モンゴル帝国の創始者チンギス・ハーンの一生は、一二〇六年にハーンに選出されたあともほとんど征服戦争に費やされて、モンゴル高原にいたのは僅かな期間でしかなかった。だから、モンゴル帝国が国家組織らしいものを持つようになったのは、後継者オゴデイ・ハーンの治世になってからである。

オゴデイの時代もひきつづき、モンゴル帝国の最重要課題は、チンギス・ハーンの遺志である征服戦争の続行だったが、同時に、すでに征服した地方に対する施政の必要も生じていた。

オゴデイは、ハーンに選出された翌年の一二三〇年、金の領地であった中国の黄河以北の地方を一〇路《ろ》（行政区）に分け、各路に徴収課税使を置いた。契丹人耶律楚材（一一九〇―一二四四）の提議によって、この地方の従来の慣習通り、戸《こ》（家族）ごとに課税することにした。

一方、中央アジアの領土においては、やはりその地の慣習に従って、すべての成年男子に人頭税《じんとうぜい》を課し、ホラズム出身のト

明の宮中にあった
オゴデイ・ハーンの肖像

ルコ系イスラム教徒マフムード・ヤラワチがその行政を任された。

そして、モンゴル高原の遊牧民に対してもはじめて税を定めたが、税といっても、その所有する馬、牛、羊一〇〇頭につき一年に一頭を納める、という軽いものだった。

また、この時はじめて穀物の倉庫が設けられ、国家統治にとって必要不可欠の交通通信網である駅伝《えきでん》が置かれた。駅伝の制をモンゴル語ではジャムチというが、直訳すると「道路の人」という意味である。かれらの職務は、帝国の領土内の幹線に一定距離ごとに置かれた駅站《えきたん》で、ハーンの名で出された特権を保証する札、すなわち牌子《パイザ》をもったモンゴル帝国の使者や公用の旅行者に、乗換用の家畜や食物や宿舎を提供することだった。

一二三一年には、モンゴル帝国最初の中央政府である中書省《ちゅうしょしょう》［文書行政センター、つまり、ハーンの命令を各言語で書きとめる秘書室］が設置された。その長官の中書令《れい》には耶律楚材、次官の左丞相には女直人の粘合重山《ネムハ・チユンシヤン》、右丞相にはウイグル人の鎮《チン》海《ハイ》が任命された。

オゴデイ・ハーンは、このようにして、先に述べたチンギス・ハーンの法令を整理して成文化し、これを公布した。また、訴訟審理の手続きを定めるなどの行政をおこなった。一二四一年に、オゴデイが数え年五十六歳で亡くなるまでの一三年の治世の間に、ようやくモンゴル帝国は国家らしい様相を示しはじめたのである。

帝国の「首都」カラコルム

オゴデイ・ハーンの治世の中で次に特筆すべきことは、帝国の「首都」カラコルムの建設である。カラは「黒い」、コルムは「小石原」の意味である。オゴデイは即位の翌年、末弟トルイの協力を得て、チンギス・ハーンのし残した金国への遠征をおこなった。金が滅亡した翌年の一二三五年、オルホン河畔に都市が建設された。オルホン河畔は、水の豊富な肥沃な土地で、モンゴル高原ではめずらしく農耕もできる。ここは、かつての突厥帝国の聖地ウチュケンの地であり、ウイグル帝国もオルドバリクという都市を建設した。第三章のウイグル帝国のところで述べたように、遊牧騎馬民でも、帝国を建国したあとは、これを運営するために、商業センターとしての都市が必要になるのだ。

ただし、オゴデイ・ハーンはカラコルムには住まず、一年の大部分は、カラコルムから半日あるいは数日行程の、四季それぞれ定まった草原のオルド（帳殿）に住んだ。だから、カラコルムは確かにモンゴル帝国の一番目の都市ではあるが、政治の中心はあくまでもハーンのオルドにある。都市は、商人や職人がそこからハーンの移動宮殿に出張してハーンに奉仕する補給基地である。遊牧民と都市の関係は、つねにそういうものだった。

オゴデイは、金の領土から連れてきた職人たちに、中国式の宮殿を建てさせた。宮殿は、ハーンの住居というより、ハーンが外国の使者を謁見したり、臣下を集めて宴会をするための施設である。次いで、万《ばん》安宮《あんきゆう》と呼ばれるこの宮殿に付属する商工業区を設けた。カラコルムから中国までの間に、三七の特別の駅伝が設けられ、守備隊を置き、毎日帝国の各地から食糧と酒を満載した五〇〇両の車がカラコルムに到着した。これを倉庫に保管して宮廷の消費にあて、また臣民に分配したという。

モンゴル帝国第四代モンケ・ハーンの時代にここを訪れた、カトリックのルブルク修道士（一二二〇―九三）は、次のように報告している。

「モンケはカラコルムに大きなオルドを持っているが、それは都城の城壁の近くにあり、煉瓦の壁で囲まれている。その中には大きな宮殿があって、モンケはそこで、年に二回、大宴会を開く。二回というのは、ハーンがそこを通りすぎる復活祭のころ（四月十一日）と、夏に戻っていくときである。そのほか、そこには納屋のように細長い建物がたくさんあって、ハーンの食糧、財宝がしまわれてある」。

「カラコルムには二つの市区がある。一つはイスラム教徒の地区で、そこには多くの市場が開かれていて、多くの商人がここへ集まる。それは、いつでもその近くにある宮廷のためと、また多数の使節たちのためである。他の一市区は、みな職人であるキタイ人〔金の旧領の北中国から連れてこられた人びと〕の市区である。この二市区のほかに、宮廷の書記たちの大邸宅がある。さらに、いろいろ異なった種族に属する非キリスト教徒の寺院が一二、イスラム教の礼拝堂が二つ、それから、町の一番はしに、キリスト教信者のための教会が一つある。この町は土の城壁で囲まれ、それに門が四つついている。東門では黍《きび》そのほかの穀物を売っているが、黍のほかはたまにしか持ってこない。西門では羊と山羊が、南門では牛と車が、そして北門では馬が売られる」。

カラコルムの跡地には、今では土の城壁と、石碑の台だった亀型の礎石が残っているだけで、その遺跡に接して、エルデニ・ジョーという大仏教寺院がある。これは十六世紀に、チンギス・ハーンの子孫のアバダイ・ハーンが建てたチベット仏教の寺である。

カラコルム跡地に残る亀型の礎石

一九四八年におこなわれた、ソ連の考古学者キーセリョフらの発掘調査によると、城壁は幅一メートル、高さ二メートルほどの土盛りで、全体は長方形をなし、南北二五〇〇メートル、東西一五〇〇メートルほど、城壁の外側には深さ一・五メートルの堀がめぐらしてあった。さらに、城壁の内側の南西の隅に、南北一二〇メートル、東西八〇メートルほどの宮殿跡が見つかっている。

ヨーロッパ遠征

一二三五年、建設されたばかりのカラコルムの地で大集会《クリルタイ》が開催され、世界征服計画が討議された。この時、ヨーロッパ、インド、甘粛南部、南宋、高麗に遠征軍を派遣することが決議されたが、この中でもっとも重要だったのが、ヨーロッパ遠征である。チンギス・ハーンの長子ジョチの二男バトゥが遠征軍の総司令官に任命され、チンギス・ハーンの五子の各分家がそれぞれ兵隊を供出し、コルゲンをはじめ皇子たちが将軍として参加した。のちにモンゴル帝国の第三代ハーンとなるオゴデイ家のグユクと、第四代ハーンとなるトルイ家のモンケも従軍している。

遠征は、一二三六年、ヴォルガ河中流のブルガル人の国（今のタタルスタン共和国）の征服からはじまった。翌一二三七年、モンゴル軍は草原の遊牧騎馬民キプチャク族を討ち、年末にルーシ（ロシア）の都市リャザンを包囲して、七日間でこれを攻略した。次いでコロムナ市を攻略し、翌一二三八年二月にはウラディーミル市を攻略した。その後モンゴル軍は数部隊に分かれて、ウラディーミル・スズダリ地方を破壊し、ノヴゴロドに向かった。しかしノヴゴロドを攻める前に南に転じて、秋にカフカスに攻め入り、チェルケス人とクリム人を征服した。キプチャク（クマン）人の首領クタンは、部下の四万家族を率いて、ハンガリーに避難を求めて移住した。

一二三九年春、モンゴル軍はデルベンドを征服した。その秋、グユクとモンケはオゴデイ・ハーンより帰還命令を受けて、モンゴル高原へと帰っていった。

一二四〇年、モンゴル軍は再びルーシの地に入り、それまで三〇〇年の間ルーシの首都だったキエフは、十一月に陥落した。同時代に生きたネストリウス派主教バル・ヘブラエウスのシリア語の著作によると、オゴデイ・ハーンは、ブルガル地方とルーシで殺したすべての男子の右耳を切ることを命じたが、二七万の耳を得たということである。

一二四一年、モンゴル軍の一部隊がポーランドのクラコフを占領した。四月、シレジア公が指揮する、五部隊三万のポーランド・チュートン騎士団連合軍が、レグニッツァ近郊のワールシュタット平原でモンゴル軍に対峙した。モンゴル軍はこれを粉砕し、シレジア公も戦死した。このときもまた、モンゴル軍は、敵軍の数を計算するために死体ごとに一つの耳を切断したが、大きな袋九個にいっぱいになったという。

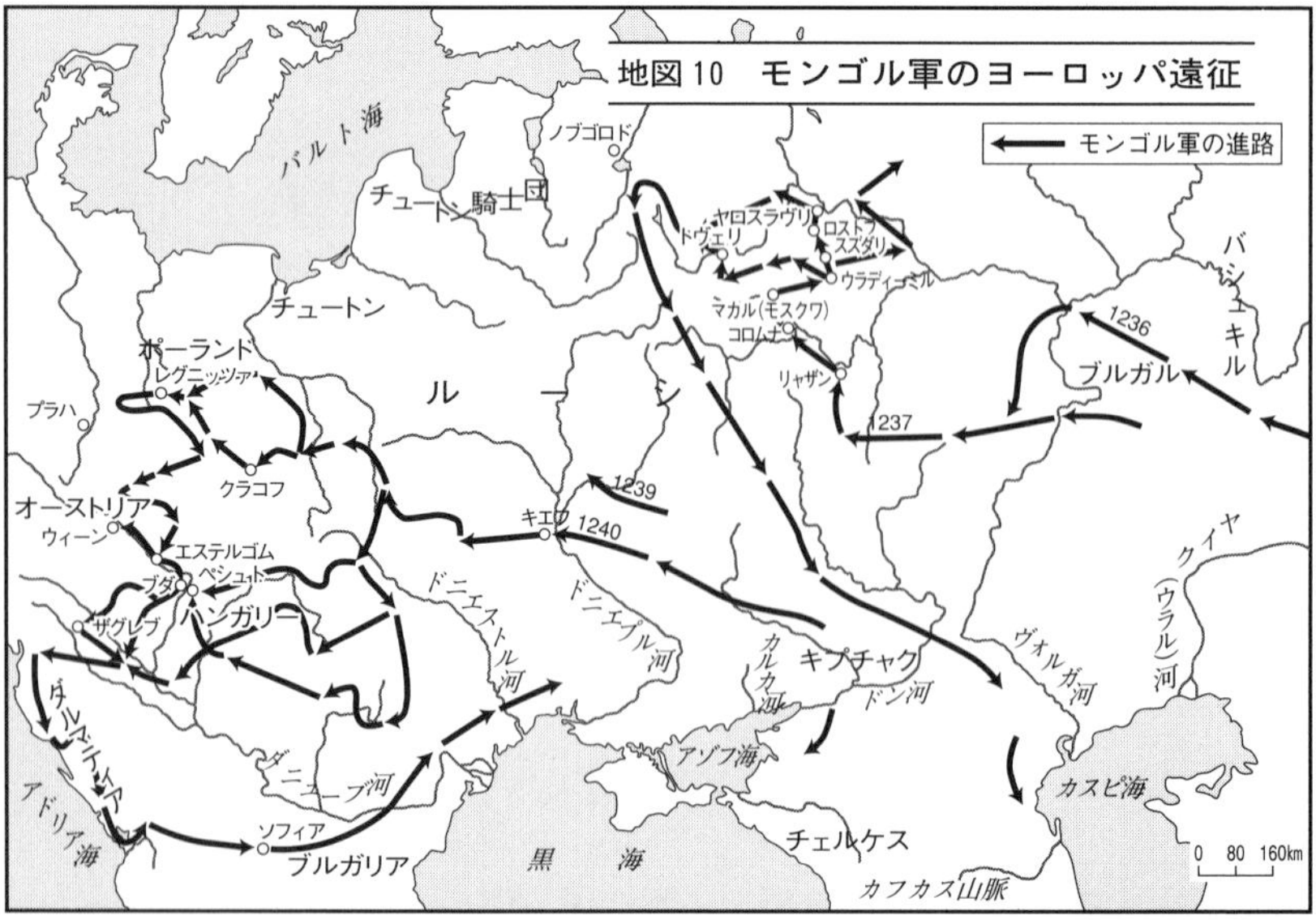

地図10　モンゴル軍のヨーロッパ遠征

　同じころ、バトゥ自らが指揮する一隊はハンガリーへ侵入していた。キプチャク遊牧民は、この二年前にハンガリーに逃げ込み、国王ベーラ四世から定住の許可を得ていたが、ハンガリー国民は、キプチャクの首領クタンがひそかにモンゴル人と示し合わせてモンゴル軍をハンガリーに誘い入れたと信じて、クタンを虐殺した。キプチャク人とハンガリー人の間の殺し合いが起こり、他のモンゴル部隊もハンガリーに集結して、ハンガリー軍は潰走した。この時モンゴル軍の一隊は、ウィーン付近のノイシュタットまで侵入した。

　一二四二年三月、モンゴル軍の前線に前年末のオゴデイ・ハーンの他界の報せが届いた。帰還の命令を受けたモンゴル軍は、ハンガリー全土を掠奪破壊して引き揚げたが、ベーラ四世が、クタンの娘の妃と王子を連れてザグレブからダルマティアの海岸に逃げていたので、モンゴルの一隊はそのあとを追ってアドリア海岸に至り、その地を掠奪したあと本軍と合流した。

遊牧民の風俗

　オゴデイ・ハーンの突然の死去のおかげで助かった当時の西ヨーロッパは、ローマ教皇グレゴリウス九世と神聖ローマ皇帝フリードリヒ二世が、イタリアの覇権をめぐって交戦中で、ハンガリー国王ベーラ四世が援助を懇願しても、全く無力だった。その後もローマ教皇の考えたことといえば、モンゴル人のもとに宣教師を派遣して、かれらに人道を説き、キリスト教に改宗させようということだけだった。しかし、そのおかげで、モンゴル帝国時代のモンゴル人の風習について、われわれは詳しく知ることができる。ここでは、グユクの即位のときにカラコルムに到着したプラノ・カルピニ（ジョン修道士）と、モンケ・ハーン治世下のカラコルムに至ったルブルク（ウイリアム修道士）両者の旅行記のごく一部を紹介する。以下の風習の中には、後世にも見られるものも、消滅したものもある。

タルタル人［当時のヨーロッパの人びとは、モンゴル人のことを、「地獄（タルタロス）から来た者」という意味の「タルタル」という名で呼んだ。それは、第二章で述べた、モンゴル人を含む遊牧民の総称として使用された古代トルコ語の「タタル」ということばが、モンゴル帝国の遊牧騎馬民を指す名称として、「モンゴル」より前にヨーロッパに伝わったからである］の男の頭髪は、脳天を四角に剃り、額の上に一房だけ残す。さらに、頭の両側と後ろにだけ残った髪は長く伸ばして編み、両耳のうしろで束ねる。あごひげを生やしている者はほとんどない。

タルタル人の衣服は男女ともに同じ型で、長い、裾《すそ》の開いた袋のような着物を胸のところでしぼり、下にはズボンをはく。夏用には、中国やその他南方の地方から輸入した木綿を使い、冬はその上に毛皮の着物を二枚重ねる。そのうち一枚は毛のある方を身体にあて、もう一枚は外側に毛をむけて着る。ズボンは皮でつくる。富裕な人びとは絹の着物を着、また着物に絹の詰め綿を入れるが、貧民たちはそのかわりに、木綿や柔毛を詰める。上衣は上端から下端まで開いていて、胸の上で左前に重ねて結びとめる。このほか、貴婦人たちは、ボクタと呼ばれる羽根飾りのついた特別の帽子をいただく。

タルタル人の住居である帳幕《ゲル》は、戸口は南に向き、家の主人の寝台が北にある。煙出しの孔の真下にある炉を中心に、主人から見て左側すなわち東側が女たちの席で、右側すなわち西側が男たちや来客の席である。帳幕の中にはフェルトでつくられた偶像《オンゴン》が祀られており、酒宴や食事のさいには、必ずこれらの神霊の像に酒をふりかけ、肉や乳を供える。このほかにもタルタル人は、太陽、月、火、空気、水、土地を崇敬し、酒宴の前には屋外に出て、これらに向かって椀に入れた酒を三回ずつまきちらして、拝むのである。

プラノ・カルピニによると、初代の皇帝すなわちチンギス・ハーンをかたどった偶像もつくられており、これは一台の車に入れ、住居の前の尊い場所におかれた。人びとはこの像にたくさんの贈り物を供えるほか馬も贈り、その馬が死ぬまで誰も乗ろうとしない。また神に対するように南面してこれに礼拝し、よそからの訪問者にも同じことをさせた。

埋葬については、死者は自分の帳幕の一つの真中に坐ったまま、肉を盛った鉢と馬乳を入れた椀を一つずつおいたテーブルとともに埋められ、牝馬一頭と仔牛一頭、それに鞍つきの馬一頭が陪葬され、地上には別の一頭の馬の皮をはいで詰め物をしたものを、柱に通して立てる。これは、死者がつぎの世で、その住む住居と、乳を供給してくれる牝馬とをもち、馬群をふやし、馬に乗れるようにという考えからである。また、他の方法では、広々とした土地へこっそり行って大きい坑を一つ掘り、その坑の側面をくりぬいて地下の墓をつくる。死者はさまざまなものとともに側面につくられた墓の中にいれられ、それから坑を埋めてもとどおり草をかぶせ、以後その地点が誰にも見つからないようにする。ただ死者の帳幕はその墳墓の近くの広野の地上において

帳幕の中　左端に二体の偶像が見える（パラス『モンゴル民族史料集』挿絵）

おく。

モンゴル帝国から始まった世界史

ちかごろ日本でかなり普及してきた惹句《じゃっく》であるが、「世界史はモンゴル帝国とともに始まった」と最初にいったのは、岡田英弘著『世界史の誕生』(筑摩書房、一九九二年)である。

右の書物の岡田説を簡単に紹介すると、そもそも、歴史というのは文化であって、単なる過去の記録ではない。歴史という文化は、地中海文明では紀元前五世紀に、中国文明では紀元前一〇〇年ごろに、それぞれ独立に誕生した。それ以外の文明には、歴史という文化がもともとないか、あってもこの二つの文明の歴史文化から派生した借り物の歴史である。歴史という文化を創り出したのは、地中海世界では、ギリシア語で『ヒストリアイ』を書いたヘーロドトスであり、中国文明では漢文で『史記』を書いた司馬遷という、二人の天才だった。この二人が最初の歴史を書くまでは、ギリシア語の「ヒストリア」〔英語のヒストリーの語源〕にも、漢字の「史」にも、今のわれわれが考える「歴史」という意味はなかった。

しかし、同じ歴史とはいっても、ヘーロドトスが創り出した地中海型の歴史では、大きな国が弱小になり、小さな国が強大になる、定めなき運命の変転を記述するのが歴史だ、ということになっている。一方、司馬遷の『史記』では、皇帝が「天下」(世界)を統治する権限は「天命」によって与えられたものであって、この天命の伝わる「正統」を記述するのが歴史である、ということになっているから、中国型の歴史では変化は記述しない。だから、日本の西洋史と東洋史は、「世界史」と名前を変えても水と油のままなのだ。

ところが、中央ユーラシア世界を中心にしてみると、世界史の叙述が可能になる。すでにヘーロドトスと司馬遷に遊牧騎馬民の活躍が記されているが、実は、中央ユーラシア草原の遊牧騎馬民の活動が、東は中国世界、西は地中海世界そしてヨーロッパ世界の歴史を動かす力になった。そして、十三世紀に、モンゴル帝国が草原の道に秩序をうち立てて、ユーラシア大陸の東西の交流を活発にしたので、ここに一つの世界史が始まったのである。

十三世紀のモンゴル帝国の建国が世界史の始まりだというのには、四つの意味がある。

第一に、モンゴル帝国は東の中国世界と西の地中海世界を結ぶ「草原の道」を支配することによって、ユーラシア大陸に住むすべての人びとを一つに結びつけ、世界史の舞台を準備したことである。

第二に、モンゴル帝国がユーラシアの大部分を統一したことによって、それまでに存在したあらゆる政権が一度ご破産になり、あらためてモンゴル帝国から新しい国々が分かれた。それがもとになって、中国やロシアをはじめ、現代のアジアと東ヨーロッパの国々が生まれてきたことである。

第三に、北中国で誕生していた資本主義経済が、草原の道を通って地中海世界へ伝わり、さらに西ヨーロッパへと広がって、現代の幕を開けたことである。

第四に、モンゴル帝国がユーラシア大陸の陸上貿易の利権を独占してしまった。このため、その外側に取り残された日本人と西ヨーロッパ人が、活路を求めて海上貿易に進出し、歴史の主役がそれまでの大陸帝国から海洋帝国へと変わっていったことである。

一二〇六年のチンギス・ハーンの即位に始まったモンゴル帝国は、このようにして、現代の世界にさまざまの大きな遺産を残した。世界史はモンゴル帝国から始まったのである。

第六章　モンゴル帝国の後裔たち

ハーン位継承争い

前章の「ハーン位の継承法」で、第二代オゴデイ・ハーンが他界した後、モンゴル帝国のハーン位継承はつねに紛糾し、とうとう第五代ハーンを選出する時に帝国は分裂した、と述べた。話をそこから続けよう。

モンゴル軍がヨーロッパ遠征をおこなっている最中の一二四一年十二月、オゴデイ・ハーンは病にもかかわらず狩猟に出かけ、その帰途に深夜まで飲酒に興じた翌朝、寝床に臥《ふ》したまま絶命した。兄のチャガタイもオゴデイにおとらず飲酒に耽《ふけ》ることははなはだしく、オゴデイの死後数ケ月で死んだ。末弟トルイはすでに亡く、帝国のハーン位は、チンギス・ハーンの孫の世代で争われることになった。

オゴデイ・ハーンが死んだ時、北アジアの遊牧民に古くから見られる慣習通り、ハーンの妃の一人トレゲネが監国（摂政）となり、大集会《クリルタイ》を召集した。しかし、チンギス・ハーンの血を引く皇族の長老中、最有力者であったバトゥは、トレゲネも、彼女が次のハーンに推《お》すその子グユクも好まず、遠征中のヨーロッパから軍は引き揚げたが、足の病を理由に自分の本拠地であるヴォルガ河畔にとどまって、大集会への出席を拒否した。

モンゴルの領主たちは、長老であるジョチ家の宗主バトゥの出席を望んだので、大集会はなかなか開催できず、一二四六年になってようやく、バトゥ不在の大集会で、オゴデイ・ハーンの子グユクが新ハーンに選出された。バトゥはグユク・ハーンの名目上は臣下となったが、病弱なグユクはハーンに即位してわずか二年で他界したので、ついにバトゥはかれに臣下の礼を取ることはなかった。

一二四八年にグユクが他界すると、その妃オグル・カイミシュが監国となり、オゴデイ・ハーンが生前にもっとも可愛がった孫である、グユクの弟クチュの子シレムンを次のハーンに立てようとした。一方、ようやくグユク・ハーンに面会しようと東方に向かっていたバトゥは、その死の報せを聞いて、途中イリ河の南にとどまり、翌一二四九年ここに大集会を召集した。これに出席したのはジョチ家とトルイ家だけで、チャガタイ、オゴデイ両家は出席を

系図2　モンゴル帝国のハーンたち

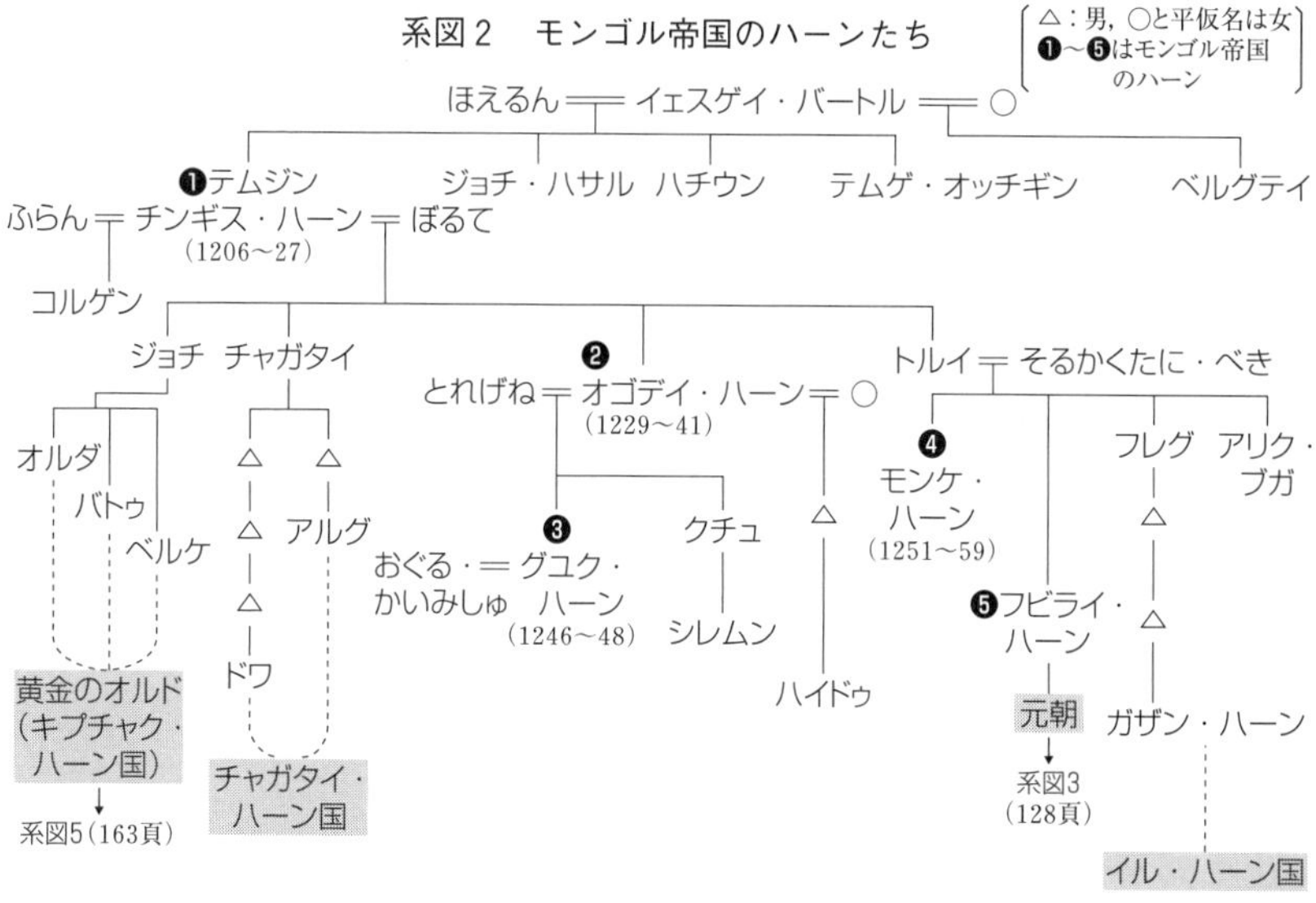

拒否した。バトゥは、トルイの未亡人でケレイトのオン・ハーンの姪であるソルカクタニ・ベキと手を結んで、その長子モンケを次のハーンに指名した。

翌一二五〇年春、バトゥはあらためて、チンギス・ハーン即位の地に大集会を召集したが、チャガタイ、オゴデイ両家は再び欠席した。ついに一二五一年、ジョチ、トルイ両家は実力でモンケの選出を強行し、コデエ・アラルのチンギス・ハーンの大帳殿《オルド》で、モンケの即位式をあげた。モンケ・ハーンは即位後ただちに反対派の徹底的な弾圧にのりだし、オグル・カイミシュは処刑され、オゴデイ家の諸王は領地と軍隊を奪われた。帝国のハーン位は、こうして、チンギス・ハーンの三子オゴデイ家から末子トルイ家に移ったのである。

第四代モンケ・ハーンの治世は、一二五九年に他界するまでの八年間だったが、この時代にモンゴル帝国の中心となったのは、いずれも第一皇后ソルカクタニ・ベキから生まれたトルイ家の四兄弟、モンケ、フビライ、フレグ、アリク・ブガである。

モンケ・ハーンの治世

モンケ・ハーンは、バトゥに気に入られただけあって、優秀な人物だった。かれは剛毅果《ごうきか》断《だん》な性格で、言葉は少なく、飲酒も贅沢《ぜいたく》も好まず、日常生活は簡素だったという。

モンケ・ハーンは即位とともに、次弟のフビライに内モンゴルと華北の統治の全権をゆだね、翌年には雲南《うんなん》の征服を命じて、京兆《けいちょう》（西安）を私領として与えた。フビライの軍は一二五三年に甘粛省から四川省の西部を南下し、雲南の段《だん》氏の大理《だいり》王国を滅ぼした。フビライ自身は翌年凱旋《がいせん》したが、かつてのチンギス・ハーンの「四狗」の一人スベエデイの子ウリヤンハダイは、その後も雲南各地の平定に従事し、一二五七年には安南《あんなん》（ヴェトナム）にも侵入した。
モンケ・ハーンの三弟フレグは、ペルシア遠征の指揮を命じられた。フレグは一二五五年から五七年までの間にイラン高原を平定し、翌五八年にはバグダードを占領してアッバース朝カリフを滅ぼした。モンケ・ハーンからアム河以南の統治権をゆだねられたフレグは、一二五九年シリアに侵入してエジプトのマムルーク朝と衝突した。

京兆に基盤を置いたフビライの漢地経営は着々とその成果をあげ、漢人の有力者もその多くがフビライ個人の臣下となった。『元史』によると、モンケ・ハーンは弟フビライが中国人に人望があるのを見て、帝位をねらっているものと疑惑の念を抱いていたといい、一二五七年、漢地において大規模な会計検査を実施し、落度の発見されたフビライの官吏を容赦なく処刑した。一方で、モンケ・ハーンは自分自身で南宋を征服して直轄領をつくろうと考え、一二五八年、末弟のアリク・ブガに留守中のカラコルムの政府をゆだね、自ら

地図11　フビライの大理遠征とモンケ・ハーンの南宋遠征

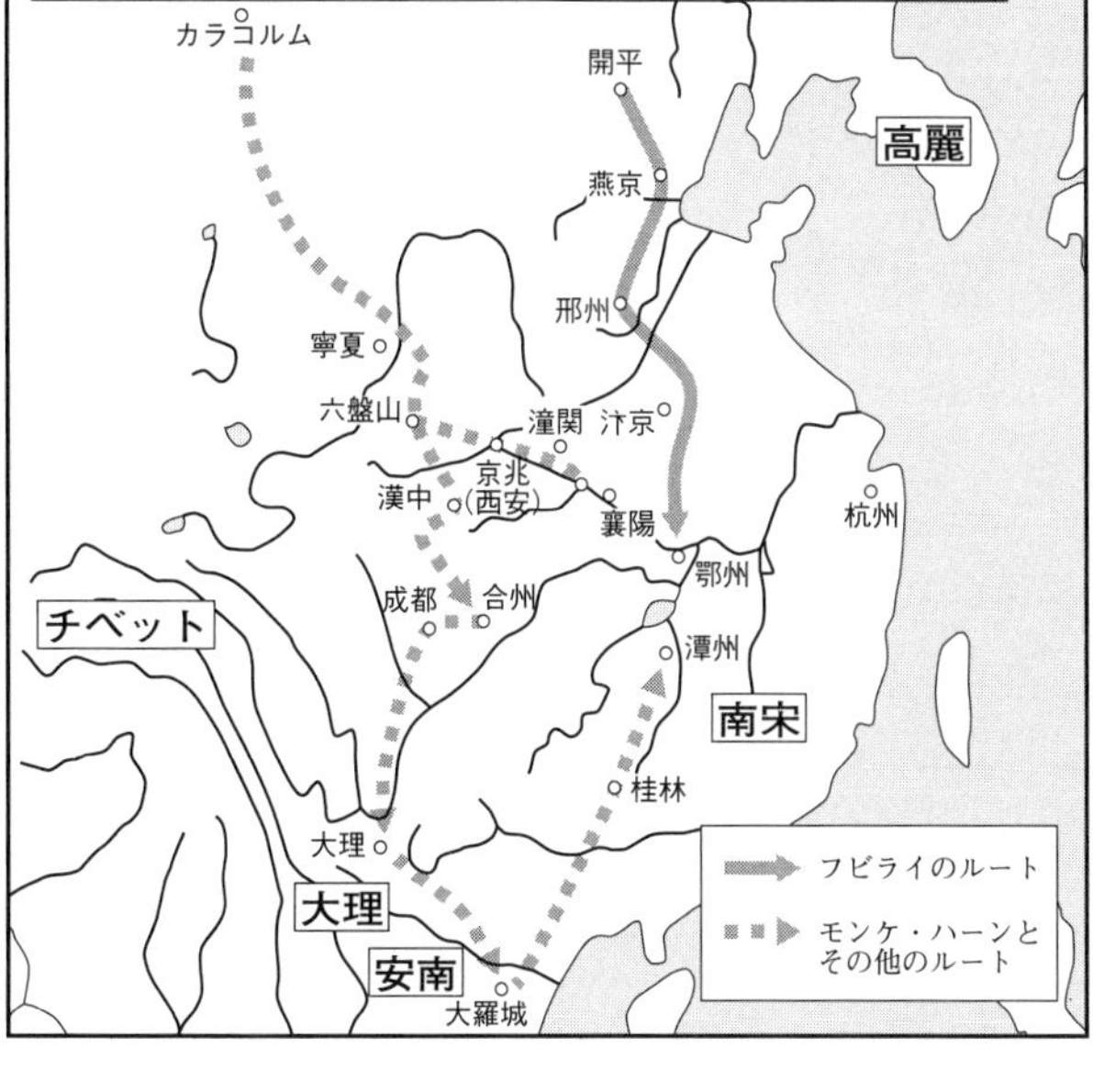

本軍を指揮して六盤山《りくばんざん》から四川に侵入した。

モンゴルの征服戦争は、基本的に右翼、左翼、中軍に分かれて進軍し、敵を挟《はさ》み撃ちにするというものである。モンケ・ハーンの南宋遠征の左翼（東路）軍の総大将は最初、チンギス・ハーンの末弟オッチギン家のタガチャルだったが、作戦の不備のためにモンケ・ハーンの叱責を買い、途中でフビライに交代した。右翼（西路）軍は、雲南にいたウリヤンハダイが、北上して合流することになっていた。モンケ・ハーン自身は中軍を率いて、モンゴル高原から甘粛省を経由して四川省に向かった。ところが、左翼軍は指揮官が交代した上、進軍経路が騎馬軍団にとって難物である中国の農耕地帯だったため、予定が大幅に遅れ、ハーンが率いる中央軍が真先に敵と交戦することになった。モンケ・ハーンは四川の各地に転戦して、一二五九年の春、合州《ごうしゅう》を包囲した。

ハーンの指揮するモンゴル軍は、五ケ月の間合州を包囲して攻撃を続けたが、軍中に疫病《えきびょう》（ラシードは赤痢《せきり》ともコレラともいう）が発生して、モンケ・ハーン自身も感染し、ハーンはその秋、陣中で病没した。

フビライはそのとき、左翼軍を率いて河南から湖北に南下していたが、まず長江を渡って鄂州《がくしゅう》（武漢《ぶかん》）を包囲し、北上してくるウリヤンハダイ軍との連絡を取ったあと、急いでかつての金の都中都《ちゅうと》（北京）近郊に戻った。弟アリク・ブガが、モンケ・ハーンから留守をまかされたカラコルムで、次のハーンを選ぶ大集会を召集していると知ったからである。

帝国の分裂

一二六〇年春、フビライは先手を打って、内モンゴルのドローン・ノールの地に自分が建設した開平府《かいへいふ》で自派の大集会を召集し、そこでハーンに選出された。同年夏、カラコルムのモンケ・ハーンの大オルドで、アリク・ブガもまたハーンに選出された。二人のハーンが同時に立って、モンゴル帝国は真二つに分裂した。

アリク・ブガの陣営には、故モンケ・ハーンの皇后や子供たち、チャガタイ家の皇族、ジョチ家の宗主バトゥの後継者となったその弟ベルケがいた。一方フビライの陣営には、左翼万人隊のジャライル部族をはじめとするモンゴル精鋭軍［「五投下《とうか》」つまり東方に派遣された五部族］、大興安嶺方面に領地を割り当てられていたチンギス・ハーンの諸弟一族［いわゆる東方三王家］、漢人軍閥がついた。

一二六〇年の秋にはじまった両ハーン間の戦闘は、だいたいフビライ側の勝利に終わった。もともと華北から食糧の供給を受けていたカラコルムは、フビライが食糧の輸出を禁止したため、非常な窮乏状態におちいった。本拠地のアルタイ山脈から今のトゥヴァ地方に退却したアリク・ブガは、自分の陣営についたチャガタイ家のアルグをチャガタイ・ウルスの君主とし、西トルキスタンから物資を徴発する見返りに、これまで帝国の大ハーンの直轄領だったシル河とアム河の間も領地として与えることを約束した。ところが、アルグはひとたび西トルキスタンを手中におさめると、たちまちアリク・ブガに背いた。飢餓に悩まされたアリク・ブガの軍隊は解体し、窮地に追いこまれたアリク・ブガは一二六四年の秋にフビライに投降して、二年後に死んだ。

こうしてようやくフビライは、モンゴル帝国の唯一の大ハーンとなることができたが、実際には、このハーン位継承戦争が原因となって、モンゴル帝国各地に、チンギス・ハーンの子孫を君主に戴く地方政権がいくつも誕生してしまった。

ふつう、このときモンゴル帝国は、フビライの建てた元朝、チャガタイ・ハーン国、ジョチの子孫の黄

地図12 モンゴル帝国の発展と分裂

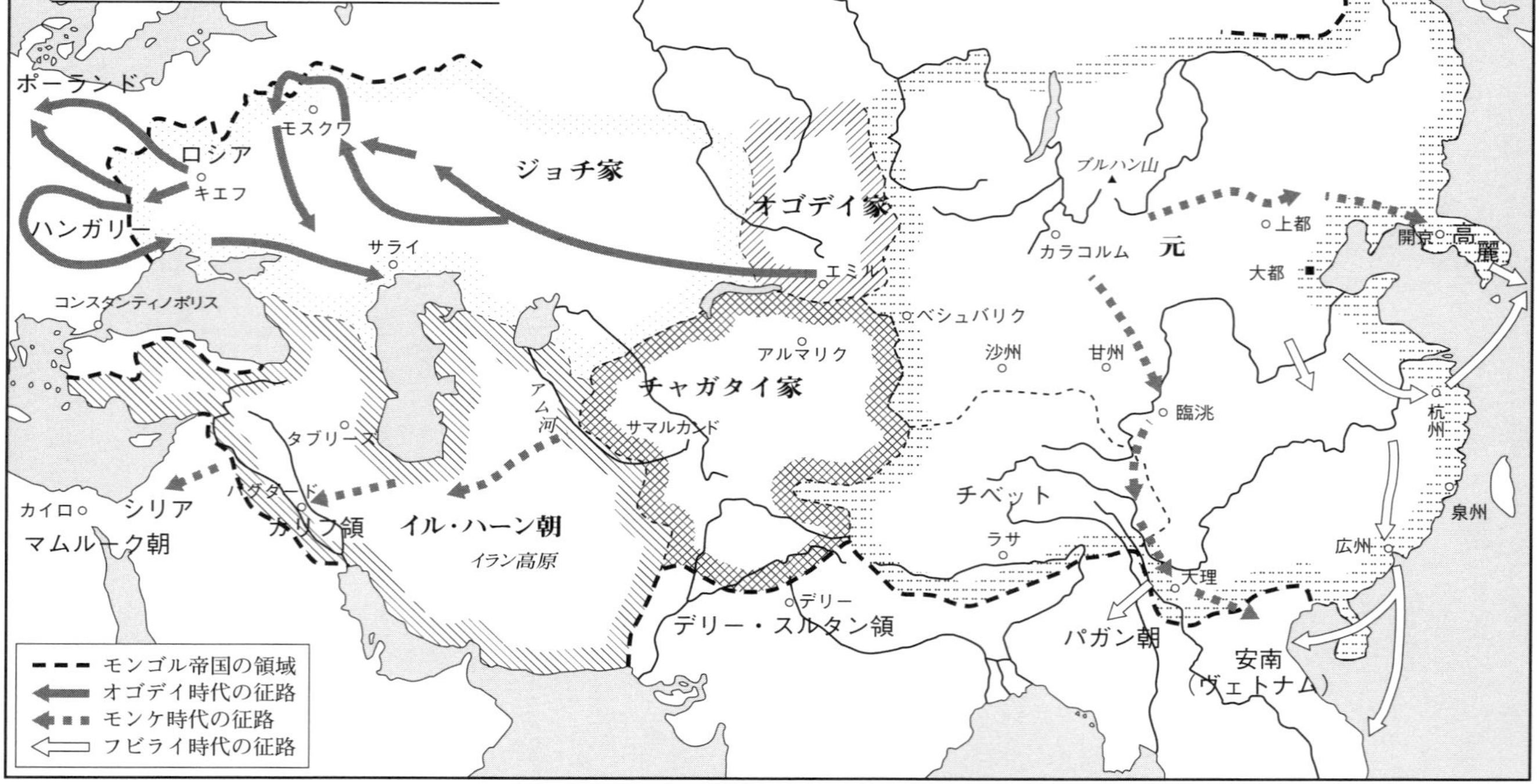

金のオルド〔いわゆるキプチャク・ハーン国〕、フレグのイル・ハーン国の四つの継承国家に分裂したといわれる。

しかし、これら四つは、モンゴル帝国の中では目立って大きなウルス（国家）ではあったが、実はこのほかにも、帝国の中には、チンギス・ハーンの諸弟の一族など、たくさんのウルスがあった。各ウルスは、それぞれ独自の軍隊、領民、貢税《こうぜい》、牧地、時には近隣の都市に対する徴税権などを持っていた。それでも、各ウルスは、チンギス・ハーンの一族によって率いられていることで連帯しており、この後も、ユーラシア大陸の東西を結ぶゆるやかな連合が存続した。

いわゆる四大継承国家の成立事情はそれぞれ違っている。まずチンギス・ハーンの長子ジョチ家は、バトゥがモンケのハーン即位を支持したとき、交換にシル河以北の独裁《どくさい》権を認められ、サイン・ハーンの称号を使用するようになっていた。次にチンギス・ハーンの次子チャガタイ家は、フビライとアリク・ブガの抗争の際に、アルグが西トルキスタンで独立してしまった。同じころ、モンケ・ハーンによってイラン征服に派遣されていたトルイ家の三男フレグは、兄たちのハーン位継承争いのために帰国できなくなったので、アム河以南を領して独立した。これがイル・ハーン国と呼ばれるものである。

モンゴル帝国の大ハーンとなったフビライの政権は、かれらの故地であるモンゴル高原と中国全域を支配下に入れ、一二七一年に大元という漢式の称号を採用したので、元朝と呼ばれる。結論を先にいうと、モンゴル帝国の宗主国であり、その領域のもっとも東に位置したこの元朝治下の遊牧民が、現在のモンゴル民族の直接の祖先である。本書の題名は「モンゴルの歴史」だから、このあと現在のモンゴル民族につながる物語を詳しく叙述するのが目的だけれど、ここで、今はモンゴル民族とは呼ばれない、モンゴル帝国の他の構成員たちのゆくえについて、簡単に記したい。

イル・ハーン国

トルイ家のフレグの建てたイル・ハーン国は、アム河以南ユーフラテス河にいたるイランの地を支配したが、カフカス地方の支配権をめぐって、同族のキプチャク・ハーン家と対立した。フレグとバトゥの弟ベルケの反目は激しく、一二六一年にはついに戦争となった。東方でフビライとアリク・ブガが戦闘をおこなったのと同じころである。フレグ軍は、一二六二年の冬、デルベンドの北で敵軍を破り、カフカス山脈を越えてテレク河北方にまで進軍した。しかしこの地で敵の将軍ノガイの奇襲を受けて大敗し、フレグは意気銷沈してタブリーズに帰った。こののちフレグは自国内のベルケ所属の商人を処刑し、その財産を没収した。ベルケも報復して、同様にかれの国にいたフレグの臣民の商人を殺した。ベルケはさらに、フレグの敵であるシリアやエジプトと使節を交換して友好関係を結んだが、フレグが恐れたような、イル・ハーン国に対する軍事行動は、その後は二度と起こさなかった。

フレグ自身は敵のベルケが信奉するようになったイスラム教を好まず、仏教に帰依し、その妃の一人はネストリウス派キリスト教徒として知られるが、イル・ハーン国のほとんどの住民や土着の官吏はイスラム教徒だった。地方ではだいたい間接統治がおこなわれ、税金の一定額が中央政府に送られるだけだったし、中央においても民政は土着の宰相が扱った。フレグの曾孫で第七代君主のガザン・ハーンは、イル・ハーン家中興の祖といわれるが、イル・ハーン政権復興のためにイスラム教に改宗し、モンゴル貴族たちもこれにならった。第三章の「モンゴル史料の出現」のところで述べた『集史』が編纂されたのも、この時期である。

フレグのペルシア遠征軍には、チンギス・ハーンから軍隊の配分を受けていた皇族すべてが一〇人につき二人の兵士を供出し、皇族自身がそれぞれの割り当て部隊の指揮官として参加した。遠征軍がそのまま征服地に残留して国家をたてた、このイル・ハーン国のような場合には、モンゴルから遠く離れたイランの地に、モンゴル高原のほとんどすべての部族や氏族の子孫が暮らしていたことになる。したがって、あらゆる遊牧部族の伝承を記録したモンゴル史が、ペルシア語で書かれるということになったのだ。

やがて、ガザン・ハーンの甥にあたる第九代君主が一三三五年に他界すると、イル・ハーン家直系の血筋が絶え、国内は四分五裂の状態になった。有力なモンゴル貴族のジャライル部［チンギス・ハーンの左翼万人隊の筆頭部族であり、東方派遣部隊「五投下」のジャライル部族と同じ出自である］が一時王朝を建てたが、十四世紀後半、チャガタイ・ハーン国の有力部族出身のティムールがイル・ハーン国領も完全に統合し、イル・ハーン家の後裔は歴史の表舞台から姿を消した。

チャガタイ・ハーン国

チンギス・ハーンが次子チャガタイに分封した領土は、バルハシ湖に注ぐイリ河流域からアム河畔に及ぶ、おおよそカラキタイの故地にあたる地方だった。チャガタイ自身は、イリ渓谷のアルマリクを帳殿の地としたというが、もちろんモンゴル高原にもひんぱんに往来している。かれの一族が分封された領地は草原地帯に限られ、サマルカンドやブハラといった定住地帯は大ハーンの直轄地だった。その代わり、チャガタイとその後裔は、参加した征服戦争の分け前として、天山東部のベシュバリク、中国の太原《たいげん》や西方の地にも采邑《さいゆう》を持ち、収入の配分を受けた。この仕組みは、ゆるやかな連合となったモンゴル帝国の他の地方でも同様で、中国内部にジョチ家やフレグ家の所有分があったりした。

フビライとアリク・ブガの抗争の際、実力で西トルキスタンを併合したアルグは、チャガタイ家第五代当主だった。フビライがモンゴル帝国の大ハーンとなった後も、アルグはこれに反抗してチャガタイ家の独立をはかった。一方、モンケ・ハーン即位のとき徹底的な弾圧を受けたオゴデイ家から出たオゴデイの孫ハイドゥは、一二六六年エミル河流域でフビライに叛旗をかかげ、一二六九年シル河北方のタラス河畔で開かれた大集会において、キプチャク、チャガタイ両ハーン家の領主たちの推挙を受けて、中央アジアの大ハーンになった。

東西トルキスタンを支配下にいれたオゴデイ家のハイドゥは、チャガタイ家第一〇代当主ドワの部民をあわせ、その後一三〇一年に死ぬまで、ほとんど毎年元朝と戦い続けた。ハイドゥが死んでようやく、ドワはチャガタイの旧領を回復し、一三〇三年に元朝およびイル・ハーン国と和睦を結んだ。オゴデイ家はチャガタイ家に併合され、チャガタイ家の所領は、西はアフガニスタンからインド北部、東はベシュバリクを中心とする旧ウイグル国領に及んだ。

長い戦乱がようやく終わったのもつかの間、一三〇七年のドワの死後、今度はその諸子の間に遊牧派と定住派への分裂がはじまり、チャガタイ・ハーン国は東西に分かれる。

東部ハーン家は、チャガタイ・ハーン家本来の根拠地であるイリ渓谷に幕営をおいて、東はベシュバリクから西はチュー河方面にいたる天山地方を勢力範囲とし、伝統的な遊牧生活を固守した。かれらは、モンゴル遊牧民の伝統を純粋に引き継ぐ者としての自負から、自らをモグール（モンゴル）と呼び、定住社会に同化した西部ハーン家の人びとを「カラウナス」（混血児）とののしった。それで、この東チャガタイ・ハーン国はモグリスタン・ハーン国とも呼ばれる。モグリスタンとは、ペルシア語でモンゴル人の国（土地）という意味である。この東部ハーン家は十五世紀後半には再び分裂するが、その血統は十七世紀末のカシュガル・ハーン家につながり、その流れを汲む最後のトルファン・ハーンは十八世紀中葉まで生存した。

西部ハーン家は、西トルキスタンの定住地帯に根拠を移し、イスラムを保護し都市文明を享受した。かれらは、自分たちこそチャガタイ・ハーン家の正統な継承者であるとして、「チャガタイ」と称し、都市の定住民を掠奪の対象としてしか見ない東部ハーン家の人びとを「ジェテ」（盗賊）とののしった。しかし、ここではハーンの権力は早くに没落し、チャガタイ家歴代のモンゴル騎士団の領主〔呼び方はモンゴル語のノヤンからペルシア語のアミールに変わっている〕が政権をめぐって激しく争った。その中からバルラス部族のティムール〔モンゴル語のテムルのペルシア語読み〕が出て、一三七〇年に西トルキスタンの支配権を握り、三〇年の在位の間におおいに征服戦争をおこなって、西トルキスタンの旧チャガタイ・ハーン国領とイランの旧イル・ハーン国領を完全に統合した帝国の君主になった。

ティムールはしかし、チンギス・ハーンの男系子孫ではなかったので、ハーンと称さず、チャガタイ・ハーン家の王女を妃に迎えて、アミール・キュレゲン（婿のアミール）と称した。ティムールの軍隊組織は全くモンゴル式で、モンゴル帝国時代以来の部族を中心に構成されていた。その政治や軍事制度は、モンゴルの大法令《ヤサ》にもとづくとともにイスラム教のシャリーア（イスラム法）をも採用した。ティムール帝国の構成員はチャガタイ・トルコ人と呼ばれ、トルコ化したモンゴル族と説明されるが、かれらは間違いなく、十三世紀のモンゴル人の後裔である。チャガタイ語が今ではトルコ系言語に分類されるというだけだ。ティムールの五代目の子孫バーブルがインドに入って建てた王朝がムガル（モンゴル）朝と呼ばれるのも、かれらがモンゴル帝国の後裔と見なされていた証拠である。

黄金のオルド

ジョチ家のウルスをキプチャク・ハーン国と書くものが多いが、この呼び方は不正確である。現在のカザフスタン草原は、モンゴル人が進攻した時キプチャク族が遊牧していたので、キプチャク草原と呼ばれた。ジョチの後裔たちは「キプチャクのハーン」と呼ばれることはあったが、草原全体を統括する遊牧帝国は一度も存在しなかった。

『集史』によると、チンギス・ハーンの長子ジョチには四〇人近くの息子がおり、その中で一四人がよく知られていた。バトゥはジョチの次子だったが後継者と認められ、兄弟たちから忠誠を誓われた。ただし、ジョチの軍隊の半分は長子オルダに引き継がれ、オルダと四人の弟たちは、ジョチ家の本来の遊牧領地だったシル河以北の草原、すなわちキプチャク草原東部を領有して、左翼の諸王侯と呼ばれた。モンゴルのヨーロッパ遠征軍の総司令官となったジョチ家の宗主バトゥは、その後ヴォルガ河畔を根拠地としたので、ジョチ・ウルスの右翼ということになる。

バトゥは、モンゴル帝国の「首都」カラコルムと同じように、自らの遊牧政権の商業センターとして、ヴォルガ河の下流にサライという都市を建設したが、ハーン自身は大帳殿（オルド）を住居として、ヴォルガ河畔を移動して暮らしたのも、モンゴル帝国の大ハーンと同様だった。バトゥの後を継いだ弟ベルケは、これより上流に新サライを建設した。

バトゥの支配は、北カフカス、ウクライナ草原の遊牧民と、北方の森林地帯のルーシの町々に及んだが、ハーンの大帳殿の柱には金箔がはってあったので、バトゥとかれの後裔たちの遊牧王権を、ロシア人たちは「黄金のオルド（ゾロタヤ・オルダ）」と呼んだ。ただし、東方の同族はこのようには呼ばなかったので、モンゴル語にもトルコ語にも、これに相当することばはない。

ジョチ・ウルスの遊牧王権を、トルコ語で「白いオルド（アク・オルド）」と「青いオルド（コク・オルド）」と呼び分けたという記録があり、右翼の宗主バトゥ家が「白いオルド」で、左翼のオルダ家が「青いオルド」であった可能性がある。なぜなら、後世、黄金のオルドの継承者をもって自任したモスクワのツァーリは、ラテン語で「白い皇帝」と自称し、モンゴル人からも「白いハーン（チャガン・ハーン）」と呼ばれたからである。

第五章で述べたように、当時のヨーロッパの人びとは、モンゴル人のことを「タルタル」と呼んだが、これは、古代トルコ語の「タタル」ということばが、モンゴル帝国の遊牧騎馬民を指す名称として、「モンゴル」より先に伝わっていたからである。この「タタル」ということばがロシア語に入り、複数形「タタール」の形で広まった。つまり、ロシア史におけるタタールはすなわちモンゴルで、後世のカザン・タタールもクリム・タタールもジョチ・ウルスの後裔である。実は現在のウズベク民族もカザフ民族もジョチ・ウルスの分かれなのだが、新たな遊牧民族の誕生と、ロシア史に及ぼしたモンゴルの影響については、第七、第八章でそれぞれ詳しく述べよう。

元　朝

元朝の創始者フビライは、前述したように、一二六〇年に内モンゴル草原の開平府で自派の大集会を開催し、そこで帝国の第五代ハーンに選出された。同年にカラコルムでハーンに選出された末弟アリク・ブガと、四年の間正統のハーン位を争い、弟に勝ったのだが、この戦争の間、行政機構の中心である中書省は開平におかれ、かつての金の中都《ちゅうと》だった燕京《えんけい》には、その出先機関である行中書《こうちゅうしょ》省《しょう》がおかれた。一二六三年に開平は正式に上都《じょうと》と呼ばれることになり、翌年戦争が終結すると、燕京はまた中都と改称された。モンゴル人の感覚では、中都は温暖な冬を過ごす冬営地だった。

フビライは、金の中都だった燕京城の東北郊外に、これに数倍する周囲三三キロメートルの都の建設を計画し、これを大都《だいと》と命名した。大都城が完成するのは一二八三年だが、一二七一年に「大元《だいげん》」という漢式の称号を採用した翌年から、中都改め大都は、元朝の「首都」ということになった。しかし、『東方見聞録』を書いたマルコ・ポーロ（一二五四―一三二四）によると、フビライ・ハーンはこの「首都」に、一年のうち冬の三ケ月間しか滞在しなかった。

フビライ・ハーンは、春が来ると大都を去り、一万人の鷹匠《たかじょう》を伴って草原に出かけた。ハーンが鷹狩りを楽しんでいる間に、平原には一〇〇〇人の騎士が坐れるほど大きい宮廷用の天幕を中心として、王子たち、重臣たち、妃たちの天幕が張られた。そこにはすべての役所がおかれ、ハーンの家来たちが家族とともに住んだ。このような一大帳幕群を、オルド（大帳殿）と呼んだのだ。冬の都大都と夏の都上都の間は、直線距離にして二六〇キロメートルある。その間の草原には、四本の幹線路に沿って、オルドをおくのに適した場所が決められた。モンゴルの皇族と家来たちは、春の三ケ月と秋の三ケ月、草原をゆっくり移動しながら暮らしたのである。

ハーンが、夏の三ケ月間暮らした内モンゴル草原の上都は、マルコ・ポーロによると、大理石で造られた宮殿の一方が都の城壁に接しており、その一面から外側に向かって二五キロ以上の牆壁《しょうへき》が延びて、多

明の宮中にあった
フビライ・ハーンの肖像

くの泉、小川、牧場のある広大な地域を囲んでいた。宮殿からでないと入れないこの苑内に、ハーンはあらゆる種類の動物を飼い、隼と鷹の餌にした。その牆壁で囲われた苑の中央部に、金とワニスを塗った美しい竹で建てられ、絹の縄で周囲を天幕のように支えた別の宮殿があった。この竹の宮殿は、夏が終わると解体された。マルコ・ポーロがヨーロッパに伝えたこのシャンドゥ Shangdu/Xanadu（上都）の豊かさは、黄金の国ジパング（日本国）とともに人びとの夢をかきたてた。十八世紀末にイギリスの詩人コールリッジが長編詩「クブラ・カーン」の中で上都を「ザナドゥ Xanadu」と歌ってから、今にいたるまでこの名は、ユートピアの一つとしての地位を保っている。

フビライが建てた元朝は、一二七六年には南宋の首都臨安《りんあん》（杭州）に無血入城を果たし、全中国を統一した。中国史上南宋滅亡の年とされる一二七九年は、南宋の残党が連れて逃げた王子二人が、広州湾の厓《がい》山《ざん》で水中に投じた年である。前章の最後に述べたように、中国の正史では、司馬遷の『史記』以来、皇帝が天下を統治する天命の伝わる正統を記述するのが歴史だということになっている。正統が二つ並立してはならないから、中国史のたてまえとしては、南宋皇室の裔が滅んだ一二七九年からが元朝ということになる。

その一方『元史』では、一二七一年にフビライが「大元」という漢式の称号を採用する前のモンゴル帝国を叙述する時でも、たとえばチンギス・ハーンを元の太祖《たいそ》、オゴデイ・ハーンを元の太宗《たいそう》、グユクを元の定宗《ていそう》、モンケを元の憲宗《けんそう》と記す。通常、中国王朝の始祖二人はこの太祖・太宗という廟号《びょうごう》を持っているが、廟号とは、帝王の霊を宗廟に祀る際に贈った称号で、生前にこのように呼ばれることはない。そもそも、世祖という廟号を持つフビライが元朝の実際の創始者で、それ以前を元と呼ぶのは時代錯誤である。このどちらの立場も極端なたてまえであって、史実でないことはいうまでもない。

元朝は、中国歴代王朝の一つに数えられ、中国史の一部として研究されているが、実際には、これまで見てきたような遊牧帝国の伝統を大いに受けついでいる。政府の機関の名前に、中書省・枢密院《すうみついん》・御史《ぎょし》台《だい》・尚書省《しょうしょしょう》というような、伝統的な中国の官職名が使用されているからといって、他の中国王朝の同じ名前の機関と同じ役割を果たしたと早のみこみをしてしまうと、元朝の政治史を理解することは不可能になる。

元朝のしくみ

モンゴル高原最初の遊牧帝国「匈奴」以来、あらゆる遊牧帝国は遊牧騎馬民の部族連合だったが、モンゴル帝国も例外ではなく、多くのウルス（領民／所領）の連合だった。

元朝の根幹も、フビライが相続したトルイ家のウルスだったが、かつての金の領土の満洲・華北、南宋領だった華中・華南の定住農耕地帯は、征服戦争に従軍した皇族や将軍たちに分け与えられた領地・領民がモザイク状にいりまじっており、その間に元朝皇帝（ハーン）の直轄領が散在しているという有様だった。

中央政府の最高機関である中書省という役所は、原則としてハーンの直轄領を治める機関で、他の皇族の所領については、不在の領主に代わって差配し、あとで徴税の分け前を届ける、という役目を果たした。大都におかれた中書省は、ゴビ砂漠以南のモンゴル高原と、華北の山東・山西・河北を管轄した。これ以外の地方には、中書省から出向した行中書省［略して行《こう》省《しょう》という］という役所をおいて、その地方の住民を管理した。行中書省は、嶺北《れいほく》［カラコルムにおかれた］、遼陽《りょうよう》［遼陽におかれ、満洲を担当］、河南《かなん》（開封）、陝西《せんせい》（西安）、四川（成都）、甘粛（張掖）、雲南（昆明）、江浙《こうせつ》（杭州）、江西（南昌）、湖広《ここう》（武漢）、征東《せいとう》［瀋陽におかれ、高麗王国・済州島・アムール河下流域を担当］の一一あった。

フビライには一二人の息子があったが、そのうち四人がフンギラト氏族出身のチャブイ皇后が産んだ息子だった。長子のドルジは早く死んだので、フビライは即位の二年後の一二六二年、次子チンキムを燕王《えんおう》に封じ、守中書令として中書省を監督させた。六三年には中書省から軍政を分離して枢密院を設置したが、チンキムがやはり判《はん》枢密院事《すうみついんじ》を兼ねた。一二七三年にはチンキムを正式に皇太子とし、チャブイにも皇后の玉冊と玉宝が授与された。

一二七〇年に設置した尚書省は、商業に投資し、鉱山や工場を経営して、ハーンの私産の利殖に従事するものだったが、チャブイ皇后の家臣アフマドが平章政事《へいしょうせいじ》に任命され、ハーンの財政を一手に掌握した。また、中書右丞相としてチンキムを補佐したジャライル部のアントンは、チンキムの

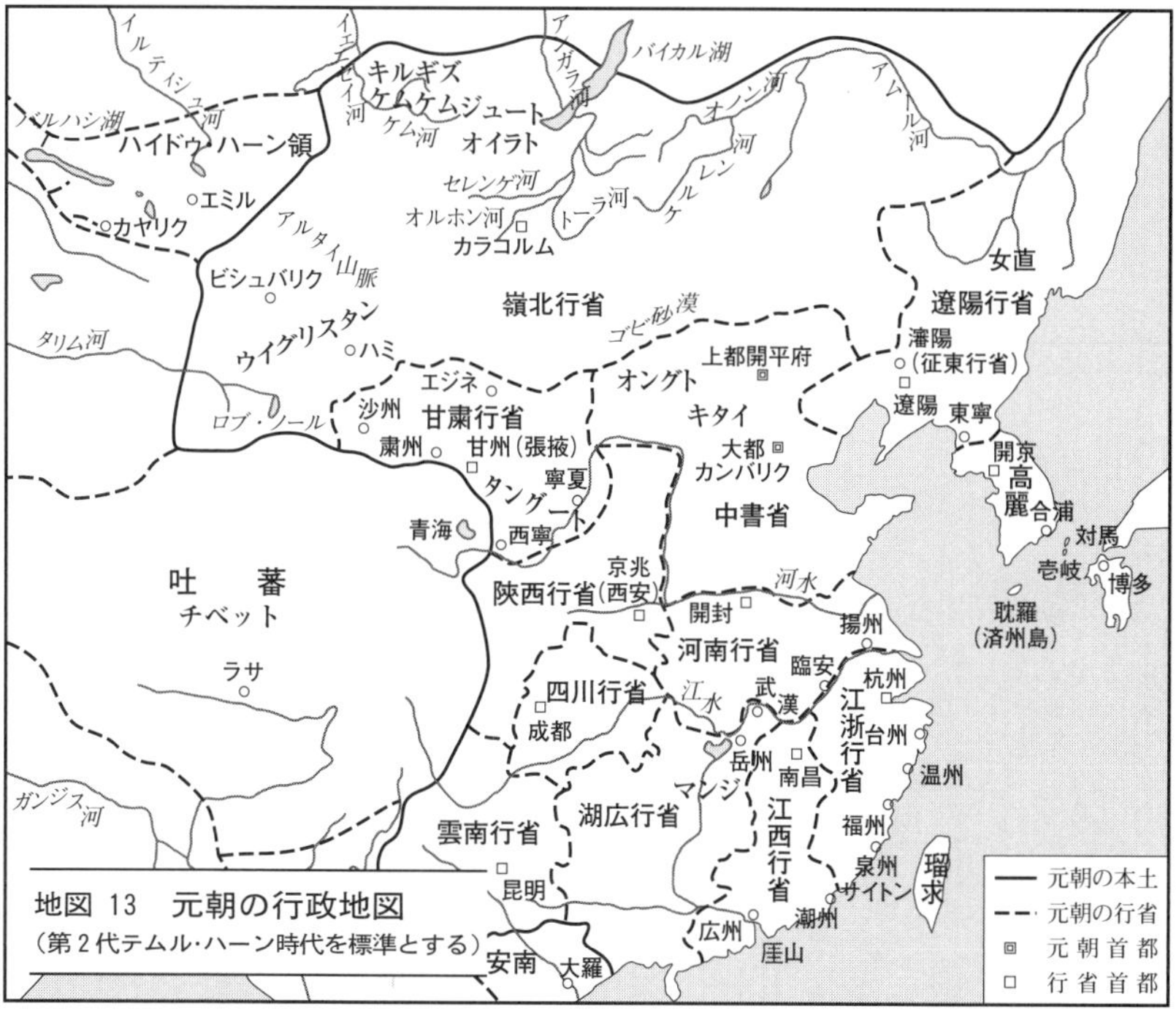

地図13 元朝の行政地図
(第2代テムル・ハーン時代を標準とする)

従兄弟で、母がチャブイの姉妹だった。つまり、フビライの正皇后チャブイ・ハトンこそが、元朝皇帝と帝国の政治機構の接点だった。この時代の元朝はフンギラト政権であったといってもいいくらいだ。

皇太子チンキムは、一二七九年には六十五歳のフビライ・ハーンに代わって国政一切を決済するようになったが、一二八五年にフビライに先立って急死した。チンキムにはフンギラト氏族出身の妃ココジン・ハトンとの間に、カマラ、ダルマパーラ、テムルという三人の息子があった。ダルマパーラは一二九二年に若死にしたため、同年、フビライ・ハーンはカマラを晋王に封じて、ケルレン河畔のチンギス・ハーンの四大オルドを所領として与え、九三年には皇孫テムルにチンキムの遺物の皇太子の印璽を授けた。チンキムがフビライから分与された莫大な財産は、チンキムの死後も太子府に保有され、ココジン・ハトンが管理していた。

系図3　元朝のハーンたち　（△：男，○と平仮名は女　❶〜⓬は元朝のハーン）

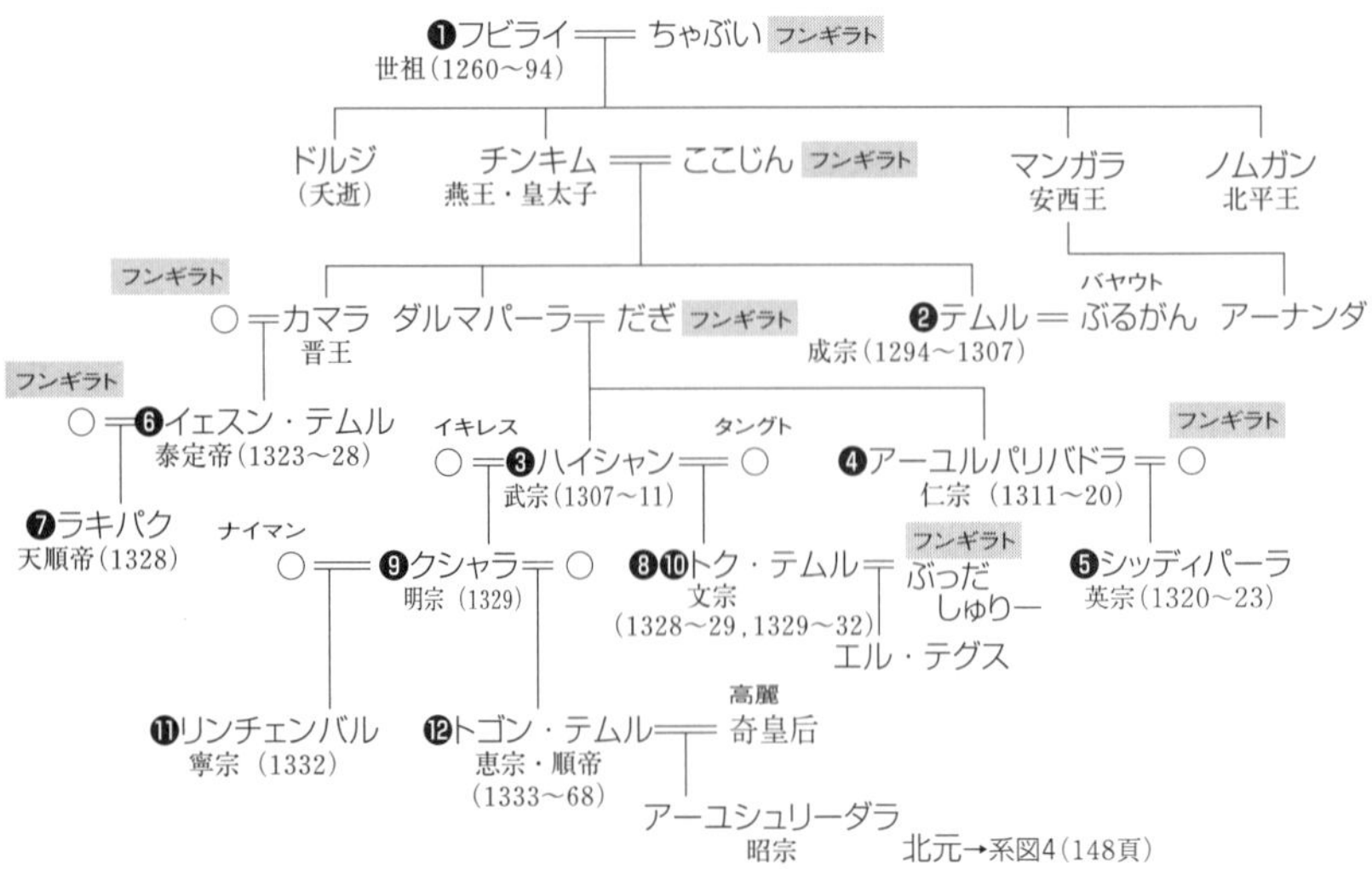

フビライ・ハーンが一二九四年二月に八十歳で亡くなった時、ココジン・ハトンが監国となり、その夏、上都でテムルが次のハーンに選ばれた。テムルは即位すると、母ココジン・ハトンを皇太后に昇格させ、太子府を隆福宮《りゅうふくきゅう》と改名して、そのまま彼女の管理下においた。隆福宮の富は国の中の国といった観があり、その領地領民の統治のために徽政院《きせいいん》という独自の組織があった。テムル・ハーンが皇子を残さずに一三〇七年に死んでから、わずか二五年間に元朝皇帝が八人も交代したのは、フンギラト氏族が、外戚としての地位と隆福宮の富を守るために、フンギラト氏族出身の母から生まれた皇子だけを元朝皇帝につけようと画策したからである。つまり、名前だけみると、一見中国的な官僚組織に見えても、元朝のしくみは、実際には北アジアの遊牧騎馬民に伝統的な属人支配だった。

一三二八年に上都と大都に分かれたハーン位継承争いの内戦で、ついにフンギラト氏族は新興のキプチャク人軍団に敗れた。一三三三年に即位した元朝最後の皇帝恵宗《けいそう》（明は順帝と諡《おくりな》した）は、将軍たちの対立をたくみに操縦して、キプチャク・メルキト軍閥の実権者たちを取りのぞいたが、その結果元軍の戦力が低下し、農耕地帯でおこった反乱を鎮圧できなくなった。モンゴル人が植民地中国を失ったのは、このような内紛のためだった。

高麗《こうらい》制圧

元朝については、このほかにもさまざまな角度から研究が可能だが、本書は日本の読者のためのモンゴル通史だから、日本遠征とこれに先立つ高麗制圧に焦点をあてて説明しよう。

モンゴル帝国が建国された当時、朝鮮（韓）半島には高麗王国があった。モンゴルと高麗の最初の接触は、高麗に侵入した契丹軍を追ってモンゴル軍が高麗に入り、江東城にたてこもった契丹軍を囲んで、これを降した一二一九年のことである。この年にチンギス・ハーンの中央アジア遠征がはじまったため、しばらくは何事もなく、一二二五年、モンゴルから高麗に派遣された使者が帰国途上殺されても、当座はそのままにしておかれた。

一二二九年第二代オゴデイ・ハーンが即位すると、一二三一年サルタクを将とするモンゴル軍が高麗に侵入した。これを第一次侵入といい、これから一二五九年まで三〇年近い年月の間に、モンゴルは計六回高麗に侵入した。

第一次侵入の際には、モンゴル軍は鴨緑江《おうりょくこう》を渡って高麗東北部を荒らしたのち、首都の開京《かいけい》（開城）を包囲して講和談判を要求し、さらに西南部を掠奪した。高麗は莫大な貢物を出して講和に応じたが、そのあともモンゴルは次々と貢物を要求し、また王族・高官の童男・童女各五〇〇人の提供を求めた。そこで高麗は断交にふみきり、都を開京の対岸にある江華島《こうかとう》に移し、民衆に対しては山城や海島への待避を命じた。

一二三二年の第二次侵入の際、モンゴル軍は各地を荒らしまわると同時に、江華島に使者を送って出陸《しゅつりく》（島を出て陸に戻る）を要請したが、主将が戦死したので引き揚げた。

一二三五〜三九年の第三次侵入の際には、モンゴル軍は江華島の政府とはなんの交渉もせず、高麗全土を荒らしまわった。高麗政府はやむなく王族を人質として差し出したが、出陸は実行しなかった。

一二四七〜四八年の第四次侵入に際しても、高麗政府は出陸しなかった。一二五三〜五四年の第五次侵入の際、高麗国王は江華島を出てモンゴル陣営におもむき、王子をモンゴルに派遣したけれども、高麗政府は江華島にとどまり出陸しなかった。

一二五四〜五九年の第六次侵入で、モンゴル軍は再び高麗全土を荒らしまわった。『高麗史』に「この歳（一二五四）、モンゴル兵に捕らえられたものは男女無慮《むりょ》二〇万六八〇〇余人、殺されたものは数えきれない。モンゴル兵が通る州郡はみな灰燼《かいじん》となった」と記されるほどだ。これほどの大被害を受けながら、高麗が三〇年近くも徹底抗戦したのは、当時、武人が政権を握っていたからだった。その武人政権の崔《さい》氏が、一二五八年に江華島で起きたクーデターで倒れた。

高麗はようやくモンゴルに対して出陸と太子の派遣を約束した。使節としてモンゴルにおもむいた高麗の太子（のちの元宗）は、一二五九年、湖北から引き揚げてくるフビライと会見し、降伏を受け入れられた。元宗の息子の忠烈《ちゅうれつ》王はフビライの皇女と結婚し、その間に忠宣《ちゅうせん》王が生まれた。これ以後代々の高麗王はモンゴルの皇女と結婚し、元朝皇帝の側近として、モンゴル風の宮廷生活を送ることになった。

一方高麗の本国では、一二七〇年、武人の残党のなかの江華島の三別抄《さんべつしょう》という部隊が、モンゴルおよびモンゴルに屈した元宗に対して反乱を起こした。三別抄は、舟に分乗して江華島を離れ、半島西南端の珍島《ちんとう》を根拠地にして、全羅道《ぜんらどう》・慶尚道《けいしょうどう》に勢力を広げ、耽羅《たんら》（済州島）を占領した。モンゴルと高麗政府の連合軍は、一二七三年にようやくこの乱を鎮定し、その結果、済州島はモンゴルの直轄領となったのである。

高麗の武人たちがこんなに長い間モンゴル軍に抵抗しなかったならば、日本への蒙古襲来はもっと早くにはじまっていたに違いない。その場合、フビライの死ぬまでに二度で終わったとはとても思えない。地政学上、大陸の変動に直接影響される朝鮮半島の運命と、海でへだてられた日本の幸運を考えずにはいられない。

「蒙古襲来」

元朝皇帝フビライは、一二六六年はじめて使者を日本へ向けて遣わした。このとき高麗の都に至ったフビライの使者は、高麗国王あてと日本国王あての詔書二通を持ち、高麗国王に対しては、使者を案内して日本に行き、日本を説得してモンゴルに通好させることを求めた。高麗の君臣はやむなくフビライの使者を半島南端の巨済島《きよさい》の松辺浦《しようへんほ》に案内し、「風濤《ふうとう》天を蹴《け》る」ありさまを使者に見せて、日本への渡海を思いとどまらせた。

この報告を聞いたフビライは高麗の不実を責め、高麗単独で詔書を日本に伝えよと命じた。一二六八年閏一月、一二六六（至元八）年八月付の蒙古国書を携えた高麗の使者が大宰府《だざいふ》に至った。鎌倉幕府の対応ははやく、翌二月讃岐《さぬき》国の国人を蒙古襲来にそなえさせている。一方大宰府に五ケ月留めおかれた高麗の使者は、返牒《へんちよう》を得ずに高麗の都に帰った。

この報告を受けたフビライは、今度は蒙古国使八人、高麗国使四人、従者七十余人を日本へ派遣したが、一行は対馬《つしま》島に留めおかれて本土へ渡れず、引き返した。

一二七〇年、フビライは女直人趙良弼《ちようりようひつ》を蒙古国信使として日本に派遣した。趙良弼一行百余名は一二七一年九月大宰府西守護所に至ったが、帝都に入ることは許されず、副本のみを手渡した。鎌倉幕府は同月に、九州に所領を持つ東国御家人に異国警護《いこくけいご》を命じている。

趙良弼一行は日本側から返牒を得られないまま、一二七二年一月高麗に戻ったが、フビライの命を受けてすぐ再び日本にやってきた。かれは結局その後一年間大宰府に留めおかれ、翌七三年六月に元に帰りついたのである。

一二七三年モンゴル・高麗連合軍が三別抄の乱を鎮定すると、ついに翌七四年、元の世祖フビライ・

ハーンは日本征討を発令した。わが国では文永《ぶんえい》の役《えき》という、第一次蒙古襲来である。ちなみに元寇《げんこう》というい方は、明治時代になって日清戦争の前に倭寇《わこう》に対抗して生まれた。

旧暦十月三日、屯田軍・女直軍・水軍からなる元の征東軍一万五〇〇〇人と高麗軍八〇〇〇人は、六七〇〇人の水手が漕《こ》ぐ九〇〇艘《そう》の兵船《へいせん》に分乗し、合浦《がっぽ》を出航した。五日対馬に上陸、十四日壱岐を攻め落とし、十六日には平戸、十七日には鷹島《たかしま》、唐津《からつ》、三代《みしろ》に上陸した。肥前《ひぜん》の豪族松浦《まつら》党は日本山で防戦したが、数百人全員が戦死した。元の艦隊はやがて進路を東に向け、博多湾岸の西、今津《いまづ》湾に投錨した。十九日元軍の一部は長浜に上陸し、生《いき》の松原から姪《めい》の浜に進んだ。二十日元軍が百道原《ももちばる》と筥崎浜《はこざきはま》に分かれて上陸、鎌倉幕府の御家人と激戦した。この十月二十日は、今の暦では十一月二十六日に相当する。

ところがその夜半大暴風雨となり、いったん沖合に引き揚げたモンゴルと高麗の艦船の多くが覆没《ふくぼつ》し、日本への襲来はあえなく終わった。破損・沈没しなかった艦船は約半数といわれ、朝鮮の史料『東国通《とうごくつ》鑑《がん》』によると、この戦いで戦死・溺死《できし》した元・高麗軍は一万三五〇〇人にのぼった。日本側では、志賀島《しかのしま》に漂着した一艘の敵兵二百二十余人を生け捕りにし、五〇人は京都に連行し、その他の者は水城で首をはねた。

一二七五年、元の世祖フビライは再び日本に修好を求めて、文武兼備の正使として杜世忠《とせいちゅう》を派遣してきた。元の正副使ら五人は今度は鎌倉に護送され、幕府の執権北条時宗が直接かれらを引見した。しかし評定《ひょうじょう》の末、結局九月七日杜世忠以下四人は鎌倉竜《たつ》の口《くち》の刑場で処刑され、大宰府に留めおかれた従者たちも斬殺された。元側はこのことを長い間知らず、一二七九年再び元からの使者が対馬に到着した。国書は鎌倉幕府から朝廷に奏上されたが、元使は博多の津で斬刑に処せられた。

日本から逃げ帰った者の報告によって高麗からこのことを知らされたフビライは激昂《げきこう》し、一二八〇年には征日本行省を設け、戦艦三〇〇〇艘の建造を命じた。すでに一二七九年に南宋の残党も平定されており、今度は南宋の大軍が参加することになった。

一二八一年一月、元の世祖フビライ・ハーンは日本再討を命じた。これをわが国では弘安《こうあん》の役《えき》という。第二次蒙古襲来である。

今回の元軍は二手に分かれていた。東路軍は元と高麗併せて二万五〇〇〇人の兵士と一万七〇〇〇人の水手が九〇〇艘の舟に分乗する。江南軍は一〇万人の兵士が三五〇〇艘の艦船に分乗していた。艦船には種々の農具が積載されており、日本の一部でも占領すれば定住して農耕をおこなうつもりの屯田兵だった。

五月三日東路軍が合浦を出航し、対馬と壱岐《いき》を攻めたのち、六月五日に博多湾に碇泊《ていはく》した。しかし、今回は博多の浜に石塁が築かれていたので、元軍は上陸できなかった。志賀島その他で数十回激戦をしたが、江南軍の到着が遅れたので、東路軍はいったん壱岐島に引き揚げた。

江南軍がようやく出航したのは七月十八日で、七昼夜ののち平戸に着いた。合流した元軍は二十八日に鷹島《たかしま》で日本軍と激闘したが、翌閏《うるう》七月一日、今の暦の八月二十三日、夜半から二昼夜にわたる大暴風雨がおこった。密集して碇泊していた元の艦船は、その多くが大破・沈没し、またもや日本襲来は終了となった。前述の『東国通鑑』によると、元軍一四万のうち、本国に帰らぬ者一〇万余、高麗に帰らぬ者六千六百余人だったという。『元史』日本伝には、一〇万の衆のうち還ることができた者は三人だけだったとある。

しかしフビライは日本征討をあきらめなかった。一二八三年、再び日本遠征軍を編成したが、このときには中国南部とヴェトナムで反乱が起こったため、中断された。そのあと一二八五年にも日本遠征の準備をはじめたが、またしても中国とヴェトナムで反乱が起こり、中止となった。

一二八七年には、大興安嶺地方に領地を持つチンギス・ハーンの弟の子孫ナヤンとハダンらが、中央アジアのオゴデイ家のハイドゥと手を結んで元に対して反乱を起こした。七十四歳のフビライは象の上にしつらえた輿《こし》に乗って親征し、ブイル・ノールでナヤン軍を破り、八九年にはハイドゥを征伐するためハンガイ方面へ親征した。東北地方の反乱が元・高麗連合軍によって完全鎮圧されたのは一二九二年だった。翌九三年フビライは高麗に日本遠征の準備を命令したが、その翌年二月に病死し、日本遠征は取りやめとなったのである。

第七章　新たなモンゴル民族の形成

モンゴル帝国時代の部族の分布

前章の「帝国の分裂」で述べたように、モンゴル帝国の宗主国であり、その領域のもっとも東に位置した元朝治下の遊牧民が、現在のモンゴル民族の直接の祖先である。では、元朝治下の遊牧民の出自は、というと、これが実にさまざまな遊牧部族や氏族出身なのである。だから、現在のモンゴル民族の出自を明らかにするために、ここで再び歴史をさかのぼって、第三章で紹介した最初のモンゴル史料の一つ、ラシード著『集史』第一巻「部族篇」に記された、モンゴル帝国建国時の遊牧部族の分布を見てみよう。

ラシードは、中央ユーラシア草原の遊牧民を大きく四つに分類した。ただし、ラシードは草原のすべての遊牧部族を「トルコ」部族と呼んでいる。チンギス・ハーンの出現から一世紀をへたラシードの時代でさえ、イランの地から見た遊牧民の世界は、突厥（チュルク）帝国の後裔たちの世界だったのだ。この場合の「トルコ」は遊牧騎馬民の総称である。

第一は「オグズ［中央アジア西部のトルコ系諸部族の祖とされる神話的人物］の子孫から生じた部族と、オグズの親族から生じた部族も加えた二四部族」で、ウイグル、キプチャク、カルルク、カンクリなどをふくむ。この中ではウイグル族の領土がもっとも東方にあり、モンゴル・アルタイ山脈まで達していた。

第二は「現在はモンゴルと呼ばれているが、以前はそれぞれ別の名を持ち、独立した首長を持っていたトルコ部族」で、ジャライル、スニト、タタル、メルキト、オイラト、バルグト、テレングト、森のウリヤンハンなどである。ジャライルはオノン河畔に住み、一〇の大きな分派に分かれていた。タタルはブイル・ノール付近に根拠を持ち、六部族に分かれていた。メルキトはセレンゲ河中流域にいた。オイラトはイェニセイ河上流のケム河を構成する八河地方に住み、数部族に分かれていた。バルグトはバイカル湖東方のバルグジン・トクムと呼ばれる地方に住んでいたが、バルグトという名はまた、ホリ、トゥラス、トマト部族をふくめた総称でもあり、トマト族の住地はバイカル湖西方にあった。このバルグト部族がのちにブリヤー

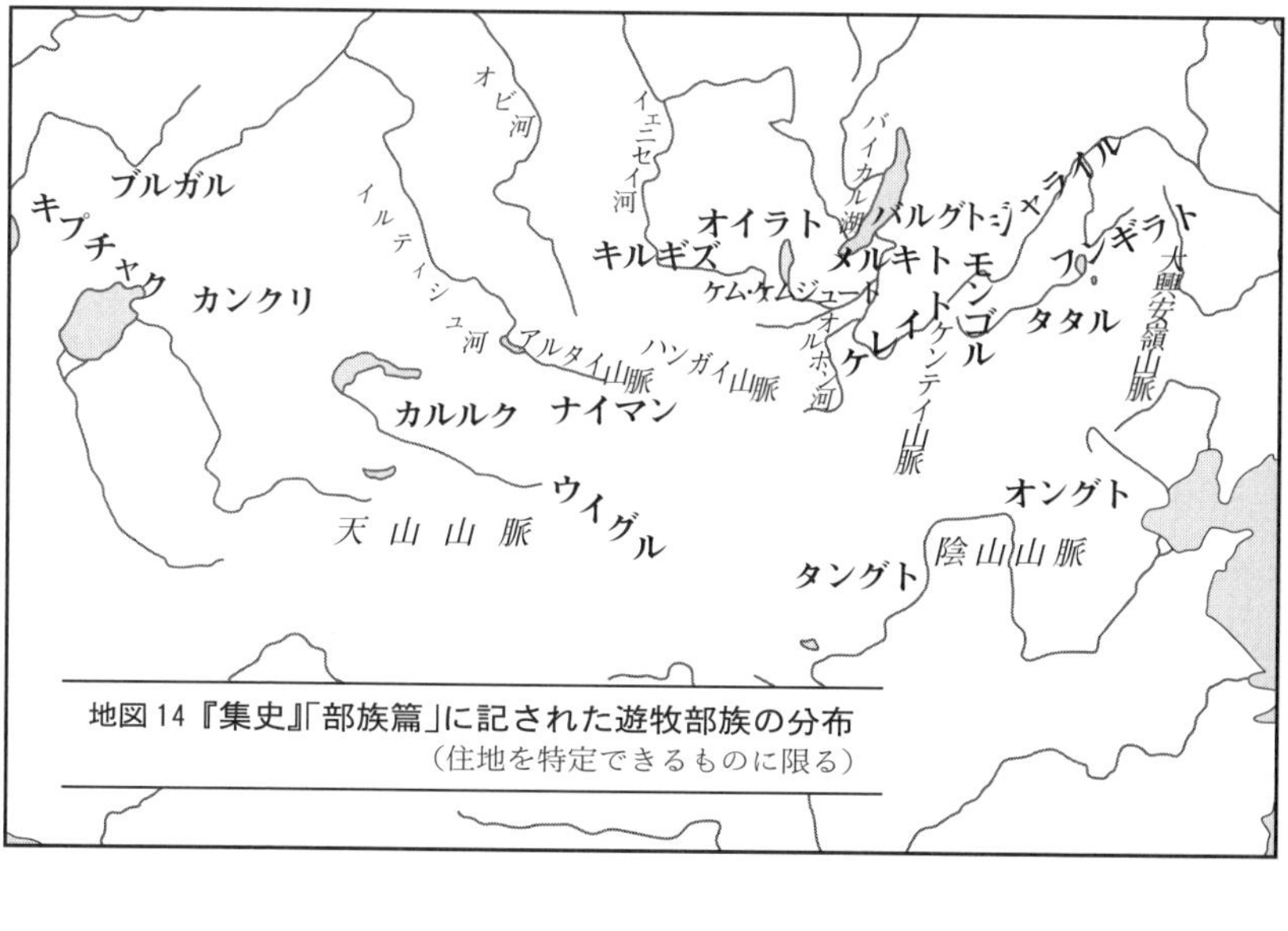

地図14『集史』「部族篇」に記された遊牧部族の分布
（住地を特定できるものに限る）

ト・モンゴルと呼ばれるようになった。テレングトと森のウリヤンハンは、キルギズとケム・ケムジュート族のいる地方の森林に住んでいた。

第三は「以前独立した首長を持っていたが、第二のトルコ部族とも第四のモンゴル部族ともつながりはなく、しかし外観や言語はかれらと近いトルコ部族」で、ケレイト、ナイマン、オングト、タングト、ウイグル、キルギズ、カルルク、キプチャクの名があがる。ウイグル、カルルク、キプチャクは第一の分類にも登場したが、そもそも第一の分類のオグズは、多くのトルコ系部族の祖とされる神話的人物だから、これらの遊牧部族はどちらにも分類できたのだ。さて、ケレイトはトーラ河畔を本拠地として、オルホン河畔からケンテイ山脈のオノン・ケルレン河源地方にまで広がっていた。ナイマンはイルティシュ上流域とモンゴル・アルタイ山脈にまたがる地方に住み、西はウイグル族の領地と接し、北はアルタイ山脈をへだててキルギズ族と接し、東はケレイト族と接していた。オングトは南の長城に近い陰山山脈の北側にいた。タングトは本書第四章で述べたようにもともと鮮卑の拓跋氏族で、西夏王国を建国した部族である。

第四が「久しい前から通称はモンゴルであったトルコ部族、これから出た多くの部族」で、ウリヤンハン、フンギラト、タイチウト、チノス、マングト、バーリン等々、ここではふつう、モンゴル部族の中の諸氏族とされる集団名が多くあがっている。このモンゴル部族の住地は、バイカル湖の南方からオノン、ケルレン両河の河畔にひろがっていた。チンギス・ハーンの出たキヤン氏族はその最西端におり、西方はケレイト部族の住地だった。

十四世紀はじめにラシードが書き残した、このような十三世紀の氏族名・部族名は、ロシアと清朝が遊牧民世界に侵入してきた十七世紀の変革期を経て、なお生き残った名称もあるし、消滅してしまったものもある。ただし、生き残った名称も、その中身は大いに変化したと考えなくてはならない。有力な家系の族長たちに率いられた遊牧集団は、族長の子孫によって分割相続され、あるいは妻たちが婚資として持参した他集団と一緒になって、新しい遊牧集団が生まれる。さらには、遠くに遠征に出かけて、そのまま移住してしまうこともあるからだ。しかし同時に、遊牧民にとって父系の系譜は非常に重要なアイデンティティの基盤なので、どの部族の誰の後裔であるかについては、決して忘れることはない。たとえば、ウリヤンハンという部族名などは、すでに十三世紀の時点で右の分類の第二と第四の両方にあげられるが、二十世紀になってからも、モンゴル国北西部から内モンゴルまで、同じ集団名が残った。集団に属する遊牧民の血縁関係は明らかではないが、その源流は同じであるといえる。これこそが、遊牧騎馬民にとっての歴史なのである。

元朝がモンゴル高原に退却

前章「元朝のしくみ」(126頁)で書いたように、元朝宮廷は最初、外戚のフンギラト氏族が勢力をふるっていたが、一三二八年からあと、新興のキプチャク・メルキト軍閥の将軍たちが実権を握った。このキプチャク軍団というのは、もともとモンケ・ハーンが若いころ、バトゥの指揮したヨーロッパ遠征に従軍し、臣下となったキプチャク騎馬軍団をモンゴル高原に連れ帰ったその子孫である。キプチャク騎馬民は、モンケの弟フビライの雲南遠征に従軍し、のちにフビライの親衛隊となった。かれらは、馬《ば》乳酒《にゅうしゅ》を発酵させて強い蒸留酒を作ることが上手だったので、モンゴル語で酒の強いことを「ハラ」(黒い)というのにちなんで、キプチャク軍団はハラチンと呼ばれるようになった。メルキトは先の分類の第二にある、古くからケレイト部族の北にいた部族であるが、メルキト人将軍バヤンが率いたのは、キプチャクと同様北カフカスから連れてこられたアスト（オセト）人軍団だった。

いわゆる元朝最後の皇帝となった恵宗トゴン・テムル・ハーンは、これらの将軍たちの対立を利用して、実権を自らの手中に取り戻すことには成功したが、その結果、遊牧騎馬民の軍閥が没落し、元軍の戦力は低下した。この間に、まず南方で、一三四八年塩商人方国珍《ほうこくちん》が反乱を起こし、ついで宗教秘密結社の白蓮《びゃくれん》教徒の組織する紅巾の乱が各地でいっせいに勃発した。

一三六八年、紅巾軍の残党である朱元璋《しゅげんしょう》が大明《だいみん》皇帝の位について元の大都を攻撃すると、恵宗は上都にのがれ、さらに内モンゴルの応昌府《おうしょうふ》にのがれた。中国史では元朝はここで滅びたことになるが、一三七〇年応昌府で恵宗［明は順帝と諡する］が病死したあと、高麗貴族の皇后から生まれた皇太子アーユシュリーダラが帝位を継いで昭宗《しょうそう》となり、カラコルムを根拠地として明朝に対する防衛にあたった。このころ元朝の残存勢力は依然として強大で、一三七二年三道に分かれて漠北のモンゴル高原に侵入した明の一五万の大軍は、トーラ河方面で元軍の迎撃を受けて、数万人の戦死者を出して退却した。

一三七八年に死んだ昭宗のあとを継いだのは、その弟と思われる天元帝《てんげんてい》トクズ・テムルだった。一三八七年、明軍は北満洲に進軍して、ジャライル部族のムハリ国王の子孫ナガチュ率いる二十余万の元軍を投降させた。これによって生じた東部戦線の危急を救うため、天元帝は自らブイル・ノール湖畔に出向いて高麗と連絡を取り、明軍を挟み撃ちにしようとした。しかし、翌一三八八年、かえって明軍の奇襲を受けて大敗し、数十騎とともにカラコルムをさして落ちていった。その途中トーラ河畔に至って、天元帝トクズ・テムルは、アリク・ブガの子孫イェスデル配下の軍に追撃され、弓の弦で縊《くび》り殺された。そして、アリク・ブガ家のイェスデルは、このときオイラト部族の支持のもとに、フビライ家に代わってモンゴルのハーン位についたのである。一二六四年にアリク・ブガが兄フビライに降ってから、一二四年後にその子孫が仇討《かたきう》ちをしたことになる。

第六章「帝国の分裂」(114頁)で述べたように、元朝創始者のフビライは、一二六〇年に内モンゴルの大集会でモンゴル帝国のハーンに選出された。一方、フビライの実弟アリク・ブガはカラコルムでハーンに選出された。二人のハーンが同時に立ってモンゴル帝国は真二つに分裂したが、結局、物資の豊富な華北を本拠地としたフビライ軍が、ほとんどの戦闘で勝利した。もともと華北から食糧の供給を受けていたカラコルムは、フビライが食糧の輸出を禁止したため、非常な窮乏状態におちいり、飢餓に悩まされたアリク・ブガの軍隊は解体し、アリク・ブガは一二六四年にフビライに投降したのだった。

両ハーン間の戦争の運命を決した一二六一年のシムルタイ湖の戦いで、フビライ軍に粉砕されたアリク・ブガ軍は、多数のオイラト兵からなっていたと『集史』と『元史』に記録がある。今のトゥヴァの地に拠った十三世紀のオイラト王家は、代々チンギス一族と婚姻関係を結ぶ、モンゴル帝国内でも際立った名家だった。なかでもアリク・ブガ家とは密接な関係があり、アリク・ブガの第一夫人、息子の嫁、娘婿、孫娘の夫などがオイラト王家出身だったことは『集史』に記録がある。アリク・ブガ自身の領地もオイラトの住地に近く、オイラト部族はアリク・ブガのウルスの一部だったといってもいいかもしれない。

フビライの建てた元朝において、オイラト出身者はほとんど何の役割も果たさなかった。かえってハイドゥの乱の最中、オイラト兵が元軍と戦ったことが『元史』に記される。トゥヴァの地は元朝の中心からはるかに遠く、その勢力圏外だっただろう。

アリク・ブガの子孫はこうしてフビライ家に仇を討ったけれども、実権はオイラト部族の手にあった。モンゴル高原の歴史はこれからあと、極端に史料の少ない時代に入る。

北元時代の史料

中国王朝の明は、元から天命を受け継いだ正統の王朝を自任していたので、元の支配領土すべてを回復するために、太宗（成祖）永楽帝《えいらくてい》（一三六〇ー一四二四）は五回もモンゴル高原に遠征した。しかし、ついにモンゴル人を屈服させることができず、明は十五世紀初の永楽帝の時代から十六世紀末まで、ほとんどその王朝の間中万里の長城を修築しつづけて、その内側に閉じこもった。その上で、草原の遊牧騎馬民を「蒙古」と呼ばずに「韃靼《だったん》」と呼び替えて、かれらが元の後裔であることを言葉の上だけ否認した。そういうわけで、明側の史料は、モンゴル高原のできごとについて、断片的なことしか伝えない。

一方、モンゴル高原の遊牧民が、自分たちの祖先の系譜や伝承を書き留めたのは、三世紀もあとの十七世紀になってからだった。「モンゴル年代記」と総称される、かれらの独特な歴史文献は、チンギス・ハーンにはじまりそれぞれの年代記の作者に至るモンゴル貴族の系譜の合間に、その時どきに活躍した祖先の物語が、ときには韻文によって叙述されるというものである。もっとも有名かつ史料的価値があるモンゴル年代記は、一六六二年チンギス・ハーンの子孫のサガン・セチェン・ホンタイジという、オルドス部の貴族が書いた『蒙古源流《もうこげんりゅう》』（エルデニイン・トブチ）と、その少しあとにトメト部のロブサンダンジン国師が書いた『黄金史綱《おうごんしこう》』（アルタン・トブチ）である。このあとにもさまざまなモンゴル年代記が書かれたが、古い歴史物語の叙述ではこの二つにまさるものはない。

しかし、モンゴル年代記に記された物語は、口頭伝承される間に脚色されてモンゴル人が好む英雄叙事詩のような語りとなり、系譜も、これから話すエセン時代に散逸したらしく、それ以前については年代記間の異同が激しい。ただ、元が北方に退却したあとのいわゆる北元時代に関しては、十七世紀のモンゴル人史家の解釈に拠る以外、歴史を再構築する道はないのである。

オイラトの覇権

さて、オイラトの支持のもとハーンとなったアリク・ブガ家のイェスデルは、一三九一年に死に、その息子エンケ・ハーンがあとを継いだ。そのあと一三九四年に即位したエルベク・ハーンの時、モンゴルとオイラトの対立がはじまったと『蒙古源流』は記す。実際にモンゴル高原の遊牧部族は、これからあと、モンゴルとオイラトの二大陣営に分かれて対立するようになるのだが、『蒙古源流』ではこれを「四十（ドチン）モンゴル」と「四（ドルベン）オイラト」と対比し、オイラトを「異族（ハリ）」と呼ぶ。この「モンゴル」とは、フビライ家を支持する元朝の後裔の遊牧民であり、「オイラト」は、もとのオイラト部族に、ケレイト、ナイマン、バルグトという、モンゴル高原西北部を住地とする遊牧部族が加わった、反フビライ家連合だった。

四オイラト連合は、部族長の中にチンギス・ハーンの男系子孫がいなかったので、自分たちはタイシ（太師）とかタイウ（太尉）とかチンサン（丞相）を名乗り、チンギス家の皇子を傀儡《かいらい》のハーンに立てた。ちょうど明の永楽帝の五度にわたるモンゴル遠征の間、オイラトが立てた傀儡のハーンはめまぐるしく交代し、モンゴル側にも独自のハーンが立ってオイラトと争った。最後に、オイラトのトゴン太師がフビライ家の重臣を破って一四三〇年代にモンゴル高原の実権を握り、トクトア・ブハ王をハーンに推戴した。

モンゴル年代記ではタイスン・ハーンと呼ばれるトクトア・ブハ王は、一時明に帰順して甘粛辺外のエジネにいたのだが、トゴンに呼び戻されたのだ。かれが一四四二年に朝鮮の世宗《セジョン》王に送った手紙では、フビライ・ハーンのことを「祖先なるセチェン・ハーン」と呼んでいる。オイラト諸部だけでなく、元朝の後裔の遊牧民も支配するようになったトゴンは、結局フビライ家の人をハーンに担いだのだと思われる。

一四三九年に死んだトゴン太師のあとを継いだ息子のエセン太師は、東方では大興安嶺山脈を越えて女直人たちを服従させ、西方ではチャガタイの子孫のモグリスタン・ハーン家を制圧し、ジョチの子孫のアブルハイル・ハーンを撃破した。トゴンとエセン父子がモンゴル高原の覇権を握ったこの時代を、オイラト帝国と呼ぶこともある。

一四四九年、エセン太師は、タイスン・ハーンのモンゴル軍と協同して、四手に分かれていっせいに明領に侵攻した。明の正統帝《せいとう》と宦官の王振《おうしん》は、五〇万の軍とともに北京を出発したが、宣府《せんぷ》の東方の土木堡《どぼくほ》で二万のオイラト軍に包囲され、正統帝は捕虜となり、皇帝軍は数十万の死者を出して全滅した。明ではこの事件を「土木の変」という。

エセン太師は正統帝の身柄を、有利な条件と引き替えに明に送還するつもりだったが、北京の方では弟の景泰帝《けいたい》を新しい皇帝に立てて、正統帝の帰国を歓迎しなかった。エセン太師は同年秋再び明領に侵入し、正統帝を連れて五日間北京を包囲したが、効果がなかったので、結局翌一四五〇年に無条件で正統帝を送還した。

さて、モンゴルのタイスン・ハーンは、名目上はエセン太師の主君だったが、エセンの姉の産んだ皇子を皇太子に立てることを拒否したために、一四五二年エセンと戦って殺された。このあと、エセン太師はチンギス家の皇族を皆殺しにしたという。年代記によると、わずかにオイラト人を母とする者だけが助かったらしい。このとき文書や系譜も多く失われたことはまちがいない。なぜなら、モンゴル各部に現存する系譜は、いずれも、エセンの同時代人が実際上の始祖になっているからだ。

一四五三年、ついにエセンは自らハーンの位にのぼり、「大元天聖大ハーン《だいげんてんせい》」という称号を採用した。しかし、その翌五四年、部下のアラク知院《ちいん》という大臣が反乱を起こし、エセンは逃走の途中で殺されて、オイラト帝国は瓦解してしまった。

四オイラト部族連合

一三八八年に歴史の表舞台に再登場してからあとのオイラトは、一七五七年に清朝に滅ぼされた「最後の遊牧帝国」ジューンガル（第九章参照）まで、つねに遊牧部族連合だった。エセンの死後帝国が瓦解したといっても、オイラト諸部が消滅したわけではなく、十六世紀まで、漠北のモンゴル高原の大部分はかれらの住地だった。再統一した新しいモンゴルがオイラト征伐に乗り出した十六世紀後半からあと、オイラトは故地のハンガイ山脈以西に後退したけれども、かえって西方に発展し、十七世紀には、オイラト諸部はアルタイ山脈から天山山脈の間のジュンガル盆地やイリ渓谷を本拠地として、西はヴォルガ河畔から東はチベットに至る大勢力となった。

モンゴル帝国以後、オイラトに関する史料が再びあらわれるのも、モンゴルと同様十七世紀からである。シベリアに進出してきたロシア人の残した外交文書、モンゴル年代記、清朝史料にオイラトのさまざまな部族名が登場するほか、「オイラト年代記」と呼ばれる文献が十八世紀以降に書き留められた。ヴォルガ河畔のトルグート部のガワンシャラブが一七三七年に著した『四オイラト史』と、同じくヴォルガ河畔のホシュート部のバートル・ウバシ・トゥメンが一八一九年に著した『四オイラト史』の二つが、もっとも古くかつ史料的価値が高い。

十七世紀のオイラトはすでに八部族連合だったことが知られるが、年代記の題名でもわかるように、四オイラトを自称していた。つまり、部族連合のはじまりとなった、十四世紀の反フビライ家連合の記憶を持ち続けていたのだ。ここで、十三世紀の遊牧諸部族と、十七、十八世紀のオイラト諸部族の関係を整理しておこう。

① 旧オイラト王家の後裔が、のちのホイト部とバートト部の首領になった。
② バイカル湖の東西にいたバルグト部族から、のちのバルグ部とブリヤート部が出た。
③ ナイマン部族の後裔が、のちにドルベト部とジューンガル部に分かれた。
④ ケレイト部族の後裔が、のちにトルグート部と呼ばれるようになった。

この四部族に加えて、トゴンとエセンのオイラト帝国時代に傘下に入り、そのままオイラトにとどまったモンゴル出身の遊牧集団が、ホシュート部となった。すべての史料が一致して、ホシュート部の首領の家系は、チンギス・ハーンの同母弟ジョチ・ハサルにさかのぼるという。しかし、これは疑わしい。チンギス・ハーンの弟ハサルは、第五章で述べたように（89頁）、モンゴル高原東北方、アルグン河からホロン・ノールおよびハイラル河にいたる地方を遊牧領地として割りあてられた。ハサルの子孫は王《オン》と呼ばれ、その直系は代々ホルチン部の領主となった。チンギス・ハーンの子孫と弟たちの子孫の姓は、ボルジギン〔複数ボルジギト、今の内モンゴルではこれを省略して包という姓になっている〕という。

この本家のホルチン部の系譜には、分かれてホシュート部の始祖となったという人物の名はないし、もしチンギス・ハーンの一族なら、ボルジギン姓でなくてはならないのに、ホシュート部の首領の姓はオジエト氏である。ただオジェトは確かにモンゴルの一部族だから、ホシュート部がモンゴル起源であることはまちがいない。

このオイラト部族連合は、十四世紀半ばから、チャガタイやジョチの後裔の中央アジアの遊牧民からカルマクと呼ばれた。語源はトルコ語の動詞カルマク（留まる、残る）であるといわれる。中央アジアの遊牧民を通じてオイラトのことを知ったロシア人も、かれらをカルムィクと呼んだ。私は最初、今のウズベキスタンやカザフスタンに遠征し、そこで暮らすことになったモンゴル高原の遊牧諸部族の出身者が、故地に残ったオイラト部族連合の遊牧民を「留まった者たち」という意味でカルマクと呼んだのではないかと思ったが、「イスラム教徒にならなかった者たち」という意味でこう呼ばれたという説もある。

ダヤン・ハーンのモンゴル再統一

さて、エセン・ハーンが殺されたあと、オイラト諸部はもともとの住地である漠北のモンゴル高原中部から西北方に後退し、モンゴルに対する影響力を失った。しかしモンゴル諸部もまだ統一がなく、タイスン・ハーン（トクトア・ブハ）の息子が、チンギス・ハーンの異母弟ベルグテイの子孫モーリハイ王に殺されたあと、九年間空位時代が続いた。一四七五年に、西方のモグリスタンから来たベグ・アルスランが、タイスン・ハーンの異母弟マンドールンをハーンに立てて、自分は太師になった。その四年後、ベグ・アルスランはやはりモグリスタンから来たイスマイルに殺され、マンドールン・ハーンも死んだ。

マンドールン・ハーンの妃のうち年少のマンドフイ・ハトンは、チンギス・ハーンの弟の子孫に求婚されたのをことわって、当時モンゴル高原で生き残ったチンギス・ハーンの唯一の男系子孫だった幼いバト・モンケと再婚した。モンゴル年代記は十二支だけで叙述するので年代決定が難しいが、このときバト・モンケは十六歳、マンドフイ・ハトンは四十二歳だったようだ。年代記によっては、バト・モンケをさらに幼なく描くものもある。

バト・モンケの父バヤン・モンケ・ボルフ晋王《ジノン》の母は、オイラトのエセンの娘だった。かつてエセンがチンギス家の皇族を皆殺しにしたとき、タイスン・ハーンの弟アクバルジ晋王も暗殺され、エセンの娘と結婚していたその息子ハルグチュク太子《タイシ》は、中央アジアに逃げてそこで殺された。ハルグチュク太子の子がバヤン・モンケ・ボルフ晋王である。

一四八七年、父のボルフ晋王ハーンの死後、バト・モンケはハーン位に登り、ダヤン・ハーンという称号を採用した。ダヤンはいうまでもなく「大元《ダイオン》」の

系図4　モンゴル中興の祖ダヤン・ハーン

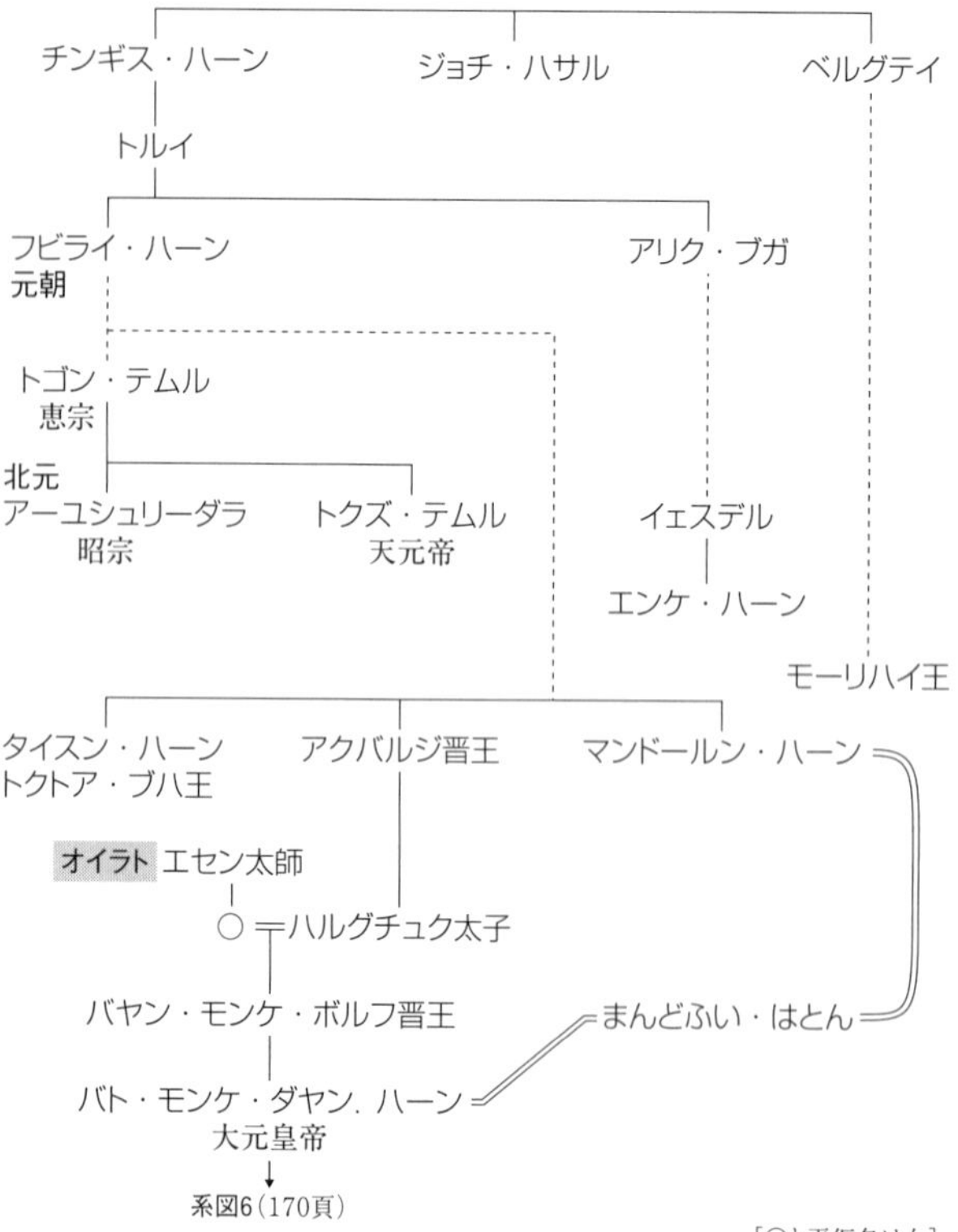

［○と平仮名は女］

音訳である。ダヤン・ハーンこそが今日のモンゴル民族の中興の祖である。かれの三八年の治世の間に、元朝の遺臣のモンゴル諸部は再び統一された。

　ダヤン・ハーンには、マンドフイ・ハトンから生まれた七人の息子と、他の妻から生まれた四人の息子があった。ダヤン・ハーンのモンゴル再統一とは、フビライ家に関係の深かったモンゴル高原の遊牧部族長たちが、ダヤン・ハーンの息子を婿として迎え、自分たちの首長に戴いた、というのが真相である。ダヤン・ハーンの一一人の息子のうち二人は息子がなく、子孫が断絶したが、残りの九人の息子から生まれた子孫が、このあと代々モンゴル諸部族の首長となって、再びチンギス・ハーンの子孫がモンゴル高原を満たした。新しいモンゴル民族は、こうして誕生したのである。

ダヤン・ハーン麾下《きか》の新しいモンゴル

新しいモンゴルは、トゥメン（万人隊）と呼ばれる六つの大部族に再編成され、三トゥメンずつ、ゴビ砂漠の東北の「左翼」とゴビ砂漠の西南の「右翼」に分かれ

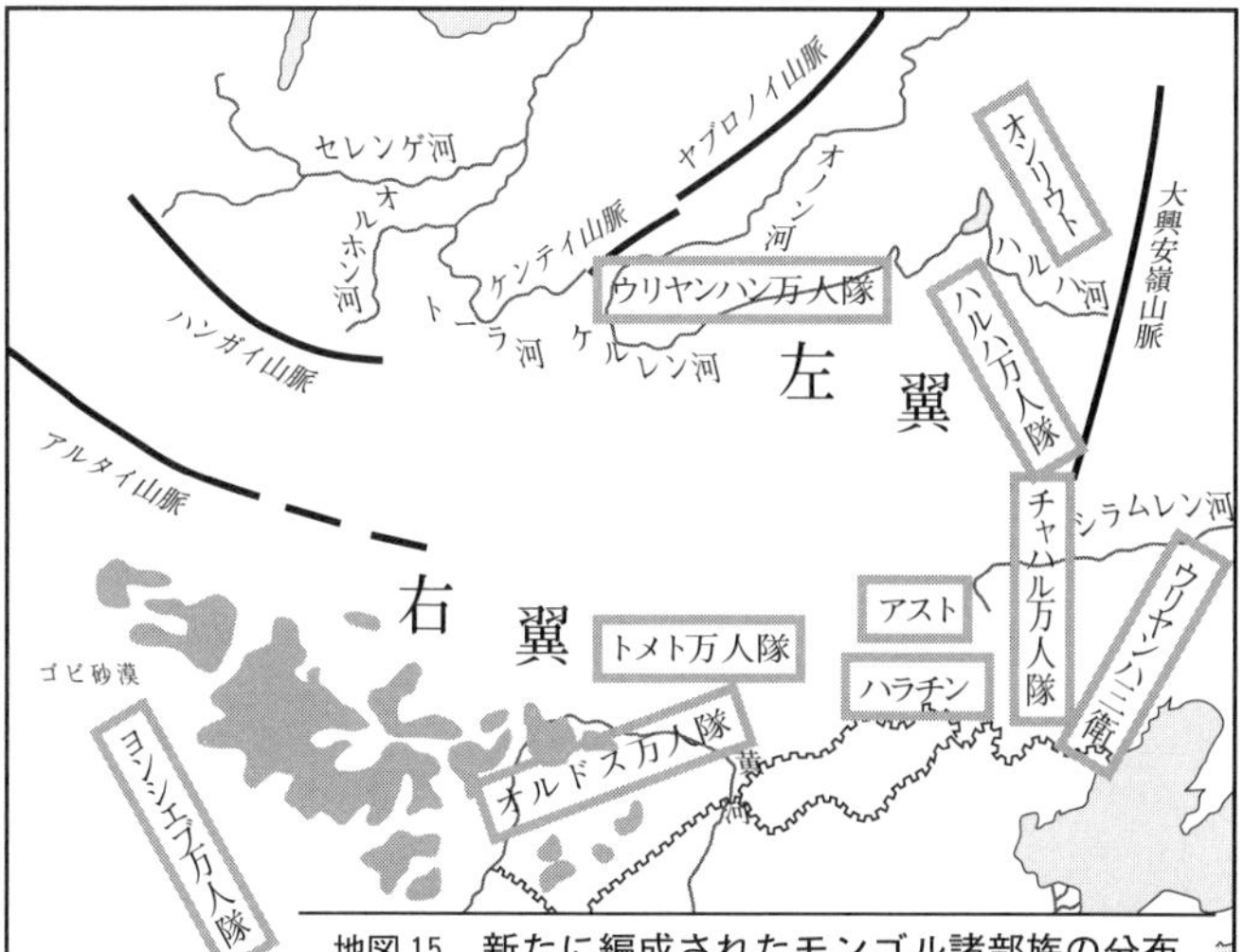

地図15　新たに編成されたモンゴル諸部族の分布

た。トゥメンは、もともと一万人の兵力を供出できる集団の意味であったが、このころには、部族を統合した単位として使用されている。各トゥメンは、いくつものオトクから構成されていた。オトクはこの時代にはじめて登場する遊牧集団の単位で、明の史料では「営」と訳される。オトクの名称には、モンゴル帝国時代の部族名、氏族名を伝えるものが多い。ミンガン（千人隊）といういい方は、消滅している。

左翼を構成するトゥメンは、チャハル、ハルハ、ウリヤンハンの三つで、筆頭のチャハル・トゥメンは、十三世紀にフビライが兄モンケ・ハーンから与えられた京兆（西安）の所領の後身であった。チャハル部は、フビライの母ソルカクタニ・ベキの霊に奉仕し、ダヤン・ハーンの直轄領になった。もともと陝西の北方にいたはずだが、十五世紀には東方に移って、大興安嶺山脈の西側、今の内モンゴルのウジュムチン旗のあたりに遊牧していた。

第二のハルハ・トゥメンは、元の左翼五投下の、ジャライル国王の所管の後身である。その名はハルハ河に由来し、チャハルの北隣にいた。ダヤン・ハーンの二人の息子アルジュボラトとゲレセンジェがハルハ・トゥメンの首長となったが、アルジュボラトの所部はその子フルハチの五子にちなんで五オトク・ハルハと呼ばれ、ゲレセンジェの所部はその七子にちなんで七旗ハルハと呼ばれた。モンゴル年代記『アサラクチ・ネレト・テウケ』（弥勒《みろく》と名づける史）や『シラ・トージ』（黄色い演義）では、ゲレセンジェは「ジャライルの皇太子」と呼ばれる。

第三のウリヤンハン・トゥメンの牧地は、ケンテイ山中にあり、十三、十四世紀にチンギス・ハーンとその子孫のハーンの墓を守ったウリヤンハン千人隊の後身だった。モンゴル帝国時代のウリヤンハン人たちは、黄色の髪に青い眼であったという。

右翼は、オルドス、トメト、ヨンシエブの三つのトゥメンからなっていた。筆頭のオルドス・トゥメンは、チンギス・ハーンの四大オルドの後身で、その領主はジノン（晋王《ジンオン》）といい、第四章の最後に述べたように、チンギス・ハーンの霊を祀った八白宮に奉仕した。チンギス・ハーンのオルドは十三、十四世紀には漠北のケルレン河のほとりに遊牧していたが、十五世紀には南下して、黄河の屈曲部の今のオルドス地方に移った。

第二のトメト・トゥメンは、一名モンゴルジンともいい、チンギス・ハーン時代以前から、陰山山脈で遊牧していた、ネストリウス派キリスト教徒のオングト王国の後身である。

第三のヨンシエブ・トゥメンは、オゴデイ・ハーンが息子のゴデンに所領として与えたタングト（西夏）人の国の後身で、寧夏、甘粛の北境に沿って遊牧した。モンケ・ハーンの時代にフビライが京兆に封ぜられると、ゴデンの子ジビク・テムルはフビライに臣属した。ヨンシエブという名は、ジビク・テムルが武威に建てた永昌府《えいしょうふ》という町の名から来ている。

これら六トゥメンの他にも、フビライ家と関係の深かった次のような人びとが、新しいモンゴル民族の構成員となった。

オンリウト（オンニュート）は、「王のものたち」という意味で、大興安嶺山脈の北部に領地を与えられたチンギス・ハーンの弟たちの所領の後身である。清代には、ハサルの子孫が率いるホルチン部、ハチウンの子孫のオンニュート部、ベルグテイの子孫が率いるアバガ（叔父）とアバガナル（叔父たち）部が知られた。

ウリヤンハ三衛《えい》は、一三八七年、明の太祖がムハリ国王の子孫ナガチュ率いる二〇万の元軍を投降させたあと、この地の遊牧部族長三名に「衛指揮使《えいしきし》」という官職を授けて懐柔し、これを「三衛」と呼んだことに始まる。明がおいた三衛は、北から福餘衛《ふくよえい》、泰寧衛《たいねいえい》、朶顔衛《どやんえい》といったが、これらのモンゴル名はそれぞれオジエト、オンリウト、ウリヤンハンだった。明ではこれを「朶顔三衛」とか「ウリヤンハ（兀良哈）三衛」と呼んだが、モンゴル側ではこれらを「山前の六千オジエト」と呼んだ。

このほかに、前述したように（139頁）、モンケ・ハーンがヨーロッパ遠征から連れ帰り、フビライの親衛隊となったキプチャク軍団と、同じくカフカス系のアラン人軍団の後身がいた。アラン人はアスト（オセトの訛り）部と呼ばれ、キプチャク軍団はハラチン部と呼ばれた。

二十世紀に日本人が大陸に出て行ったとき、モンゴル諸部のなかで最初に関係を持ったハラチン部は、しかし実は朶顔衛である。本来のハラチン・ハーン家は、一六二八年宗主のチャハル部のリンダン・ハーンに滅ぼされ、ハラチンに封ぜられたダヤン・ハーン一族の外戚となっていた朶顔衛が、このあとハラチンの名で呼ばれるようになったのだ。

モンゴル左右翼の対立

このようなモンゴルの統一は、しかし、完全に平和におこなわれたわけではなかった。最初ダヤン・ハーンの次男ウルス・ボラトは、右翼のオルドス部族に婿入りして晋王になったが、右翼の実力者イブラヒム太師（オイラトのエセン太師の孫にあたる。エセン太師の息子アマサンジ太師はモグリスタンのヴァイス・ハーンの妹と結婚し、イブラヒムとイリヤスという二人の息子が生まれた。結婚のときの条件に従って、二人はイスラム教徒として育てられた）は、ハーンの勢力が自分の上に及ぶことを好まず、ウルス・ボラトを殺した。三男のバルス・ボラトも右翼のトメト部に婿入りして、長男と次男が生まれていたが、危険が迫ったので、幼い息子たちを連れて脱出し、左翼の父ダヤン・ハーンのもとに逃れた。ダヤン・ハーンは左翼の連合軍を率いて復讐戦に出陣し、一五一〇年、ダラン・テリグンの戦いで右翼の連合軍を破って、モンゴルの統一を確立したのである。

一五二四年にダヤン・ハーンは死んだ。帝位を継ぐべき長子のトロ・ボラトはその前年に死んでいたので、トロ・ボラトの長男のボディ・アラクが後継者に指定されていたが、まだ二十一歳の若さだった。そこで、ダヤン・ハーンの三男で四十一歳のバルス・ボラト晋王が、右翼三トゥメンを背景に即位し、サイン・アラク・ハーンと自称した。ボディ・アラクは左翼の勢力を結集して、叔父に迫って退位させ、ようやく自らハーン位についた（170頁の系図6参照）。

バルス・ボラト晋王は一五三一年に死んで、その長男のグンビリクがオルドス部族長の晋王となった。次男のアルタンはトメト部族長となった。

ダヤン・ハーンの死後、その母の里方であったウリヤンハン部族が反乱を起こしたので、一五三八年、モンゴルの左右翼は連合してウリヤンハンを討伐し、部族を解体して、その民を他の部族に分け与えた。左翼のハルハ部は、西隣のウリヤンハン部族が解体されたので、牧地を西方に広げて、ケンテイ山脈からハンガイ山脈にまで達した。このハルハ部が、現在のモンゴル国の国民の祖先である。

モンゴル右翼のグンビリク晋王とアルタンの兄弟は、毎年、オイラト、モグリスタン、青海の遊牧民を征伐し、また明朝の中国に侵入と掠奪を繰り返した。グンビリク晋王が一五四二年に死んだあと、本家である左翼チャハル部のボディ・アラク・ハーンは、アルタンを右翼の新しい指導者と認めて、トシェート・セチェン・ハーンという称号を授けた。トシェートは「補佐」の意味で、「補佐ハーン」という、モンゴルで二番目のハーンという意味であるが、これから単にアルタン・ハーンと呼ばれるようになる。

一五四七年、ボディ・アラク・ハーンが死ぬと、その長子ダライスンは、アルタン・ハーンの圧迫を避けて、自分のチャハル部族とハルハ部族の一部を率いて、大興安嶺山脈を越えて東方に移動し、遼河の上流域に遊牧地を移したのだ。

アルタン・ハーンの統治

こうして実力でモンゴル高原の実権を握ったトメト部族長のアルタン・ハーンは、三五年の治世の間に、その後のモンゴル民族の生活や文化の方向を決定づける大改革をいくつもおこなった。

その第一は、オイラトを圧倒し、現在モンゴル民族が住む地域のほとんど、すなわちモンゴル国の領土の大部分から青海地方までを回復したことである。

第二は、たびかさなる明への侵入ごとに多数の漢人を捕らえて連れ帰り、そのほか、明の逃亡兵、生活難の農民、白蓮教徒などがモンゴルの遊牧地に入植して、アルタンの庇護《ひご》を受けたことで、モンゴルの地でも、こののち穀物が生産されるようになった。今の中国内モンゴル自治区の政府所在地フフホト（青い城）は、これら亡命中国人たちが、アルタン・ハーンのために一五六五年に築いた中国式の城「大板升《だいばんしょう》」を起源とする。板升（バイシン）とは、帳幕（ゲル）ではない固定家屋のことであるが、実はこのことばの来源は「百姓《バイシン》」で、漢人農民を指すことばが、かれらの家屋をもこう呼ぶようになったのである。

第三は、元朝崩壊後、途絶えていたチベット仏教が、アルタン・ハーンの帰依によって、大々的にモンゴル民族に受容されたことである。

アルタン・ハーンは、孫が明に亡命した事件をきっかけとして、一五七一年、明の隆慶《りゅうけい》帝と講和を結んだ。明はアルタンに順義王《じゅんぎおう》の称号を与え、毎年国境沿いに定期市を開いて、モンゴル側は家畜や皮製品、乳製品を、明人は織物や日用雑貨をもって貿易をおこなうことと、モンゴルの領主たちに明が毎年決まった額の俸禄を支給することが決まった。フフホトには中国からの物資が集まり、こののちモンゴル各地から人が集まる交易の中心となって繁栄したが、アルタン・ハーン自身は城内に住まず、付近の草原のオルドで暮らしたのは、かつてのハーンたちと同様であった。明は一五七五年にこの町を「帰化城《きかじょう》」と名づけた。

だが、アルタン・ハーンは、中国文化が流入してモンゴルが独自性を失うことを警戒し、明と講和を結ぶと同時に、チベットとの関係を強化した。一五七一年、カム〔東チベット、今の四川省西半分〕から来たアセン・ラマの勧めで仏教に帰依したアルタン・ハーンは、ゲルク派の高僧でデプン寺の貫主《かんす》ソェナム・ギャツォを招くため、チベットに使者を遣わした。使者は一五七五年に出発し、途中青海（アムド）のチャブチャルに寺を建立してチベットに至ったが、この時はチベットの内紛のために招請できなかった。

一五七八年になって、アルタン・ハーンはソェナム・ギャツォと青海のチャブチャルで会見し、かれに「ダライ・ラマ」の称号を贈った。ダライはモンゴル語で大海を意味し、チベット語のギャツォの訳である。ソェナム・ギャツォは転生活仏《てんしょうかつぶつ》だったので、その前の二代にわたる前世から数えて、ダライ・ラマ三世と称した。

ダライ・ラマ三世がフフホトに至ったのは、一五八二年にアルタン・ハーンが七十五歳で死んだのち、一五八六年になってからだった。ダライ・ラマ三世は、それから漠南のモンゴル各地の領主たちに招かれて布教をおこない、明の皇帝からも招請されたが果たせないまま、一五八八年にモンゴルで没した。チベットではゲルク派の一部急進勢力は、ラサのガンデン大僧院の座主たちの反対をしりぞけて、アルタン・ハーンの孫スメル・タイジの子を、ダライ・ラマ三世の転生者に認定した。モンゴルに生まれたダライ・ラマ四世ユンテン・ギャツォは、一六〇三年十四歳の時、有髪のままチベットに至った。こうしてモンゴルとチベットとの関係は、ますます密接なものになっていった。

モンゴルとチベットの関係

ここで、チベット仏教の各宗派とモンゴル民族の関係について整理しておこう。

インドからチベットに仏教が伝わったのは八世紀で、漢文史料にいう吐蕃《とばん》王国の時代である。吐蕃時代には、インド系の戒律の厳しい仏教のみが正統とされたが、九世紀に吐蕃王国が分裂したあと、在家信者の間に性瑜伽《ゆが》（ヨーガ）を実習するタントラ仏教が広まった。やがて仏教教団の中にまで入りこんだタントラ仏教の思想をここでごく簡単に解説すると、性行為の恍惚が主観・客観の対立を超える仏の無二智を体験させる。充足されると無欲になり、本来存在しない外側の現象世界に由来する執着を克服することができる。それによって「仏性」が活性化される、という思想である。その後十世紀になると、仏教界の中から戒律復興の動きが起こり、チベット各地で新しい教団が結成された。

教団には多くの人びとが集まったので、商業の発達をうながして、地域の経済的中心になっていった。仏教教団の施主となった地方の豪族は、積極的に教団の経営にたずさわり、優秀な学僧を集めて設備も整えた。やがてかれらは、家系を保つための後継ぎ以外の男の子を教団に送り込み、教団が生む利権を独占するようになった。十七世紀にゲルク派がチベット仏教の代表になるまで、各宗派が長い間抗争を繰り返したのは、教義の違いからではなく、それぞれの施主である地方王権の対立を反映したものだった。十世紀に再興したチベット仏教の主流は、戒律の伝統を保ち、顕教《けんきょう》の学習を主として、タントラ仏教の実践に制限を設けるものだった。これに対して、吐蕃王国で禁教だった中国仏教（摩訶衍《まかえん》の禅）とタントラ仏教の流れを受け、呪殺のような邪法を実践する宗派をニンマ派（古派）と称した。

正統派仏教の中から、十一世紀にカダム派が生まれた。同じころ、タントラ仏教の実践に熱心なマルパによってカギュ派が創設されたが、この派も教義的にはカダム派の一支派だった。カギュ派の中から、十二世紀にラサの西北のツルプの僧院を中心としたカルマ派が生まれた。十一世紀には、ツァン（中央チベット）のサキャにその地の豪族が建てた寺を中心として、サキャ派も誕生した。

さて、チベットとモンゴルの関係は、モンゴル帝国第二代のオゴデイ・ハーンの時代にさかのぼる。一二三九年オゴデイの次男ゴデンはチベット攻撃に向かい、カム地方から攻めて中央チベットに入り、名刹《めいさつ》ギェルラカンを炎上させるなど猛威をふるった。名僧の聞こえ高かったサキャ派のクンガ・ギェンツェン（サキャ・パンディタ）が、モンゴルと交渉するためのチベット側代表として甘粛の涼州《りょうしゅう》に赴いたが、これに同行したかれの甥のパクパ（一二三五－八〇）は、フビライに招かれてその信用を得るにいたった。

元朝の創始者フビライ・ハーンは、パクパに国師《こくし》の称号を授け、「蒙古新字」を製作させた。これが有名なパクパ文字で、チベット文字を縦書きにし、母音を独立させて子音の下に書く。チンギス・ハーンの時代に借用したウイグル文字に比べて、パクパ文字は文字数が多く、すべての子音・母音を書き分けることができる。フビライは詔勅を発布して、あらゆる文書はこのパクパ文字で書き、これにそれぞれの地方の国字を添えることを命じた。

しかし、元朝が漢地を失ってモンゴル高原に撤退すると、このパクパ文字は使用されなくなり、モンゴル語を書写するのにそれ以前から使用されていたウイグル文字が残った。同様に、元朝の宮廷におおいに広まったチベット仏教も途絶えてしまった。これは、フビライ家の元朝と新しいモンゴル民族の間に、オイラト帝国の支配という断絶の時代があったからだろう。

十六世紀後半モンゴルとチベットとの関係が復活したとき、チベット側には元朝時代の記憶が強く残っていた。その中で、モンゴルとの関係をもっともたくみに利用したのは、ゲルク（黄帽）派だった。

ゲルク派は、青海《アムド》のツォンカに生まれたツォンカパが、十五世紀初めに起こした宗派である。ツォンカパは、サキャ派をはじめとする各派を遍歴したのち、ラサにガンデン大僧院を建立した。ツォンカパとその弟子たちは、顕教の学習に力を注ぎ、その課程を終えて選ばれたものにのみ密教の実習を許した。この教団は規律がよく守られたために世評が高く、非常な勢いで宗徒の数をふやした。ゲルク

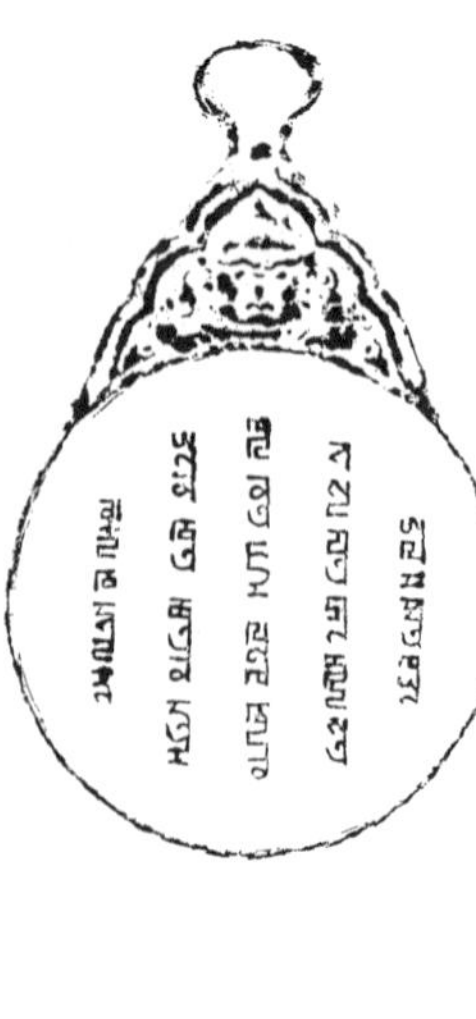

右　パクパ文字が刻まれた元朝の牌子《パイザ》
（通行手形）p. 100 参照

上　ウイグル文字モンゴル語で書かれた『蒙古源流』　マンドフイ・ハトンがダヤン・ハーンの息子たちを次々と産む部分

派はカダム派を合併統合する傾向にあったので、新カダム派とも呼ばれた。

中央チベット北部に拠点をおいていたカルマ派は、教義的にはカダム派に属したカギュ派の支派だったので、ゲルク派がカダム派を吸収するのを、自派に対する勢力の侵害と考えた。カルマ派には、黒帽《こくぼう》派と紅帽《こうぼう》派と呼ばれる二派があったが、中でも紅帽派は、十四世紀中ごろに転生活仏制度を生みだし、施主《せしゅ》の地方王権と結んで、武力を使ってゲルク派に圧力を加えた。

危機意識を持ったゲルク派の施主たちは、かれらの敵対者カルマ派にならって転生活仏を選び出し、宗派の統合をはかることにした。ゲルク派の長であるガンデン大僧院の座主は、高徳の学僧が七年ごとに交代する地位であるから、統合の象徴にはならなかったのである。

こうして一五四三年、ゲルク派最初の転生活仏ソェナム・ギャツォが、高僧ゲンドゥン・ギャツォの化身として誕生した。かれは十歳でデプン寺の貫主となり、十六歳でセラ寺の貫主も兼ねた。そして、のちにモンゴルのアルタン・ハーンから招かれてダライ・ラマの称号を授かった。これが前述のダライ・ラマ三世である。

ゲルク派は、アルタン・ハーンとダライ・ラマ三世の関係を、フビライ・ハーンとパクパの関係の再現とみなした。これは、施主と帰依処《きえしょ》の関係であるが、チベット仏教の考えでは、聖俗の二統（教権と政権）は補い合う対等の関係である。モンゴル語ではこれを、「宗教《シャシン》と政治《トロ》の二つの理《ホヤル・ヨス》」という。ダライ・ラマ三世以後、教権を代表するダライ・ラマが、施主であるモンゴルのハーンとその一族に称号を授与する慣例が生まれたのだった。

第八章　ロシアと清朝の台頭

十七世紀になると、それまで遊牧騎馬民の独壇場だった中央ユーラシア草原は、大きく変化しはじめる。この世紀に、かつてのモンゴル帝国の東端と西端に誕生した満洲族の清朝とロマノフ朝ロシアは、それまでの遊牧王権とは異なる新しいタイプの国家だった。どちらもモンゴル帝国の継承国家ではあるが、遊牧騎馬民の王権とは違って、領土の観念を持ち、合議制ではなく君主一人に権力を集中させるなど、より近代的な国家の条件をそなえていた。清帝国と帝政ロシアは、それぞれ東と西から遊牧民の生活空間に侵入し、十九世紀後半には、中央ユーラシアは、これら二大帝国の支配下に完全に分割された。

ロシアおよび清朝とモンゴルとの関係は、現在に直接つながる近代史の出発点である。本章では、まずロシアとモンゴルの関係を十三世紀から概観し、次いで清朝建国とモンゴルとの関係、さらにロシアと清朝が国境を接するようになった時代、その狭間で生存をはかるモンゴルという順番で叙述しよう。

モンゴルのロシア支配

ロシア史は、十八世紀末以来、カラムジンのような愛国主義的なロシア国民学派の歴史家によって、すっかり書き換えられてしまった。いまふつうに語られるロシア史では、モンゴルをはじめとする遊牧民がロシアに与えた影響を、極力過小評価する。しかし実際は、モンゴルの支配下で、ロシアは国家に発展したのである。

ロシアの起源となったルーシとは、もともとスカンディナヴィアのノルマン人を指すことばで、九世紀にルーシのリューリク三兄弟がやってきて、ノヴゴロドやキエフの町を支配したのが、ロシアの起こりである。人口ではロシアの大部分を占める東スラヴ人は、森林を切り開いて農耕をおこなう民であった。ノルマン人がロシアの支配者になったのは、バルト海からドニエプル河を経て黒海へ、あるいはヴォルガ河を経てカスピ海に出る交易路を、かれらがおさえたからである。ロシアの各都市は、ビザンツ商人やイスラム商人と毛皮や奴隷を交易する拠点として発展した。

モンゴル軍が侵入したとき、ロシアはリューリク家の貴族（公侯《クニャージ》）たちが抗争をくりかえし、その支配下にある都市も対立関係にあって、統一がなかった。ロシアの各公侯と各都市と、そしてロシア正教会は、モンゴル人の支配を完全に受け入れた。これ以後の数百年間のモンゴルによる支配を、「タタールのくびき」と呼んで、「アジアの野蛮人による圧制のもとで、人びとは苦しんだ」と喧伝《けんでん》したのは、ロマノフ朝ロシア時代の十九世紀になってからである。前述のように、ロシア語のタタル（複数形タタール）は最初モンゴルと同義語だったのが、やがて、ロシアを支配したチンギス・ハーンの長子ジョチ家の子孫だけを、タタールと呼ぶようになる。

「黄金のオルド」のハーンは、ロシア史上はじめて戸口調査をおこなった。ダルガ［トルコ語でバスカクともいう］と呼ばれるハーンの代官が各地に駐在し、貢税を徴収し、駅伝や駐屯部隊を監督した。ロシアは、これによってはじめて、ひとつのまとまりを持つ地域となった。リューリク家の諸公は、チンギス家の皇女たちと競って婚姻を結び、ハーンの娘婿としての特権を享受した。公侯たちの間で争いが起こったとき、またロシアの各地域間で紛争が起こったときは、当事者はたくさんの貢物を携えてハーンのオルドに出向き、その裁定を仰いだのである。

モスクワは、一二三七年にモンゴル軍が侵入したときには、小さな砦だったらしく、同時代史料には名前すら登場しない。ところが、「黄金のオルド」のもとで徴税を請け負って発展し、一三二八年には、モスクワ公イヴァン一世が、オズベク・ハーンから大公の位を授けられた。一三九九年には、モスクワは、一七のトゥム(トゥメン=万人隊)を持つ大公国になっていた。バルト海沿岸で大国に成長しつつあったリトアニアに対抗させるために、黄金のオルドがモスクワを優遇したのも、その発展に役立った。

「黄金のオルド」を継承したロシア

一方、黄金のオルドの支配層では、十四世紀後半になって、ハーン位継承争いが起こった。チンギス・ハーンの男系子孫ではないママイが黄金のオルドの実権をにぎり、自らハーンと称した。ところが、ジョチ家の左翼に属した、ジョチの息子トカ・ティムルの子孫といわれるトクタミシュが、東方からママイを攻め、一三八一年にカルカ河でママイを撃破して、黄金のオルドのハーンになった。

ロシア人がはじめて「タタールのくびき」をはねかえしたとされる、ロシア史では有名なクリコヴォの戦いは、この前年一三八〇年に、モスクワ大公ドミトリー・ドンスコイが、ママイに対して大勝利をおさ

系図５　ジョチ家の子孫

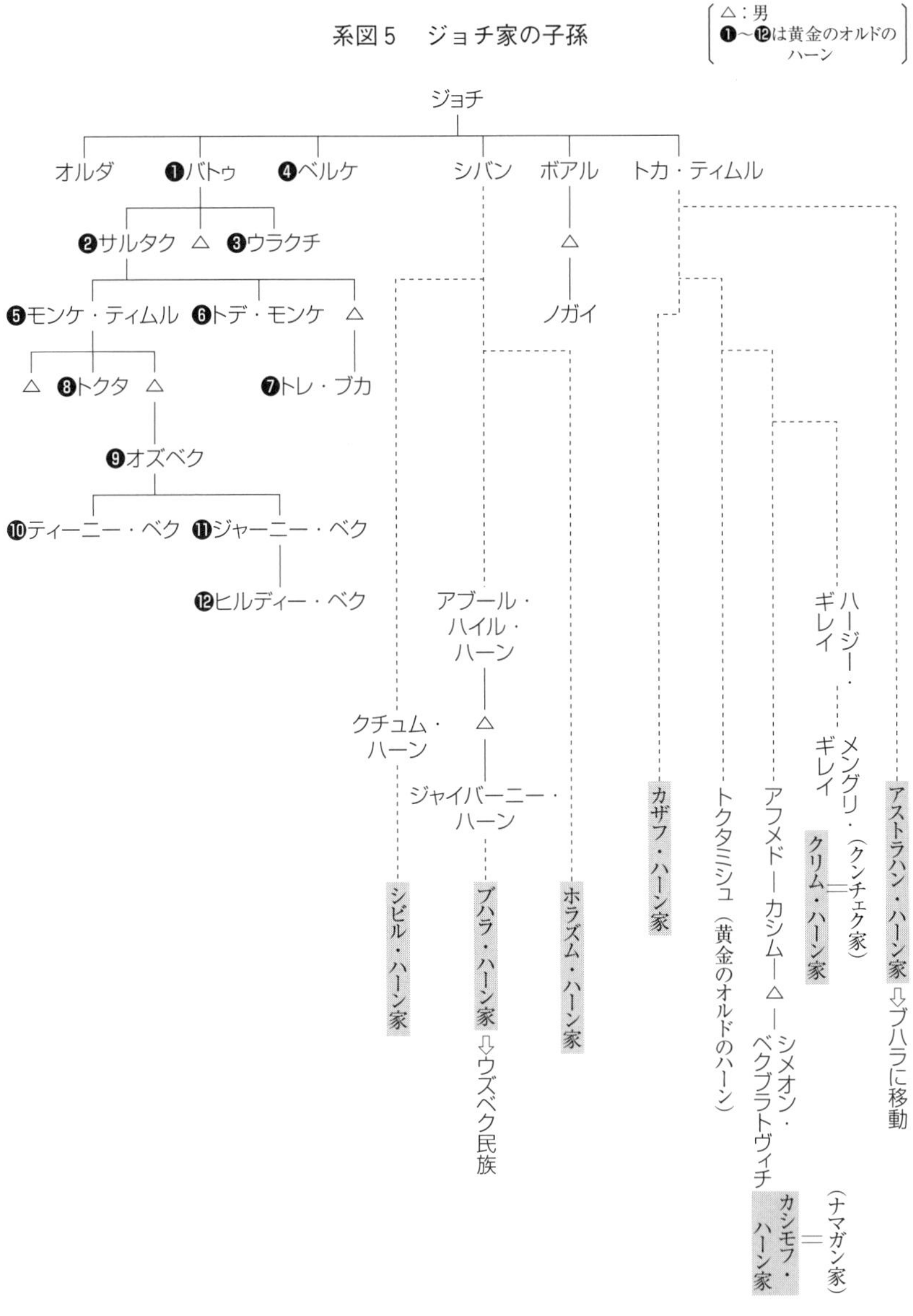
△：男
❶〜⓬は黄金のオルドのハーン
ジョチ
オルダ
❶バトゥ
❹ベルケ
シバン
ボアル
トカ・ティムル
❷サルタク
△
❸ウラクチ
△
ノガイ
❺モンケ・ティムル
❻トデ・モンケ
△
△
❽トクタ
△
❼トレ・ブカ
❾オズベク
❿ティーニー・ベク
⓫ジャーニー・ベク
⓬ヒルディー・ベク
アブール・ハイル・ハーン
△
ジャイバーニー・ハーン
クチュム・ハーン
シビル・ハーン家
ブハラ・ハーン家
⇩ウズベク民族
ホラズム・ハーン家
カザフ・ハーン家
トクタミシュ（黄金のオルドのハーン）
アフメド—カシム—△—シメオン・ベクブラトヴィチ
カシモフ・ハーン家＝（ナマガン家）
ハージー・ギレイ
メングリ・ギレイ
クリム・ハーン家＝（クンチェク家）
アストラハン・ハーン家
⇩ブハラに移動

めたというものである。しかし、この戦いの直後の一三八二年に、トクタミシュはモスクワを占領し、ドミトリー公はモスクワから逃げた。クリコヴォの戦いは、ロシア正教の大司教の書いた年代記にあるだけで、同時代の各国間に取り交わされた外交文書には何の言及もないという。

トクタミシュは最初、第六章で述べたチャガタイ・ハーン国の継承者ティムールの支援を受けていたが、やがてかれと衝突し、ティムールは、リャザン、アストラハン、サライ、ブルガル、クリミア半島を荒廃させた。黄金のオルドの最盛期は、こうして過ぎ去った。

十五世紀に入ると、黄金のオルドでは、大オルドのほか、クリム〔クリミア半島とウクライナ草原を含む〕やカザンやアストラハンをそれぞれ根拠地とするジョチの後裔たちの宗主権争いが、絶え間なく起こった。その間も、ジョチの後裔たちはモスクワやポーランド＝リトアニアを攻めたので、モスクワ大公たちは、そのたびに、敵の敵である別のオルド〔ジョチの子孫を君主に戴く遊牧騎馬民集団〕と同盟を結んだ。

ロシア史の定説では、黄金のオルドは、一五〇二年、いわゆる「クリム・タタル」のメングリ・ギレイによって滅ぼされたことになっている。史実は、大オルドのハーン位がナマガン家〔ヴォルガの向こう側の人びとともいう〕から、クンチェク家〔一名トクタミシュ家〕に移ったということだった。黄金のオルドで一三八〇年以来続いた内紛が終息し、クリムと合体した大オルドは、この後、一七八三年にロシアのイェカテリナ二世に滅ぼされるまで、クンチェク家によって支配された。

ロシア諸公や諸都市のなかで、黄金のオルドの宗主権争いをもっとも巧みに利用したのが、モスクワ大公だった。一五〇二年、黄金のオルドのハーン位をクリムに奪われた、いわゆる「大オルド最後のハーン」の一族は、モスクワの東南のカシモフに領地を与えられて、イヴァン三世の保護を受けた。このカシモフ・ハーン家とその部下の遊牧騎馬民は、後世までモスクワ大公に騎馬軍団を供給しつづけた。

イヴァン三世の孫のイヴァン四世（雷帝）は、一五五二年、ヴォルガ中流域のカザン・ハーン家の内紛につけこんで、カザンに入城した。続いて一五五六年、ヴォルガ河下流域の「アストラハン・ハーン国」を滅ぼしたことになっている。しかし実際には、モスクワは、交易の拠点としてのアストラハンの町を獲得しただけで、ハーン家はブハラに移動して生き延びた。一方、クリムに移った「黄金のオルド」は、一五七一年、モスクワを攻略して貢税を課した。これ以後モスクワは、十七世紀末のピョートル大帝の時代まで、クリム・ハーンに貢税を納め続けなければならなかった。

一五七五年、イヴァン四世はモスクワにシメオン・ベクブラトヴィチなる人物を迎えてツァーリの位につけ、自分はこれに臣事して、翌年あらためて譲位を受けてツァーリとなった。このシメオン・ベクブラトヴィチは、黄金のオルドのハーン位をクリムに奪われ、カシモフに移り住んでモスクワ大公の保護を受けた「最後の大ハーン」アフメドの曾孫だった。

この手続きによって、モスクワ大公は黄金のオルドの継承者の一人となり、ジョチの後裔たちを支配する権利を得た。イヴァン四世自身、父方ではドミトリー・ドンスコイの嫡孫であるが、母方ではその敵手ママイの血を引いていた。モスクワのツァーリは、ラテン語で「白い皇帝」と自称し、東方のモンゴル族から「白いハーン」（チャガン・ハーン）と呼ばれた。ロシア帝国も、その出発点は、モンゴル帝国の継承国家だったのである。

ロシアのシベリア進出

イヴァン四世の死後、まもなくリューリク家の血統は断絶して、タタル（モンゴル）人と称する（実際は違ったらしいが）貴族ボリス・ゴドゥノフがツァーリとなった。ボリス・ゴドゥノフが一六〇五年に死んだ後、一六一三年になってミハイル・ロマノフがツァーリに選ばれ、ロマノフ朝ロシアが誕生した。ミハイル・ロマノフの孫のピョートル一世の時代になってようやく、現在につながるロシア帝国の基盤が創られた。

ロシアは、イヴァン四世の時代からシベリアに進出をはじめた。その先兵となったのは、コサック〔ロシア語ではカザーク〕と呼ばれる人びとだった。コサックは、ロシア史の定説ではウクライナの逃亡農奴といわれているが、かれらは、アタマン〔トルコ語で百人隊長〕と呼ぶ首領を選出し、自立的軍事共同体（ソートニャ）を形成して、広野で人馬一体の生活をしたという。コサックということばの語源は、今のカザフ民族のカザフと同じで、トルコ語で「自分の部族から分離し

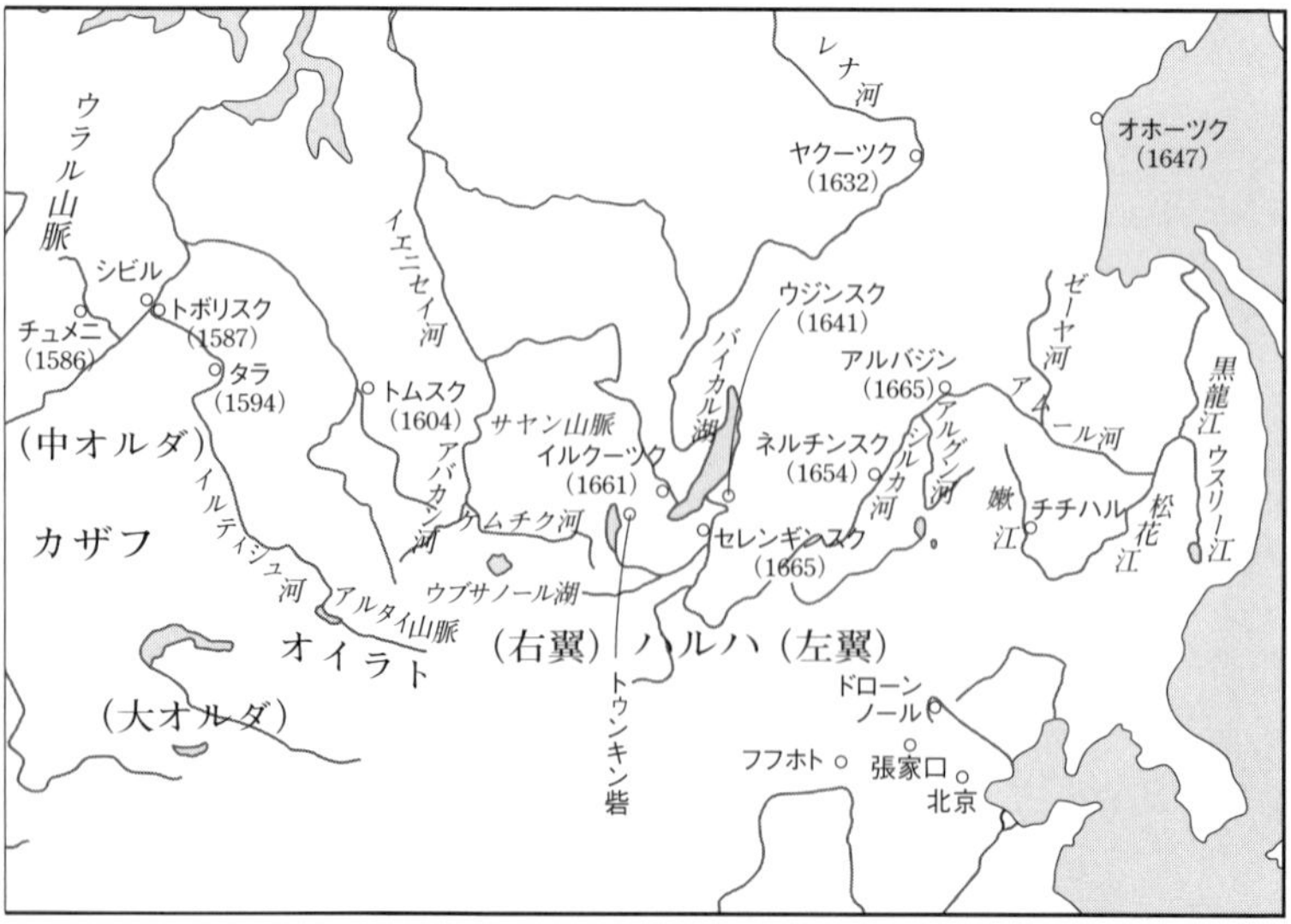

て自由行動を取った人びと、冒険者の生活を営むにいたった者」である。おそらく、黄金のオルドが分裂したあと、ジョチ家の支配から離れてロシア正教徒になった遊牧民集団が、コサックの起源だろう。ロシア史に登場するドン河やヤイク河のコサック集団を、モンゴル語史料では、その後も長くタタル遊牧民の名で呼んでいた。

ロシアのシベリア支配は、ドン・コサックのイェルマクがウラル山脈を東に越え、今のトボリスクから一六キロ離れたトボル河畔の町イスケル（別名シビル）を占領した一五八一年にはじまるといわれる。シベリアの語源となったシビルは、そのさらに溯った語源は「鮮卑《せんぴ》」だともいわれるが、当時ウラル山脈の東方を指す地名として使われており、この地の支配者はジョチの後裔のクチュム・ハーンだった。イェルマク自身は、クチュム・ハーンの反撃を受けて一五八四年にイルティシュ河畔で戦死したが、この後もコサック集団によって、ロシアのシベリア開拓は急速に進んだ。

ただし、コサックたちは、最初は、モンゴル帝国の後裔の遊牧騎馬民と正面衝突しないように、かれらの本拠地の草原からはるか北方の河川沿いに、東方へと進んだ。一五八六年にトゥーラ河畔にチュメニの町が建設され、一五八七年には、トボル河がイルティシュ河に合流する河口にトボリスク要塞が建てられて、行政の中心となった。一五九四年には、イルティシュ河畔にタラの要塞を建て、一六〇四年には、オ

地図16　ロシアのシベリア進出

ビ河上流にトムスク市を建てた。シベリアに建てられたロシアの町は、いずれも砦（オストログ）から発展したものだった。

ロシアとモンゴルの新たな接触

トムスクに砦が建設された一六〇四年、アルタン・ハーン［ロシア史料ではアルティン・ツァーリ］というモンゴル王の名がはじめてロシアに知られた。このアルタン・ハーン（黄金王）は、モンゴル史料ではウバシ・ホンタイジといい、前章で述べた、フフホトを中心としてモンゴル高原の実権を握ったトメト部族長のアルタン・ハーンとは別人である。

前章で述べたように、モンゴル民族中興の祖ダヤン・ハーンは、自分のもとに集まったモンゴル遊牧民を、左右翼三トゥメン（万人隊）ずつに再編成した。左翼トゥメンは、チャハル、ハルハ、ウリヤンハンの三つだったが、ダヤン・ハーンの死後、その母の里方のウリヤンハン部族が反乱を起こしたので、一五三八年、残りのモンゴル左右翼は連合してウリヤンハンを討伐し、部族を解体してしまった。左翼のハルハ部族は、西隣のウリヤンハン部族の一部を吸収して、牧地をハルハ河から西方に広げ、いまのモンゴル国中央部ケンテイ山脈からハンガイ山脈にまで達した。

もともとハルハ部族には、ダヤン・ハーンの第五子アルジュボラトと、末子ゲレセンジェの二人の息子が婿入りしていた。モンゴル宗家の左翼チャハル部長ダライスンと、右翼トメト部長アルタン・ハーンの争いの際、ハルハ部は二つに分かれて、それぞれについた。第五子アルジュボラト配下のハルハは、左翼のダライスンに率いられて大興安嶺山脈の東に移住し、アルジュボラトの子フルハチの五人の息子がこれを相続したので、のちに五部《オトク》ハルハあるいは内ハルハと呼ばれる。

一方、ダヤン・ハーンの末子ゲレセンジェが率いるハルハは、右翼のアルタン・ハーンに味方したおかげで、今のモンゴル国中央部にまで領地を広げ、アルタン・ハーンのオイラト討伐を引き継いで、さらに西方に発展した。ゲレセンジェの七人の息子がこのハルハを相続したので、ゴビ砂漠の北のハルハ部、二十世紀のいわゆる「外モンゴル」は、五部ハルハに対して七旗《ホシューン》ハルハと呼ばれた。しかし、ゲレセンジェの第五子ダライには子孫がなく、七旗ハルハは最初から十三部《オトク》で構成されていたので、七つに分割されて統治された時期はない。このように、モンゴル高原の遊牧民は、伝統的に、数詞を枕詞《まくらことば》にしたり、固有名詞がわりに使うことが多いのである。

ロシア人が最初に接触したモンゴル王ウバシ・ホンタイジは、このゲレセンジェの長子アシハイの孫で、七旗ハルハの右翼に属した。ダヤン・ハーンの再統一したモンゴル全体は左右翼に分かれたが、漠北のハルハ部においても、その中で左右翼が創られたのだ。

ハルハ左翼に属するゲレセンジェの第三子ノーノホの子アバダイは、一五八〇年代にアルタイ山脈の北でオイラト軍を破って有名になり、一五八五年夏、かつてのモンゴル帝国の首都カラコルムの地に仏教寺院エルデニ・ジョーを建立した。さらに翌一五八六年には、内モンゴルに出向いて、巡錫《じゅんしゃく》中のダライ・ラマ三世に謁見し、「法の大金剛王《こんごう》」（ノムン・イェケ・オチル・ハーン）の称号を賜った。一五八二年のトメト部長アルタン・ハーンの死後、モンゴルでは各部にハーンが誕生するが、このアバダイが漠北のハルハ部最初のハーンである。アバダイの子孫が、清朝史料に登場するハルハ左翼の盟主トシェート・ハーン家となった。

そのアバダイ・ハーンの死後、今度は、ハルハ右翼に属するゲレセンジェの長子アシハイの孫ライフル

系図6　ダヤン・ハーンの子孫たち

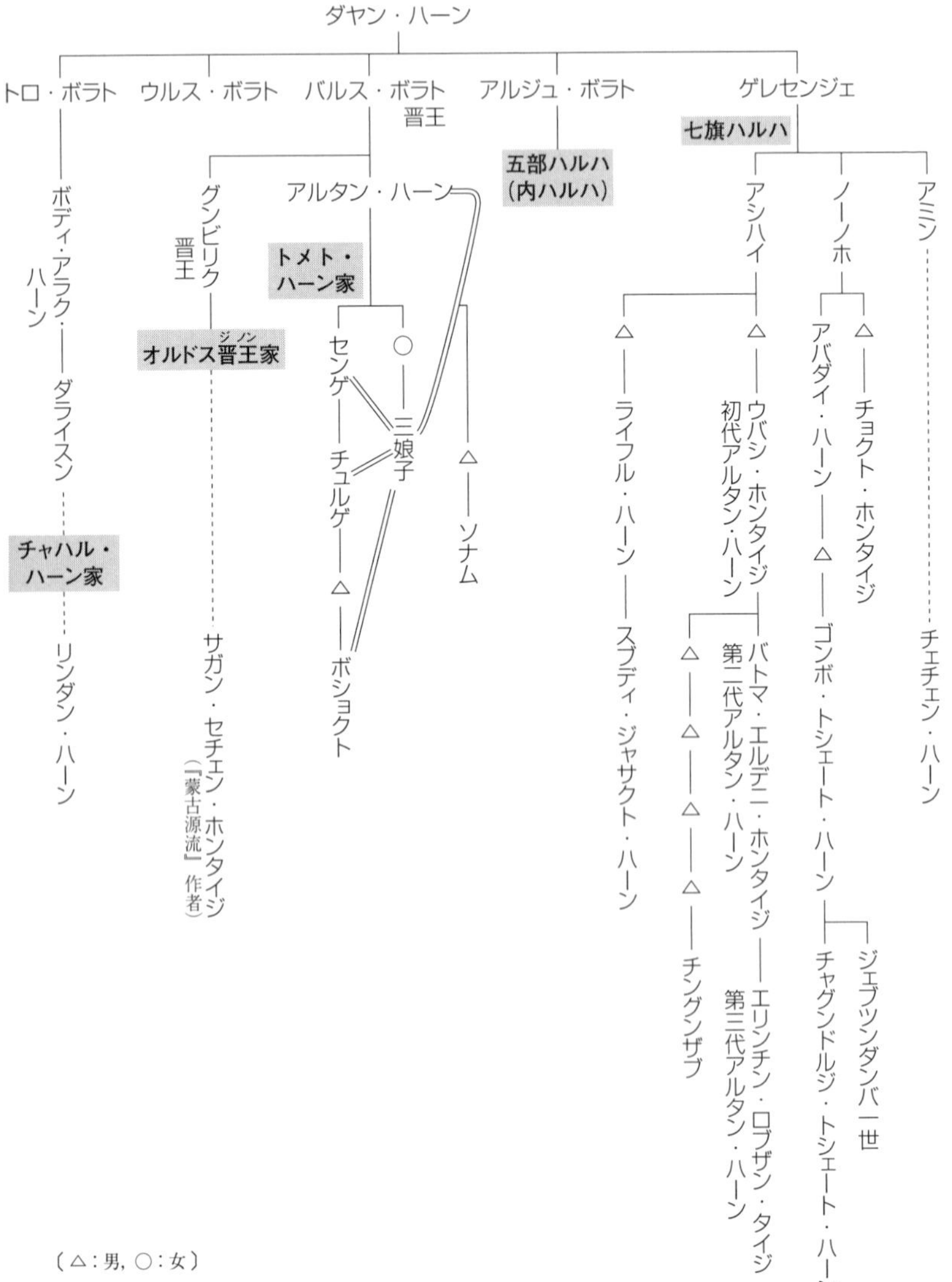

〔△：男，○：女〕

が、オイラト討伐を引き継いだ。かれもまたハーンを称したが、ウバシ・ホンタイジはこのライフル・ハーンの従兄弟で、オイラト討伐の先鋒を務めたのである。ライフルの子孫が、ハルハ右翼の盟主ジャサクト・ハーン家となった。

一六〇八年、ロシアのシベリアにおける前進基地トムスク市当局は、ハルハのアルタン・ハーン並びに中国に向けて最初の使節団を派遣した。しかし、アルタン・ハーンがオイラト［ロシア史料で黒カルムィク］に遠征中であり、アルタン・ハーンとキルギズ地方の間に住むハーンの属民も、ハーンに叛いてかれと戦っていることを知って、使節団はキルギズ地方まで進んだだけで、翌春引き返してしまった。キルギズ人が南方の、現在のキルギスタン［現地語ではクルグズスタンという。クルグズ人の土地という意味である］に移住したのは、次章で述べるジューンガルに支配された十八世紀のことで、それまでキルギズ地方というのは、紀元前の匈奴以来、南シベリア、いまのトゥヴァの北方のことだった。

ロシア最初のモンゴル使節

一六一六年、ロシア使節が初めてアルタン・ハーンの幕営を訪れた。その報告によると、アルタン・ハーンは、タンヌ山脈の北のイェニセイ河支流のケムチク河から、さらに北方の同じくイェニセイ河支流のアバカン河にまで遊牧していた。ロシア使節は今のモンゴル国の西北隅のウブサ・ノール湖畔でハーンと会見した。当時イェニセイ河流域にいたキルギズと他の遊牧民は、ある時はロシアの知事に頼り、ある時はアルタン・ハーンに頼って、両方から代わる代わる迫害されていた。キルギズ地方からウブサ・ノールの間の住民は、キルギズとアルタン・ハーン両方に貢納の義務を負っていたという。

翌一六一七年、ロシア使節の帰国に伴って、アルタン・ハーンからロシアに初めて使節が派遣された。そこでロシア政府は、今度は中国への使節派遣を試みることにし、帰国するモンゴル使節にトムスク・コサックのイワン・ペトリン一行をトムスクから合流させた。ペトリンらは一六一八年アルタン・ハーンの幕営に到着し、ここで中国までの案内人として、二人のラマ僧のほか、人馬糧食の提供を受け、フフホト、張家口を経て北京に至った。ペトリン一行は帰途一六一九年に再びハーンのもとに立ち寄ったが、この時アルタン・ハーンは、タルハン・ラマのほか八人をロシア使節に随行させて、モスクワに送った。

アルタン・ハーンはこの時、ロシア皇帝に宛てて、カルムィクのカラクラ・タイシャ［ジューンガルのハラフラ］が自分とロシアの間の使節の往来を妨げているので、カラクラ・タイシャとその部民を両方から進軍して征伐しようと申し出た。モスクワ当局は、アルタン・ハーンの部衆は好戦的でかれらから利益を受けることはないと判断し、一六二〇年にはトムスク知事に、今後ロシア皇帝の命令なしにアルタン・ハーンや中国、モンゴルといかなる関係も持たないようにと指示した。

次章で詳しく述べるが、ハルハのアルタン・ハーン、ウバシ・ホンタイジは、一六二三年に四オイラト連合軍に殺された。しかし、その子バトマ・エルデニ・ホンタイジ［清朝史料ではオンブ・エルデニ］が父の跡を継いで、ロシアに対しては第二代アルタン・ハーンを名乗った。かれがロシア皇帝に送った手紙には「金の法輪を転ずる宝王」（アルタン・ノムン・オルチグルクチ・エルデニ・ハーン）と記してある。一六三〇年代には、ロシア人は中国に近づけず、この第二代アルタン・ハーンから中国のことを聞くだけだった。なぜなら、あとで述べるように、明代の中国とモンゴルとの貿易の拠点だったフフホト（帰化城）は、漠南のモンゴル諸部の内乱と、のちに清朝を建国する満洲族の占領によって、このころちょうど混乱の中にあったからである。

一六三九年にロシア使節スタルコフが帰国する際、第二代アルタン・ハーンは中国産の茶二〇〇包を贈った。スタルコフは「ハーンの幕営に滞在中に、これまで見たことも聞いたこともなかった茶という飲み物が出た」と報告しており、「ロシアでは茶は不必要だから黒テンの毛皮と交換したい、と申し出てことわられた」と書いている。このことから考えて、茶葉はモンゴル経由で、この時はじめてロシアにもたらされたのだ。

ロシア史料によると、第二代アルタン・ハーンは、一六五二年老衰のために、その子ロージャン（エリンチン・ロブザン・タイジ＝リンチン・サイン・ホンタイジ）に譲位したらしい。清朝史料によると、第二代が死んだのは一六五九年のことである。

今のモンゴル国の西北隅を根拠地とし、オイラトの故郷であるトゥヴァやキルギズ地方を支配した三代のアルタン・ハーンは、名目上はハルハ右翼のジャサクト・ハーンの臣下だった。モンゴル年代記では、ハーンの副王（全権代理）を意味するホンタイジの称号を持つだけで、ハーン号は持っていない。しかし、北方の新たな隣人ロシアと最初に交渉を持ち、その後もロシアと使節を交換するなど有利な立場にあったために、十七世紀を通じて、ハルハの領主たちの中では特に大きな勢力を持ち続けた。本章の最後で述べる、一六八八年にオイラトのジューンガル部長ガルダンがハルハに攻め込む遠因を作ったのは、この三代目アルタン・ハーンのエリンチンだったのである。

トメト部のアルタン・ハーン家の終焉

ここで話を前章の最後に戻して、もう一人のアルタン・ハーン、ダライ・ラマ三世にその称号を与え、フフホトを中心に勢力を振ったトメト部長で順義王のアルタン・ハーン家について見てみよう（170頁系図6参照）。

トメト部長アルタン・ハーンは、六十歳を越えてから、外孫すなわち娘の娘があまりに美貌だったので、婚約者からとりあげて第三夫人とした。怒った婚約者が武力に訴えようとしたので、アルタン・ハーンは孫の婚約者をとりあげて代わりに与えた。それで、今度は孫が怒って明に亡命する、ということになった。これが、一五七一年アルタン・ハーンが明と講和し、順義王の称号を与えられるきっかけとなった事件だった。

アルタン・ハーンの美貌の第三夫人は、明側からは三娘子《さんじょうし》（第三夫人の意味）と呼ばれ、このあと非常に有名になる。アルタン・ハーンが死んだあと、明との正式な貿易関係を保証する順義王印を、彼女が握って離さなかったのだ。アルタン・ハーンは晩年、三娘子のオルド（大帳殿と家臣団）に入りびたりで、朝貢というたてまえの貿易事務はすべて三娘子オルドでおこなわれたため、明との交易から得られる利益はすべて彼女のオルドのものとなった。三娘子はアルタン・ハーン在世時にすでに一万の精兵を訓練していたという。

三娘子は、第一夫人から生まれたアルタン・ハーンの長子センゲと憎み合っていたが、明の北辺への遊牧騎馬民の侵寇を阻止するために、トメト部長に順義王号を与えた明側としては、両者の分裂は何としても避けたかった。アルタン・ハーンの死後、明の使者から、「センゲと再婚しなかったら、北虜中のただの婦人にすぎなくなるぞ」とおどされた三娘子は、センゲのすべての妻妾を離婚させてその第一夫人におさまり、センゲはやっとトメト部長と順義王を継ぐことができた。センゲが死んだあと、三娘子は再び明側の意図によって、さらに仲の悪かったその息子チュルゲと再婚し、チュルゲが順義王となった。チュルゲの死後、その孫ボショクトと結婚したときには、三娘子はすでに六十歳を越えており、その翌年一六一二年に死んだ。

三娘子は実は、自分が産んだアルタン・ハーンの息子に財産も順義王も継承させたかったのだが、明側がこれを許さず、五世代にわたって無理矢理再婚させたのは、中国文明の精髄のようにいわれる儒教のたてまえから見るとおかしなことだった。三娘子はしぶしぶ歴代の順義王と再婚したが、そのオルドの財産は彼女の息子から孫ソナムに引き継がれ、順義王になったボショクトがソナムの死後ようやくトメト部長としての権威を回復したのは、一六二〇年代も中ごろだった。まもなく一六二八年、大興安嶺の東方からモンゴル宗家チャハル部のリンダン・ハーンが侵入し、トメト部長の順義王家は消滅したのである。

清の建国とモンゴル

モンゴル宗家のリンダン・ハーンが西方に移動したのは、後金国ハン・ホンタイジの圧迫を受けたからである。十六世紀末に遼河の東方でおこったヌルハチ率いる建《けん》州女直《しゅうじょちょく》は、一六一六年に後金《こうきん》国を建てた。モンゴル諸部のなかで、まず五部ハルハが後金国と同盟を結び、つづいて一六二四年、チンギス・ハーンの弟の子孫であるホルチン部の王族がヌルハチの姻戚となった。ヌルハチは一六二六年に死んで、その八男のホンタイジが王位を継いだ。

後金国はその名の通り、モンゴルに滅ぼされた金国の継承国家という意味である。金帝国については第三章で触れたが、唐代に黒龍江下流にいた黒水靺鞨《こくすいまっかつ》が、契丹《きったん》（遼）帝国時代に南下して女直と呼ばれるようになり、その一部族長が独立して金を建国した。契丹を滅ぼし宋を南下させて華北まで領有した金帝国だったが、一二三四年第二代オゴデイ・ハーンの時代にモンゴルに滅ぼされた。フビライの建てた元朝支配下で、女直人はしばしば兵役に徴発され、二度の日本遠征にも多数参加している。

一三六八年元朝がモンゴル高原に退却したあと、明の永楽帝《えいらくてい》は女直各地に招撫使《しょうぶし》を送り、これをてなづけようとした。明は来朝した女直人首長にさまざまな官を授け、各地に衛《えい》または所《しょ》を開設したが、万暦《ばんれき》年間（一五七三〜一六一九）には総計三八四もの「羈縻衛所《きびえいしょ》」があり、毎年三〇〇〇人から四〇〇〇人の朝貢者が回賜《かいし》と撫賞《ぶしょう》を与えられた。回賜は、女直人の持参した馬や貂皮《てんがわ》に対して綵絹《あやぎぬ》・絹布を返礼として賜与することで、撫賞は、官職に応じて絹布などを賜給するのである。つまり、朝貢というたてまえで、明は女直人に定期的な貿易を許可したのだ。一五五九年にヌルハチが生まれた建州《けんしゅう》女直も、その一つだった。

中国の正史で女直と書くかれらの民族名は、ジュシェンである。モンゴル語ではジュルチェト、宋と朝鮮では女真《じょしん》とうつす。ヌルハチは一五八八年に建州女直を統一し、マンジュ・グルン（国）と称した。ヌルハチを継いだ第八子ホンタイジは、一六三五年に民族名をジュシェンと呼ぶことを禁止し、マンジュと改名した。それ以来、女直という種族名は消滅し、すべての女直人が満洲《まんしゅう》人となったのである。

一六三五年に何がおこったか、というと、北元の宗家チャハル部のリンダン・ハーンが前年に死に、その遺児エジェイが、母のスタイ太后とともに女直軍に降伏して、「制誥之宝《せいこうしほう》」の四字を刻んだ元朝ハーンの玉璽《ぎょくじ》をホンタイジに差し出したのだ。

リンダン・ハーンは一六〇三年に即位し、自らの下にモンゴル諸部を再統一しようとした。しかし、それまで対等な関係で同盟を結んでいたにすぎなかったモンゴル諸部は、かれの強権を嫌った。同族のホルチン部はいち早く後金国ハン・ヌルハチと同盟し、その子ホンタイジ率いる後金軍は内ハルハ部を支配して熱河に進出してきた。それで、リンダン・ハーンは前述（139・152頁）のキプチャク軍団の後身であるハラチン・ハーン家を滅ぼしたあと大軍を率いて西方に移動し、トメト・ハーン家を滅ぼしてフフホトを占領し、オルドス晋王《ジノン》家を服従させた。それからチベット遠征に出発し、青海に入る途中、甘粛の武威《ぶい》の草原（モンゴル語は黄色い草原《シラタラ》）で病死したのだった。

元朝ハーンの玉璽を手に入れた後金国ハン・ホンタイジは、チンギス・ハーンの受けた天命が、いまや自分に移ったと解釈した。それで、同年、属民という意味があったジュシェンを止めてマンジュと呼ぶことに統一し、翌一六三六年、瀋陽《しんよう》にマンジュ人、ゴビ砂漠の南のモンゴル人、遼河《りょうが》デルタの高麗《こうらい》系漢人の代表たちの大会議を召集して、三つの種族の共通の皇帝に選出され、新しい国号を大清《だいしん》と定めた。これが清朝の建国である。遼河デルタの高麗系漢人というのは、第六章で述べた、六度におよぶモンゴル軍の高麗遠征の際、捕虜となって遼河デルタ一帯に入植させられた、何十万という高麗人の子孫だった。

清朝の八旗制度

女直人が満洲人になったために、かれらの出身地はのちに満洲と呼ばれるようになった。しかし、マンチュリアということばが誕生したのは十九世紀中ごろのヨーロッパで、このことばが翻訳されて満洲地方という概念が生まれた。それまでは満洲というのは人間集団の名前にすぎなかった。同様に、モンゴルも人間集団の名前で、かれらが住む地域がモンゴリアと呼ばれるようになるのは、十九世紀以後にヨーロッパ人がこう呼ぶようになってからである。

日本語でいういわゆる満洲平野は、遼河と松花江《しょうかこう》をむすぶ線の東方で、長白山《ちょうはくざん》をのぞいてけわしい山岳地帯や密林はなく、低い丘陵と疎林《そりん》が広がっている。モンゴルの草原にくらべて降雨量が多いので、古くから、ムギ・アワ・ヒエ・キビなどの耕作が可能な天水農耕地帯だった。しかし、土地の生産力が低いため、人びとは狩猟もおこない、豚も飼った。狩猟というのは、シベリアのタイガ（密林）で、テン・キツネ・リス・ミンクを捕り、長白山の原始林の中で、朝鮮人参・キクラゲ・キノコ・松の実・淡水産の真珠を集めることで、一家の主人はこれを交易しに行くのが仕事だった。女直人社会は、主人と奴隷の二種類からなっていたといわれ、主人は狩猟と交易と戦争を担当し、奴隷は畑を耕し、豚の世話をした。主人が女直人で、奴隷が高麗人という場合も多く、奴隷といっても、同じ屋敷に住み、主人と一つ釜の飯を食うのであった。

もともと女直人は、狩猟や戦争のさいには氏族や部族ごとに一〇人単位で行動し、各人矢を手にもって目印としたので、この一〇人一組の単位を、矢を意味するニルと呼んだ。ところが、ヌルハチは女直人を統合する過程で、氏族や村落の人員を、三〇〇人を一ニルとする組織に再編成した。五ニルを一ジャランとし、五ジャランを一グサ（もとの衛）とした。つまり一グサは七五〇〇人の兵士からなるのである。

このグサは最初四つで、旗の色を黄色、白色、紅色、藍色に分けて区別していたが、ヌルハチが後金国ハンの位につくころには八つになっていた。これが八旗《はっき》である。旗の色は四つのまま、ふちどりのないものを正《せい》、あるものを鑲《じょう》（ふちどり）をつけて呼ぶことになった。たとえば正黄旗、鑲黄旗という具合である。

八旗制の基本単位はニルで、ニルごとに決められた数の兵士や人夫を出し、軍備や食糧を負担した。ニル、ジャラン、グサにはそれぞれ長がいたほか、ホショ［満洲語で方角のこと。「隅」と訳される］のベイレ（王）といって、グサ［「旗」と翻訳されるようになった］を掌握する封建領主のようなものが存在した。つまり、「ホショのベイレ」は、八つの旗それぞの長の意味である。後金国ハンのヌルハチ自身、正黄、鑲黄の二旗の領主にすぎず、他の旗はかれの息子や甥が領主となっていたから、後金国は八旗連邦だったといえる。

女直すなわち満洲人はすべて八旗に所属したので、八旗は軍事制度であるとともに行政制度でもあった。モンゴルのハーンから離れて降伏したモンゴル人や高麗系漢人を、後金国あらため清朝の第二代皇帝ホンタイジは、八旗蒙古や八旗漢軍に編成し、本来のものを八旗満洲と呼んだ。八旗に所属するモンゴル人や漢人は、満洲人と同じく旗人と呼ばれ、出身に関係なく、清朝一代の間、行政上は満洲人扱いとなった。

清朝の中国支配とモンゴル統治

当時の朝鮮は明の朝貢国で、夷狄出身のホンタイジを皇帝に推戴することを断固として拒否したので、大清皇帝となったホンタイジは一六三六年十二月、ただちに朝鮮に大軍を率いて侵入し、ソウルをおとした。南漢山《なんかんざん》城にたてこもった朝鮮王は、翌一六三七年正月、城を出て清に投降した。これ以後朝鮮は明と断交し、清の朝貢国となった。

清が成立したあとも、明との戦いはたえずおこなわれたが、山海関の守りは固く、容易には突破できなかった。明が滅亡したのは、流賊の李自成《りじせい》の内乱によってである。一六四四年、李自成軍が攻め寄せた北京では、明の崇禎《すうてい》帝が紫禁城《しきんじょう》の裏手の万歳《ばんざい》山で、自ら頸《くび》をくくって死んだ。そのとき、山海関で清に対する防衛にあたっていた明の将軍呉三桂《ごさんけい》は、救援にかけつける途中で北京陥落の知らせを聞き、ひき返して清に援助を求めた。

清ではその前年の一六四三年にホンタイジが病死し、わずか六歳のフリンが皇帝に即位した。これが世祖順治《じゅんち》帝で、ヌルハチの第十四子ドルゴンが摂政となって政治の実権をになった。ドルゴンは、呉三桂を藩王に封ずることを保証し、その先導で清軍は山海関を突破して華北へ進み、たちまち李自成を駆逐して北京に入城した。そのあと順治帝が瀋陽から北京に移って紫禁城の玉座に坐り、一六四四年から二百六十余年清朝が中国を支配することになったのだ。

清はこれまで北京の内城に住んでいた漢人を追いだし、ここに満洲人を主とする八旗所属の者を居住させた。内城は旗によって居住区分が定められ、旗人には生活の基礎として、北京の周辺に旗地と呼ばれる農地が支給された。かれらは禁旅《きんりよ》八旗といい、宮城と国都の防衛にあたった。その他、地方の要地に駐屯したものを駐防《ちゆうぼう》八旗と呼んだ。

一六三六年に清朝が建国されたあと、八旗に編成されたモンゴル人以外の、ゴビ砂漠の南のモンゴル人は、旧来の領主と領民の関係を維持したまま、清朝に統治されることになった。満洲人は、文化的にはモンゴル人の影響を強く受けており、ヌルハチの時代の一五九九年には、縦書きのモンゴル文字を借りて自分たちの言語を書写し始めた。一六三二年には、モンゴル文字を改良し、右に小さい点や丸をつけた有圏《ゆうけん》点《てん》文字を創った。のちに満洲文字と呼ばれるようになったこの文字こそが、清帝国唯一の公用語だった。

清の太宗と呼ばれることになったホンタイジは、モンゴルの宗家チャハル部のリンダン・ハーンの遺児エジェイに、自分の娘マカタ・ゲゲを娶《めあわ》せた。ホンタイジの五人の皇后はすべてモンゴル人で、三人はホルチン部族出身、残りの二人はリンダン・ハーンの未亡人だった。北京に入って中国を支配することになったその息子、第三代皇帝順治帝の母は、ホルチン・モンゴル人で、この皇太后に養育された順治帝の息子の康熙帝《こうき》も、モンゴル語に堪能だった。このように、清朝一代を通じて、モンゴル貴族は満洲皇族の姻戚であり、宮廷でのモンゴル人の地位は高かった。

モンゴル統治を担当する中央機関は、最初モンゴ・ジュルガン（蒙古衙門《もうこがもん》）といったが、一六三八年に理藩院《りはんいん》と改められた。理藩院はモンゴルの政治と宗教すべてを管理し、のちには青海、チベット、新疆《しんきょう》をも管轄するようになるが、それは、最後の遊牧帝国ジューンガルとの争いの結果である。モンゴル内部の行政組織についても、十八世紀の乾隆時代になってようやく整備されたので、あとでまとめて述べることにしたい。

初期の露清関係

さて、話を再びロシアに戻すことにしよう。一六〇四年にトムスクを建てたあと、ロシア人つまりコサックは、毛皮獣を求めて、人口の希薄なタイガ地帯とツンドラ地帯を非常なスピードで東に進み、一六三八、九年には太平洋岸に達した。ウラル山脈を越えてからオホーツク海に達するまで、六〇年しかかからなかった。前述したように、コサックたちは、草原の遊牧騎馬民と正面衝突しないように、はるか北方の河川沿いに東方へと進んだので、このあと、各拠点から次第に南下をはじめる。

ロシアのシベリア併合と呼ばれるものの実体は、コサックたちの小集団がまず河岸に冬営地をつくり、自分たちも狩猟をしたり毛皮を買い集めたりするうち、まわりの土着民から強制的に毛皮を貢納させるようになる。これが砦とか要塞（オストログ）と呼ばれるものである。こうして既成事実ができると、モスクワの行政組織の中に組み入れられ、都市が建設され、農民や手工業者や商人が移住し、軍政官［ヴォエヴォダ、知事と訳すこともある］が乗り込んで来るのだ。

黒龍江（アムール）にはじめてロシア人がやって来たのは一六四四年、ヤクーツクからだった。一六四九年にやって来たE・ハバロフは、今はモンゴル系に分類されるその地の原住民ダグール人の町を焼き払い、手当たり次第に掠奪して毛皮税（ヤサク）をかき集めた。原住民の要請を受けて、一六五二年、清の駐防《ちゅうぼう》寧古塔章京《ニングタ・ジャンギン》がかれの砦を攻撃したが惨敗した。これが清とロシアの最初の戦争である。

清朝を建てた満洲人は、古くは黒龍江下流にいた黒水靺鞨が南下して女直となり、満洲人となったので、黒龍江地方に住むトゥングース系の人びととはことばも近かった。黒龍江沿岸はたいへん住みよいところで、穀物がとれ、家畜も多く、森林には貴重な毛皮獣が棲み、山からは銀の鉱石が採掘され、河には魚類がまるで河岸に自分からよじ登ってくるほどたくさんいたという。それだけではなく、松花江から黒龍江に出るルートは古来重要な交通路だったので、元朝は、黒龍江口近くのアムグン河の河口に東征元帥《とうせいげんすい》府《ふ》を設けたし、明朝でも、同じ場所に奴児干都司《ヌルゲンとし》を置いた。しかし、明の勢いが衰えたあと、黒龍江・松花江・ウスリー江一帯の諸部族は自立の状態となっていた。

一六二六年、ホンタイジ（清の太宗）が即位したあと、この地方に何度か征討軍を送り、壮丁《そうてい》を一〇〇〇人単位で連れ帰って八旗に編入した。現地に残った人びとは清に朝貢するようになったが、住民の人口は各部で一万人を超すものはなかった。一六五三年にハバロフは乱暴狼藉《らんぼうろうぜき》のために解任されてモスクワに送還され、ハバロフの遠征隊の一員だったステパノフがその後任として黒龍江地区の隊長に任命された。ステパノフは船団を組んで、黒龍江・松花江・ウスリー江一帯の原住民から毛皮税や食糧を取ってまわったが、一六五六年には、黒龍江の上流から中流にかけては無人地帯になっていたという。清朝が人びとを南に移住させたのだ。清は勅令を発して朝鮮にも援軍を命じ、一六五八年にステパノフ軍を壊滅させた。さらに、黒龍江下流にも遠征軍を送り、いったんは黒龍江からロシア人すべてを追い出したかに見えた。

ロシア人は今度は、ザバイカリエ〔ロシア語で外バイカル地方の意味、バイカル湖の東〕から黒龍江地方にやって来た。一六五四年にネルチンスク要塞が建設され、五六年には、ザバイカリエと黒龍江地方を合わせた行政区ダウリヤの知事がこの地に置かれた。ザバイカリエには、モンゴル系のブリヤート人とトゥングース系のエヴェンキ人が住んでいたが、一六六五年にはセレンギンスク、六六年にはのちにウェルフネウジンスクとなるウダの冬営地が建設された。ブリヤート人は、もともとハルハ・モンゴル人に貢納していたので、ハルハの領主たちはロシアに抗議した。

露清の狭間のモンゴル

今のモンゴル国の国民の大部分をしめるハルハ部族の起源は、前述のように(149頁)、モンゴル民族中興の祖ダヤン・ハーンが十五世紀末に再編成した六トゥメン（万人隊）の一つで、その名はホロンブイル草原を流れるハルハ河に由来する。十六世紀にオイラトを討伐しながら、西方に遊牧地を拡大したので、ゴビ砂漠の南、いまの内モンゴルのモンゴル人とは同族である。一六三六年、漠南のモンゴル諸部が新興の清朝皇帝の臣下となった時、漠北のハルハ部だけがようやく独立を保っている状態になった。ハルハ部は、ダヤン・ハーンの末子ゲレセンジェの子孫たちの多くが遊牧領主となり、紀元前の遊牧帝国匈奴《きょうど》以来の伝統である、東方担当の左翼と、西方担当の右翼に分かれて、ゆるやかな同盟を保っていた。

清朝の記録によると、ハルハ左翼の中でもっとも東に領域を持つチェチェン・ハーンが、一六三五年にはじめて友好使節を派遣してきた。左翼の宗主トシェート・ハーンは三七年にチェチェン・ハーンとともに清に通好し、翌年には駱駝・馬・貂皮・ロシアの銃などを献上したという。一方、右翼の宗主ジャサクト・ハーンが提唱して、一六四〇年、ハルハ・モンゴルの領主一三名、オイラトの領主一五名がハルハの地に集まり、いわゆるモンゴル・オイラト会議が開催された。モンゴルとオイラトは、元朝が北方に退却したあとまもなく、十四世紀末からモンゴル高原の主導権争いを続けた仇敵同士だったが、モンゴル諸部の大部分が満洲人の清朝の支配下に入った今となっては、残る遊牧民が大同団結する以外に独立を守る道はなかった。

ハルハの領主たちは、同時に清朝との友好にも考慮した。一六五五年には、清の求めに応じて子弟を派遣し、左右翼四名ずつ八名の領主が清朝からジャサクに任命された。ジャサクはモンゴル語だが、一六三六年清朝治下に入ったモンゴル領主たちに清が与えた称号で、旗長の意味である。ハルハの領主たちは、実際には清の支配下に入っていなかったので、外《がい》ジャサクと呼ばれた。かれらは、毎年白駝一匹・白馬八匹を清に納める「九白《きゅうはく》の貢《こう》」をおこない、清から回賜を受け取る権利を得て、清の朝貢部族つまり同盟国扱いになった。

ところで、ロシア人が要塞を築いたザバイカリエの人びとは、ハルハ左翼の貢納民だった。一六六四年以来、ハルハの領主たちは何度もロシアに抗議の使者を送っていたが、一六七二年には、左翼の宗主トシェート・ハーンがはじめてモスクワに使節を派遣した。ロシア外交文書の中に残るその手紙の内容は、モンゴル人の土地にセレンギンスクを建設した問題を解決し、セレンギンスクの住民を他の場所に移住させるように、という要求と、ツァーリの勅書を持った使節なら、中国へ通過させてもよい、というものだった。このあと、モスクワのツァーリの勅書を携えた大使がハーンのもとに派遣されたが、自分たちの太古からの民をロシアが不当に手に入れたというハルハ・モンゴル人の抗議に対して、ロシア大使は、その人びとはすでに五〇年以上前からロシアに毛皮税を支払っている、と答えた。

ネルチンスク条約に至る露清関係とハルハ

ロシアは黒龍江地方を開拓する一方で、中国との貿易を望んでいた。一六五五年にはじめて北京に来たロシア使節は朝貢使扱いを受け、五六年のバイコフ大使は自国の礼法に固執したため、追放されてしまった。これ以後、ロシアが外交と貿易を切り離す政策を取ったので、ロシアの中国貿易は徐々に発展した。しかし、シベリア・ルートを使ってロシアが中国と活発に貿易を営めるようになるためには、黒龍江地方の係争事件を解決しなければならなかった。

ロシアと清の間に黒龍江をめぐる外交交渉がはじまるのは、一六六七年、康熙帝が親政をおこなうようになってからである。康熙帝からの信書を受け取ったモスクワは、一六七五年にスパファリを団長とする全権使節団を清に派遣したが、翌年一月から九月におよぶ長い交渉は成功しなかった。

一六六〇年代後半にザバイカリエから黒龍江地方に移住してくるロシア人が増え、一六八〇年代のはじめ、前述のような砦から出発した、黒龍江（アムール河）北岸の町アルバジンを中心とした、黒龍江の沿岸三二〇キロにわたるアルバジン地区では、農地一〇〇〇ヘクタールが開かれ、人口は成年男子八〇〇名、婦女子数百名になった。ロシア人はさらに、黒龍江支流のゼーヤ河流域の開拓をはじめた。清の康熙帝は、南方の三藩《さんぱん》の乱を片づけた一六八一年にアルバジンに抗議をおこない、ロシアとの間でチチハル会談を開いた。翌年には自ら満洲の地を巡幸し、部下にネルチンスクとアルバジン方面を偵察させた。一六八三年にはゼーヤ河流域のロシアの要塞を一掃し、八五年にアルバジンを攻撃させた。これがロシアと清の「六年戦争」で、一六八九年のネルチンスク条約で、清の主張通り、黒龍江のはるか北方に露清の国境線が確定したのである。

ロシア史料によると、ハルハ部のトシェート・ハーンらは、一六八一年から八二年にかけてブリヤート人の返還を求めてザバイカリエに攻め込み、ネルチンスクにせまった。一六八五年六月十日、清がアルバジン攻撃を開始すると、翌十一日にはモンゴルの部隊がセレンギンスクを囲み、ついでウジンスクを囲んだ。その一週間前には国境のトゥンキン砦をハルハの一万の軍が囲んだという。一六八六年一月にモスクワを立った全権大使ゴローヴィンは、自らセレンギンスクに行き、モンゴル領主たちを中立化させようとしたが、かえって一六八八年一月、ハルハ・モンゴルの大軍がセレンギンスクとウジンスクを囲み、ゴローヴィンも包囲された。清では、この作戦が成功すれば、ネルチンスクを攻めるつもりだった。しかし、三月にモンゴル軍は完敗し、籠城していたゴローヴィンは助かった。

ロシアと清の会談地はセレンギンスクと決められ、一六八八年六月に清の全権団が大軍を従えて北上した。その途中、ハルハ・モンゴル人がオイラトのジューンガル部長ガルダンに攻められ、難を避けて南下してくるのに出会い、セレンギンスク会談はお流れになってしまった。数十万にのぼるハルハ・モンゴル人がゴビ砂漠の南に逃げてきたので、康熙帝は、清朝治下のモンゴル人の遊牧地にそれぞれ牧地を指定し、家畜を与え、穀物を運んで救済につとめた。一六九一年、清朝に命を助けられたハルハ部の領主たちは、元朝のフビライが建てた上都の跡地ドローン・ノールで、清の康熙帝に臣従を誓った。こうして、二十世紀に外モンゴルと呼ばれるようになるハルハ部の領主たちは、同族である漠南のモンゴル諸部に半世紀遅れて、清朝皇帝の臣下となったのである。

一六四〇年に開かれたモンゴル・オイラト会議で、ハルハとオイラトは同盟を結んだはずだったが、そのあと一体何が起こったのだろう。次章では、最後の遊牧帝国ジューンガルについて、通史としてまとめて述べることにしたい。

第九章　最後の遊牧帝国ジューンガル

モンゴル語で左翼という意味のジューンガル部族は、十七世紀後半に突然歴史の表舞台に登場し、中央ユーラシア草原に一大遊牧帝国を築いた。しかし十八世紀なかばには、古くからの遊牧帝国と同様、相続争いによる内部崩壊を起こし、この機を利用した清朝に討伐されて滅んだ。ジューンガル帝国滅亡後、中央ユーラシア草原には、かつてのような遊牧帝国は二度と生まれなかった。だから、これを最後の遊牧帝国と呼ぶのである。

ジューンガルの人びとは、清軍のもたらした天然痘の大流行と虐殺によって、ほとんど絶えたといわれる。しかし、ジューンガルと同盟関係にあってオイラトと総称された遊牧民の後裔は、今もモンゴル国西部、中国の内モンゴル・新疆ウイグル自治区・青海省、ロシアのシベリア地方とカスピ海沿岸などに分かれて暮らしている。かつてオイラトは、西モンゴル族などと呼ばれたが、現在ではモンゴル民族に分類される。新疆が中国の領土となったのは、清がジューンガル帝国の支配を引き継いだ結果だし、カザフスタンの人びとがロシアの臣民になったのも、ジューンガルの圧迫を逃れたためである。

ジューンガル研究は、ロシアを含む欧米ではじまったが、東方のモンゴル民族との関係が明らかでなかったため、たくさんの誤解が生まれた。私のこれまでの研究は主として、このジューンガル史研究の誤《ご》謬《びゅう》を正すことに費やされてきた。本章では、その結論をわかりやすく述べたい。

オイラト部族連合

ジューンガルは、四オイラト部族連合を構成する一部族である。第七章で述べたように、オイラト部族は、十三世紀はじめ、いまのトゥヴァ地方に住む大部族だった。元朝が中国を失ったあと、一三八八年、モンゴル高原中央部まで逃げてきたフビライ家のハーンは、オイラトに支持されたアリク・ブガの子孫に殺された（140頁）。このあと、モンゴル高原の遊牧民は、「四十モンゴル」と「四オイラト」の二大陣営に分かれて対立するようになるが、これは、モンゴルが四十部族連合で、オイラトが四部族連合である、という意味である。

前述のように、十四世紀末から十五世紀にかけての四オイラト部族連合は、もとのオイラト部族に、ケレイト、ナイマン、バルグトという、モンゴル高原西北部を住地とする遊牧部族が加わった、反フビライ家連合だった。ただし、ジューンガルが登場する十七世紀の四オイラト連合は、八部族連合になっており、部族名も変わっている。その理由は、遊牧集団は固定したものではなく、つねに変化するものだからである。一人の族長に率いられた、ある名称を持つ遊牧集団は、次の代には族長の子供たちによって分割相続され、あるいはかれらの妻が婚資として持参した他集団と結合するので、集団の構成員は各代ごとに変化する。そのため、名称は残っても規模や内容は変わるし、前の部族名が、新しい集団内で他の集団と区別するために、姓や氏族名として扱われたり、新しい集団名が生まれたりするのだ。

ジューンガル部は、ドルベト部とともに、十三世紀のナイマン部族の後身だと考えられる。ガワンシャラブ著『四オイラト史』はいう。「ドルベト、ジューンガルの一族は天から出た。管（チョルゴ）状の樹の下に幼児がおり、その樹液を吸って育ったので、その子孫をチョロースという」。この話は、第三章の「神人降臨説話」のところで述べた（53頁）、ウイグル王家の始祖説話にそっくりである。ウイグル帝国の分かれはいくつもあるが、住地から考察して、アルタイ山脈の東西に広がっていたナイマン部族が、ジューンガル、ドルベト両部の前身だろう。ジューンガル部の首長たちは、系譜によると、十五世紀にモンゴル高原の覇権をにぎったトゴン、エセン父子の後裔だった。

ジューンガル部の誕生

一四五四年エセンが部下に殺されてオイラト帝国が瓦解したあと、再統一した新しいモンゴルが、トメト部長アルタン・ハーンに率いられてオイラト征伐に乗り出したのは、十六世紀後半のことである。『蒙古源流』は、ホイト部、トルグート部、バートト部、ドルベト部、ホシュート部の首長たちが、いまのモンゴル国西部からイルティシュ河上流域で、モンゴルのハーンとホンタイジたちに殺されたことを伝えるが、のちにオイラト部族連合の盟主となるジューンガル部の名前は、十六世紀にはまだ登場しない。

第八章で述べたように、一六一九年に、アルタン・ハーン、ウバシ・ホンタイジがロシア皇帝に宛てて、「カルムィクのカラクラ・タイシャ」が自分とロシアの間の使節の往来を妨げているので、これを両方から進軍して征伐しよう、と申し出た（172頁）。この「カルムィクのカラクラ・タイシャ」こそが、ジューンガル部の祖ハラフラで、これが、ジューンガルが歴史舞台に登場する最初である。前述のように、中央アジアに遠征してそこで暮らすことになったモンゴル高原出身の遊牧民は、「留まった者たち」という意味で、オイラト遊牧民をカルマクと呼んだ。タタールやコサックを先兵としてシベリアに進出したロシア人は、モンゴル人との間で通訳を務めたのがだいたいタタール人だったせいもあって、十七世紀初頭にオイラト遊牧民と接触した時、かれらをカルムィクと呼んだのだ。

ジューンガル帝国の本拠地は、今の中国新疆北部のジュンガル盆地を中心に、北方はイルティシュ河上流域、西方はイリ渓谷、南方は天山山脈、東方はハンガイ山脈にいたる地方である。モンゴル系民族の分布の中ではもっとも西方に位置するので、匈奴以来のモンゴル高原の遊牧民にとっての伝統的な方位、南が前で東が左とすると、左翼（ジューンガル）という名称はふさわしくない。私は、ジューンガル部はそもそも、十七世紀はじめ、オイラト連合の盟主だったドルベト部の左翼として誕生したと考えている。このころ、ドルベト部長ダライ・タイシは、のちにヴォルガ河畔に移住するトルグート部長ホー・オルロクとともに、シベリアに進出してきたロシアの町やモスクワに使節を派遣している。オイラトは、ロシアに滅ぼされたシビル・ハーンの遊牧地をねらってエンバ河方面に偵察隊を派遣し、一六一三年には四〇〇〇人の先鋒隊がウラル河（一七七五年まではヤイク河といった）を渡った。一方、ジューンガル部長ハラフラが、東隣のハルハ・モンゴルとこぜりあいをくり返していたことから見て、ジューンガルの起源は、同じチョロース姓を持つドルベト部の左翼、あるいはオイラト連合の東方担当の意味だったと考えられるのだ。

ロシア公文書史料から判断すると、一六二〇年ごろ、ジューンガル部のハラフラがトルグート部の首長とともにアルタン・ハーンに向かっていったが、かえって打ち負かされ、ハラフラは妻子を奪われた。オイラト諸部は、モンゴルのアルタン・ハーンと、西からはジョチの後裔の遊牧集団カザフの両方から攻撃

系図7　ジューンガル部とオイラト部族連合

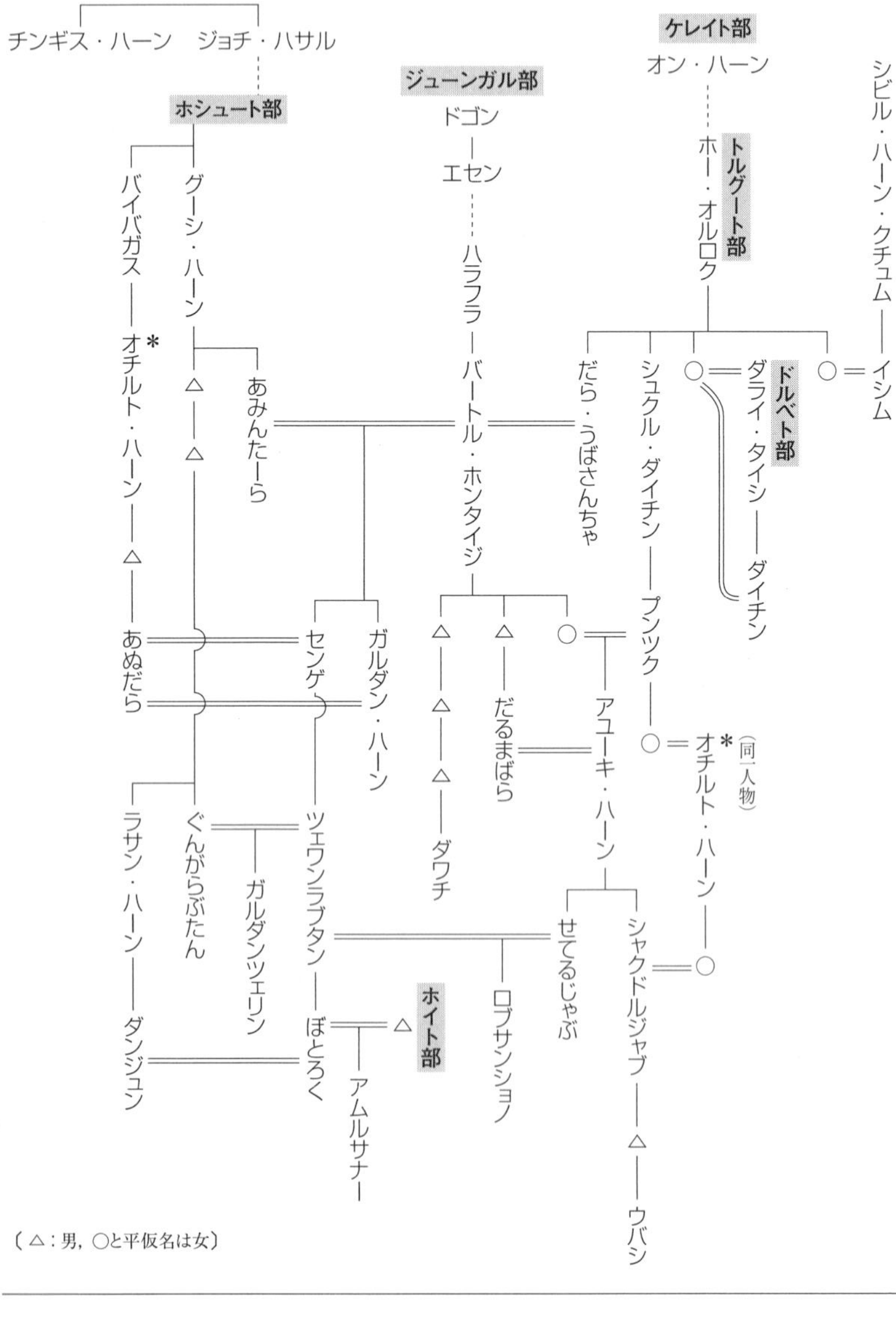

されたために、シベリアのロシア領内に避難し、イルティシュ河中流の塩湖（ヤムィシュ湖）の周囲に遊牧した。一六二三年にはさらに河を下って、トボリスクに近いイルティシュ河とイシム河の間に、妻子、家畜、財産を留めて、モンゴルとの戦争に乗り出した。

オイラト語の英雄叙事詩『ウバシ・ホンタイジ伝』は、三万六〇〇〇の兵からなる四オイラト諸部の連合軍が、八万の兵を率いるモンゴルのウバシ・ホンタイジ軍を破り、これまで「お殿様の麝香《じゃこう》の匂う衣料を着せていただき、塩味のついた肉をいただいて暮らしてきた」家来であるオイラトの一首長が、「モンゴルにとって異族である四オイラトの名誉のために」「お殿様」に刃を向けて殺す場面を詠《うた》い上げる。

一六二三年、四オイラト連合軍はハルハのアルタン・ハーン、ウバシ・ホンタイジを殺し、モンゴルに対する従属から自由になった。

ホシュート部の青海遠征とジューンガル部の勃興

こうして、モンゴルへの従属から独立を果たしたオイラト諸部だったが、一六二五年ホシュート部長一族の同母異父兄弟の遺産争いがはじまり、姻戚の諸部がまきこまれて内乱となった。トルグート部長ホー・オルロクは、同族で殺し合うよりは、遠い土地の異姓のウルスと戦う方がいいと、自分のトルグート部の属民と、子供たちの配偶者の属民のホシュート部とドルベト部の人びと、合わせて五万家族を連れて、一六三〇年にヴォルガ河畔に移住した。ヴォルガ河畔の草原は、当時はまだロシア領ではなかった。

オイラトの人びとは、モンゴルの影響で、十七世紀はじめにはチベット仏教徒になっていたが、チベットではそのころ、施主《せしゅ》となったモンゴル領主たちをまきこんで、ゲルク派とカルマ派の抗争が激化してい

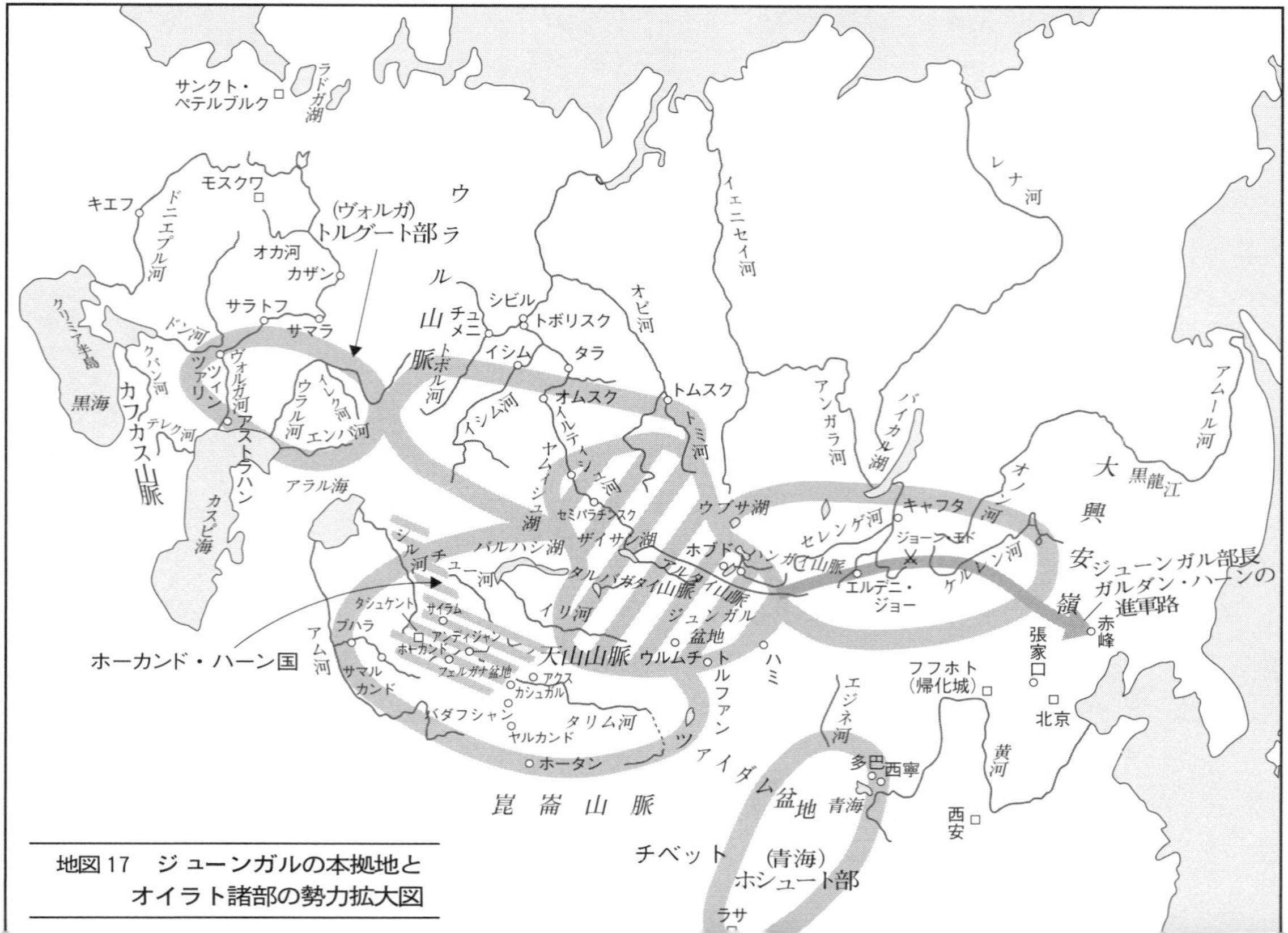

地図 17　ジューンガルの本拠地と
オイラト諸部の勢力拡大図

た（170頁系図６）。前述のモンゴルの宗主チャハル部長リンダン・ハーンはカルマ派支持者で、ゲルク派を支持していたフフホトのトメト部やオルドス部を圧倒した。リンダン・ハーンはチベット遠征に向かう途中病死したが、かれに呼応してチベット遠征に向かった、漠北ハルハ部の左翼ノーノホの孫でアバダイの甥チョクト・ホンタイジが、一六三二年青海に至り、ここにいたトメト、ヨンシエブ、オルドス勢力を滅ぼして、青海に覇を唱えた。

ここにいたってゲルク派は、新しく施主になったばかりのオイラト諸部に、青海にやってきて、カルマ派のチョクト・ホンタイジを攻撃するように要請したのである。

ホシュート部長グーシは、ゲルク派の求めに応じて一六三六年青海遠征に向かった。暮の結氷期を利用して一万のオイラト軍が青海に至り、翌三七年、チョクト・ホンタイジの三万の軍を殲滅《せんめつ》した。同年冬、グーシはダライ・ラマ五世から「持教法王《じきょうほうおう》」の称号を授かったので、モンゴル語ではグーシ・ノミーン・ハーン（国師法王）と呼ばれる。

この時まで、オイラト連合でハーンを称する者はいなかったし、このハーン号授与は、チンギス・ハーンの男系子孫だけがハーンを称することができる、という、中央ユーラシア草原で暮らすモンゴル帝国の後裔の遊牧民が守り続けてきた不文律である「チンギス統原理（Chinggisid Principle）」に対する、チベット仏教からの挑戦だった。ダライ・ラマ五世という人は、傑出した政治力のある人物だったので、新たに施主となったオイラト遊牧民を、自分を頂点とする仏教世界の秩序の中に組み入れる意図があったのだ。

それでも、グーシ・ハーンは、系譜上チンギス・ハーンの弟の子孫と見なされていたので、清朝や同じくチベット仏教の施主であるモンゴル諸部に、このハーン号はすんなり受け入れられた。

グーシ・ハーンは、この遠征に同行したジューンガル部長にバートル・ホンタイジの称号を授け、自分の娘と結婚させて、のちにジュンガリアと呼ばれることになる故地に帰した。バートルは英雄あるいは勇敢なという意味で、ホンタイジは、もともと中国語の皇太子を起源とする言葉だが、モンゴルを再統一したダヤン・ハーンの孫トメト部長アルタン・ハーンが、自分の副王にホンタイジ号を与えて以来、西方を担当するハーンの副王（全権代理）の意味になっていた。

こうして、ジューンガル部長バートル・ホンタイジが、中央アジアのオイラト諸部の盟主となった。バートル・ホンタイジは、ロシアと盛んに使節を交換し、交易をおこなったので、ロシア史料にかれの名前がひんぱんに登場する。そのために欧米で有名になった。

グーシ・ハーン自身は、青海に呼び寄せた配下のオイラト人とともに、このあとチベット各地を平定してまわり、一六四二年にチベット全土を統一して、チベット王の位についた。ダライ・ラマ五世はこの時、グーシ・ハーンによって、チベット仏教界の教主に推戴された。これが今日に続くダライ・ラマ政権のはじまりである。グーシ・ハーンの子孫は、その後も、チベット仏教の中心地ラサへの通路であり、中国と中央アジア貿易の中継点でもある青海草原で遊牧しながら、名目上代々のチベット王となった。青海にホシュート部を中心とするオイラト遊牧民が住むようになったのは、こういうわけである。

ジューンガルのガルダン、ハーンになる

ジューンガル部長バートル・ホンタイジには、九人の妻と一二人の息子と二人の娘があった。グーシ・ハーンの娘が産んだセンゲとガルダン兄弟には、何人もの異母兄がいた。ところが、一六五三年バートル・ホンタイジが死んだ時、グーシ・ハーンの娘から生まれたセ

ンゲが父の領民の半分を相続して、その後継者となった。異母兄たちはこれを恨んで遺産争いを起こし、一六七〇年に、センゲは異母兄たちによって暗殺された。

センゲの同母弟ガルダンは、一六四四年に生まれるとすぐ、前年に亡くなったチベットの高僧の転生と認定され、十三歳でチベットに行き、パンチェン・ラマ一世とダライ・ラマ五世に師事した。一〇年のチベット留学から故郷に戻っていたガルダンは、還俗《げんぞく》して兄センゲの仇を討ち、センゲの妻だったホシュート部長オチルト・ハーンの孫娘を娶って、ジューンガル部長となった。ダライ・ラマ五世は、ジューンガル部を制覇したガルダンに、一六七一年、父と同じホンタイジの称号を授けた。モンゴルから伝わった時には副王の意味だったホンタイジ号は、こうして、ジューンガル部長を意味する称号となった。

ジューンガル部長となったガルダンは、一六七五年に舅のホシュート部長オチルト・ハーンと衝突し、七六年の冬、オチルト・ハーンを捕虜にした。この時まで、オイラト部族連合の盟主の地位は、ホシュート部長のものだった。しかし、実力でこれにまさったジューンガル部長ガルダンに、一六七八年、ダライ・ラマ五世は、「持教受命王《じきょうじゅめいおう》」の称号を授けた。「持教」はオイラト最初のハーン、ホシュート部のグーシ・ハーンの称号と同じである。ダライ・ラマ五世は、ガルダンを、グーシ・ハーンと同様、ゲルク派の擁護《ようご》者としての全オイラトのハーンと認定したのである。

ジューンガル部出身の最初で最後のハーンとなったガルダン・ボショクト（受命）・ハーンは、一六七九年にハミとトルファンを征

ガルダンの肖像画
（モンゴル国ホブド県郷土博物館所蔵）

服し、翌八〇年にはカシュガル、ヤルカンド、ホータンなどの都市を征服して、チャガタイ・ハーン家の一族と黒山党《こくざん》のホージャをイリに幽閉した。この地方は、前述のように、東チャガタイ・ハーン家（モグリスタン・ハーン家）の領土だったが、このころ、オアシス都市に住むイスラム教徒の指導権を握っていたのは、マホメットの子孫と自称するホージャ家の一族で、これが白山党《はくざん》と黒山党に分かれて激しい闘争をくりかえしていた。ガルダンは、黒山党のライバルの白山党のホージャを代官としてヤルカンドにすえて、毎年莫大な貢納を取り立てた。こうして、タリム盆地のトルコ系イスラム教徒は、異教徒のジューンガル部の属民にされたのだ。ジューンガルは、このあと一七五五年に滅ぶまで、天山山脈の北方の草原を本拠地としながら、南のタリム盆地のオアシス諸都市を支配し続けた。

全オイラト軍を率いたジューンガル部長ガルダンは、一六八一年以降、毎年西方に遠征し、カザフ人とキルギズ人を攻めた。八四年にはタシュケントとサイラムを占領し、八五年にはアンディジャンに遠征した。またたくまに中央アジアに一大遊牧帝国を築いたガルダンは、このあと一六八八年、第八章の最後に述べたように、漠北のハルハ部を攻めたのである。ここで、ガルダンがハルハ部に侵入するきっかけとなった、ハルハ部の内紛について説明しよう。

ガルダンのハルハ侵入

一六六二年、ロシアに対して第三代アルタン・ハーンを名乗った、前述のハルハ右翼のエリンチン（ウバシ・ホンタイジの孫）が、位を継いだばかりの宗主ジャサクト・ハーンを襲って殺した。エリンチンは、ハルハ左翼の宗主トシェート・ハーンと、ハルハと同盟関係にあったオイラトのジューンガル部のセンゲの両方から追われて、北に逃げた。エリンチンは、一六六七年センゲに捕まったが、この内紛で、多くのジャサクト・ハーン配下の属民がトシェート・ハーンのもとに避難した。殺されたジャサクト・ハーンの弟が新たに右翼のハーンになり、左翼のトシェート・ハーンに属民の返還を求めたが、トシェート・ハーンは一向に返す気配がなく、事件はハルハ部の左右翼の内紛に発展した。

エリンチンがなぜ宗主を殺したかは明らかではないが、かれは一六四三年ジューンガルのバートル・ホンタイジ率いるカザフ遠征にも参加しているし、ロシアと使節を交換しながら、ロシア皇帝への臣従宣誓を断固拒否するなど、誇り高い人物だった。黒龍江とザバイカリエに進出したロシア人が、新しいルートで中国と交易をするようになり、かれの領土を通らなくなったため、あせってモンゴル中央部へ進出しようとして、その通路にあたる地方を領土としていたジャサクト・ハーンと衝突したのかもしれない。

一六八三年、清とロシアの間で、黒龍江地方をめぐって六年戦争がはじまり、ハルハ部の中でも左翼の領主たちは、清と呼応して、北方のザバイカリエに攻め込んだ。ロシアとの緩衝《かんしょう》地帯に位置し、清朝側に友好的であるハルハ部の内紛を憂慮した康熙帝は、チベットのダライ・ラマ五世が全モンゴル人に影響力があると考えて、共同で調停に乗り出した。

一六八六年、康熙帝の名代として理藩院尚書《りはんいんしょうしょ》がハルハに赴き、ダライ・ラマ五世の名代のガンデン大僧院座主立ち会いのもと、ハルハ両翼のハーンを召集して会盟を開いた。ところが、トシェート・ハーンは約束の属民を半分しか返還しなかった。翌八七年、新ジャサクト・ハーンは、ガルダンの援助を求めてジューンガルへ向かったので、トシェート・ハーンはかれらを追跡してジャサクト・ハーンを殺し、ジューンガル軍と交戦してガルダンの弟も斬った。ガルダンのハルハ侵入を招いたのは、トシェート・ハーンの無思慮のせいでもあった。清の康熙帝と同盟しているというおごりがあったのだろう。

一六八八年春、ジューンガルのガルダン・ハーンは、三万の兵を率いてハンガイ山脈を越え、待ち受けるトシェート・ハーンの軍を破った。ガルダンは軍を二手に分け、一隊は仏教寺院エルデニ・ジョーを攻め、一隊はケルレン河に進んで、左翼の領主チェチェン・ハーンの遊牧地を掠奪した。最後の大決戦にも敗れたハルハ軍は潰散《かいさん》し、ハルハの人びとは算を乱して逃亡した。数十万にのぼる人びとがゴビ砂漠の南に逃げて、清の保護を求めたのである。

ガルダンは、康熙帝にハルハ進軍の言いわけをする手紙を出した。その中で、一六八六年の講和会議で、ハルハ左翼のトシェート・ハーンの弟の高僧ジェブツンダンバ・ホトクト（一世）が、ダライ・ラマの名代のガンデン大僧院座主と同じ高さの席を占め、あらゆる点で対等にふるまったことは、ダライ・ラマとゲルク派に対する冒瀆《ぼうとく》である、と憤《いきどお》っている。

ジェブツンダンバ・ホトクト一世は、はじめてハルハにチベット仏教を導入したアバダイの曾孫で、一六三五年に生まれてまもなく、チベットのチョナン派の高僧の化身と認定された。チョナン派は、ダライ・ラマの属するゲルク派のライバルのカルマ派の一派と見なされ、一六四二年グーシ・ハーンがチベットを統一したあと粛清されている。アバダイが一五八五年カラコルムの地に築いた仏教寺院エルデニ・ジョーの開基式も、カルマ派と関係の深かったサキャ派の僧がおこなったし、カルマ派の熱心な信奉者で、青海に覇をとなえ、グーシ・ハーンに滅ぼされたチョクト・ホンタイジは、このアバダイの甥にあたる。そうすると、漠北のハルハ・モンゴルには、最初はカルマ派が普及していたと思われる。

しかし、ガルダンに攻撃されて内モンゴルの地に逃げ、清の康熙帝に臣従を誓ったあと、ジェブツンダンバ一世はゲルク派にくらがえをした。すでにチベットはゲルク派全盛時代だったし、清朝の方針も、ダライ・ラマを頂点とするゲルク派を、チベット仏教諸派の代表とみなすことにしていたからである。

ジューンガルのガルダンは、はじめ清朝を敵にまわすつもりはなかった。ただ、自分の弟を殺したトシェート・ハーンと、ゲルク派の敵であるジェブツンダンバ・ホトクトの引き渡しを求めて、何度も清朝に使者を派遣した。しかし、清の康熙帝にしてみれば、自分の庇護を求めてきたモンゴル人領主とチベット仏教の高僧を、その敵にむざむざ引き渡すわけにはいかない。それでは、すでに清朝支配下にはいっている、ハルハ族と同族のモンゴル人の信用を失うことになる。康熙帝はガルダンをなだめて調停を図った。

清の康熙帝のモンゴル親征

一六九〇年、ガルダンは二万の兵を率いてケルレン河から南下し、北京の北方三〇〇キロのウラーン・ブトン（いまの赤峰《せきほう》市付近）で、清軍と衝突した。ガルダン軍は、沼地を前にした林の中に布陣して、ラクダの脚をしばって地に坐らせ、その背にぬらしたフェルトをかけて弾《たま》よけにし、そのかげから小銃の筒先を並べて、清軍と激しい射撃を交わした。ガルダンは、トシェート・ハーンとジェブツンダンバの引き渡しを要求したが、清側がこれを断固拒否すると、ダライ・ラマ五世の摂政が派遣した高僧が来て、条件を緩和し、ジェブツンダンバをラサに送ることを申し入れた。清朝側がこれらの要求をはねつけている間に、清の増援部隊が近づき、ガルダンは全軍を率いて漠北に引き揚げたのである。

清朝に命を助けられたトシェート・ハーンとジェブツンダンバは、一六九一年、元朝の夏の都だった上都の跡地で清の康熙帝に臣従を誓った。この時、ハルハ左右翼の領主たちも列席し、こうしてオイラト連合を除く狭義のモンゴル民族すべてが清朝の支配下に入ったのである。

清朝の領土に侵入し、清軍に大損害を与えたガルダンは、いまや清朝自体の敵になった。あらたに臣民となったハルハ族のため、かれらの遊牧地をガルダンから奪回するという大義名分を得た康熙帝は、モンゴル高原への親征を決意した。

一六九六年、康熙帝は三個軍団を編成し、自身は三万七〇〇〇人の中路軍を指揮して、四月一日（陰暦二月三十日）に北京を出発した。目指すは、ケルレン河上流のガルダンの本営である。西路軍は、内モンゴル西部から陰山山脈を越え、オンギン河からトーラ河に向かう。東路軍は、瀋陽から出発し、東回りでケルレン河に向かう予定だったが、出発が遅れて、現地での合流が不可能になったため、結局、ハルハ河で待機することになった。

西路軍も悪天候のため行軍が予定より大幅に遅れて、康熙帝率いる中路軍が先にガルダンに接近した。西路軍を待つため進軍の速度を落として、六月九日中路軍がガルダンの宿営地に至ったところ、ガルダンは逃走したあとだった。康熙帝は失望したが、西に向かったガルダン軍を、トーラ河に沿って進軍中の西路軍が、ウラーンバートル市東方三〇キロのジョーン・モドで捕捉《ほそく》した。六月十二日の激戦で、ガルダンの妃のアヌ・ハトンは戦死し、ガルダン軍の主力は壊滅した。ガルダン自身は少

ジョーン・モド

ジョーン・モド（百本の木）の名前は，トーラ河の両岸の林に由来する

数の部下とともに脱出したが、二度とこの痛手から立ち直れなかったのである。

ガルダンが東方でモンゴル高原制圧と、清朝との交渉に手を取られているうちに、ガルダンの亡兄センゲの息子ツェワンラブタンが、ガルダンに叛旗を翻《ひるがえ》した。ツェワンラブタンは、一六九一年までに、ジューンガルの本拠地であるイリ地方とタリム盆地を支配して、清の康熙帝と連絡を取った。故地に戻ることができなくなったガルダンは、ハンガイ山脈とアルタイ山脈の間を放浪したあげく、一六九七年四月四日病死した。清朝で編纂された漢文史料がいう服毒自殺は、史実ではない。

ツェワンラブタンの時代

ジューンガルの新たな指導者となったツェワンラブタンに対して、チベットのダライ・ラマ政権は、一六九四年、エルデニ・ジョリクト・ホンタイジの称号と、鉄の菊印の印璽《いんじ》を与えた。ガルダン・ハーンは存命だったが、すでに清朝の公然たる敵となっていたので、ダライ・ラマ政権は別に保険をかけたのである。こうして、正式にジューンガル部長として承認されたツェワンラブタンは、カザフ草原や中央アジアなどのオアシス都市を盛んに侵略した。

清とジューンガルの関係は、ガルダンの死後二〇年近く平和だったが、一七一五年、ハミ、トルファンで衝突が起こり、戦争状態になった。続いて、一七一七年、ツェワンラブタンの従兄弟が率いる六〇〇〇のジューンガル軍が、チベットに進軍した。

当時ラサには、初代のチベット王グーシ・ハーンの曾孫である青海ホシュート部長ラサン・ハーンがいた。ラサン・ハーンは、ホシュート部をないがしろにしたダライ・ラマ五世の摂政サンギェ・ギャツォを殺し、チベット王の実権を取り戻そうとしたのである。

摂政サンギェ・ギャツォは、一六八二年にダライ・ラマ五世が没したことを隠し続けて、ひそかに六世を選び、一六九七年になってようやく公表した。この六世が、酒を飲み、女を愛し、恋愛詩をつくる放蕩《ほうとう》者《もの》だった。六世は具足戒《ぐそくかい》［仏教僧の守るべき厳格な戒律。これを受けることによって僧の資格を得る］も受けず、すでに受けていた沙弥戒《しゃみかい》［幼年で仏門に入り、正式の僧となるための修行僧が守るべき戒律］も返上してしまった。摂政が、清の仇敵ガルダンに肩入れして、ダライ・ラマ五世の死を隠し続けたことを不快に思っていた康熙帝は、ラサン・ハーンに味方した。

清の康熙帝の命によって、ラサン・ハーンはダライ・ラマ六世を逮捕し、北京に送ったが、六世はその途中青海西南部で一七〇六年没した。清朝とラサン・ハーンは、パンチェン・ラマ二世の同意を得て別のダライ・ラマ六世を立てたが、誰も信ずるものがなかった。やがて、一七〇八年東チベットに生まれた男児が六世の転生と信じられ、ラサン・ハーンに反感を持つ青海ホシュート部の領主たちが康熙帝に保護を求めたので、康熙帝は将来の必要を考慮して、幼児を西寧《せいねい》のクンブム大僧院に移し、清軍に護衛させた。これがのちにダライ・ラマ七世として承認される。

ジューンガル部長ツェワンラブタンは、ホシュート部長ラサン・ハーンに対するチベット人や同族のホシュート部領主たちの反感を利用して、チベットの支配権を奪おうという計画を立てた。無人のチャンタン高原を強行突破して、ラサの北方ナムツォ湖畔に突然あらわれたジューンガル軍に対し、ラサン・ハーンは青海から自分のホシュート軍を呼び寄せるひまもなく、ラサに後退した。チベット人が城門を開けてジューンガル軍を入れたので、ポタラ宮に逃げ込んだラサン・ハーンは、清の援軍が到着するまでもちこたえるのは不可能と知り、ポタラを出てジューンガル軍と切り結び、壮烈な戦死をとげたのだった。

ジューンガル軍は、ゲルク派以外の宗派の寺院を掠奪破壊し、僧たちを殺したり追放したりしたので、チベット人たちは今度はジューンガルに敵意を抱くようになった。

一度はジューンガル軍に敗れた清軍は、次には二手に分かれて、四川軍が東チベットから山地を横断してラサに入った。ラサ北方のダム草原に兵力を集中していたジューンガル軍は、掠奪しながら北方へ逃げ去った。一七二〇年、清朝の公認を受けたダライ・ラマ七世が、清の青海軍の護送を受けて、民衆の歓呼のなかラサに入城した。これが、清のチベット保護のはじまりである。

ガルダンツェリンの時代

一七二七年、ヴォルガ河畔からトルグート部の使節が到着したすぐあとに、ジューンガル部長ツェワンラブタンが毒をもられて急死した。後継者ガルダンツェリンは、継母を毒殺の罪で処刑し、彼女の産んだ子ロブザンショノはヴォルガに逃げた。ガルダンツェリンの母は死んだホシュート部長ラサン・ハーンの妹で、ロブザンショノの母はヴォルガ河畔のトルグート部長アユーキ・ハーンの娘だった。アユーキのハーン号は、一六九七年、ガルダンの死の直前、ダライ・ラマ六世の名で、摂政サンギェ・ギャツォが授けたものである。ヴォルガ河畔で大勢力となっていたトルグート部は、チベットのゲルク派にとって、もっとも遠隔地にいる有力な施主だった。一方、青海ホシュート部は一七二三年清朝に完全に制圧されたため、ジューンガル部長の継承争いに際して不利になったガルダンツェリンが、ライバルの異母弟を排除するためにこの事件を仕組んだと思われる。

しかし、ガルダンツェリンは、父ツェワンラブタンと同様、有能な遊牧君主だった。かれは父の政策を踏襲し、カザフ草原やシル河流域、フェルガナ、バダフシャンへの征服戦争を続行した。

ジューンガル軍は東方に対しては、一七三一年、久しぶりに漠北のモンゴル高原に侵入し、ホブドの西で清軍を破り、ハルハ各地を侵犯した。翌三二年、再びハルハに侵入したジューンガル軍は、エルデニ・ジョーに集結した。前述のハルハのトシェート・ハーンの甥にあたる親王ダンジンドルジと、トシェート・ハーンの曾祖父アバダイの兄弟の曾孫エフ（清朝皇帝の娘婿）・ツェリンが率いる二万の軍が進軍し、ジューンガル軍を攻撃した。両軍激闘の末、ジューンガル軍は万余の死者を出して大敗し、残りはオルホン河の上流から敗走した。

　対ジューンガル戦争で大いに戦功を挙げたハルハ部のエフ・ツェリンは、清朝から和碩《ホショイ》親王に封ぜられ、大札薩克《ジャサク》にのぼり、雍正《ようせい》帝から超勇《ちようゆう》の号を授かった。ツェリンは一七三三年に定辺左副将軍に任命されてホブドに駐在し、ジューンガルとの国境画定交渉にあたった。一七三九年に画定したハルハ部とオイラト諸部の境界は、今のモンゴル国西部のザブハン県東端を流れるブヤント河を境とし、オイラトの遊牧はアルタイ山脈を越えないこと、ハルハ部の遊牧もアルタイ山脈の北までと決まった。

　モンゴル高原の領有には失敗したが、かえって東方関係が安定したガルダンツェリンは、いっそう西方のカザフ草原征服に専念することになった。ジューンガルの再三の侵略で大打撃をこうむったカザフの支配階級は、帝政ロシアに保護を求めるようになっていった。

カラコルムの跡地に建てられた仏教寺院エルデニ・ジョー

カザフは、第八章で説明したように（166頁）、語源はトルコ語で「自分の部族から分離して自由行動を取った人びと」である。今のカザフ人は、十五世紀中ごろ、ウズベク族から分離した遊牧集団の後裔であるが、ウズベクという集団名は、イスラム化した後のチンギス・ハーンの長子ジョチの後裔の遊牧集団の総称として、十四世紀に現れる。かれらの一部は南下して、今のウズベキスタンの国民となった。一方、今のカザフ草原の東方を根拠地としたカザフ遊牧集団は、やがて三部に分かれた。ロシア人は、もっとも起源の古い天山西北方のセミレチエ地方の集団を大オルダ（モンゴル語のオルド）、中部草原の集団を中オルダ、ウラル河に近い西部草原の集団を小オルダと呼んだ（166〜167頁地図16）。

一七四〇年、一万二〇〇〇のジューンガル軍は、ザイサン湖から北上してイルティシュ河の右岸で越冬し、翌四一年ヤムィシュ要塞を過ぎてイルティシュ河を北に下り、渡河してカザフ草原に侵入した。イシム河地方とイレク河上流にいたカザフ中オルダが攻撃され、掠奪された。その冬、イシム河流域でジューンガル軍とカザフ人の戦闘がおこなわれ、数名のカザフ人貴族が捕虜となって、ジューンガルの地に護送された。もし、ロシアがカザフ人を保護し、ジューンガルに侵入を中止するよう要求しなければ、カザフ草原はジューンガル軍に蹂躙《じゅうりん》されてしまっただろうと、ロシア人はいう。

一方、ジューンガルの四〇〇〇の別軍は、一七四二年、タシュケントとトルキスタンを無血占領し、タシュケントにガルダンツェリンの代官を置いた。ジューンガルはホーカンド・ハーン国にも侵入し、バダフシャン王国の王子は人質としてイリ地方に連れていかれた。

ジューンガルの文化

ジューンガルの経済の基盤は、古来の遊牧帝国と同様、内陸貿易の拠点をおさえて遠距離の交易から利益を得ることと、周りの異民族を襲撃して家畜や領民を掠奪するとともに、かれらから貢納を徴収することであった。遊牧民の騎馬軍団は機動力に富むことはもちろんであるが、ジューンガル軍は、火器などの、当時最高の軍事技術も取り入れていた。

すでに一六五〇年ごろ、バートル・ホンタイジはロシア政府に、鍛冶屋《かじや》二人、鉄砲鍛冶二人、甲冑《かっちゅう》一具、大砲一門、鉛、金箔《きんぱく》、鋸《のこぎり》などを提供するよう要求したという。ガルダンの時代には、硫黄《いおう》を精製して火薬を製造し、銅、鉛、鉄の鉱山を持ち、精密で堅牢な武器類を造っていた。鎧帷子《よろいかたびら》は、小さな環《わ》を綴り合わせていて、衣類のように軽かったという。戦闘には、鉄砲や大砲、弓矢、刀槍を利用し、大砲は駱駝に乗せた。

ジューンガル軍の主力はもちろん騎馬兵で、その中核は弓手、火縄銃手と槍騎兵だった。火縄銃手は、プーチン（砲手）と呼ばれて、キルギズ人やブハラ人から成っていた。外人砲兵部隊も、遊牧部族と同じように、千人隊で一オトクと数えられた。

ジューンガルの支配下に入った中央アジアのトルコ系イスラム教徒は、すべてブハラ人と総称され、砲手となって軍事的奉仕をし、イリ地方に強制移住させられて、農耕に従事し、さらに、商人として東西中継貿易に活躍した。一六九〇年代にはオイラトには耕地がなかったが、一七二〇年代には、ブハラ人捕虜だけでなく、オイラトの人たちも農耕をおこない、小麦、大麦、黍、米、南瓜、西瓜、葡萄、杏、林檎などが栽培されていた。

ジューンガルがタリム盆地から徴収した貢納は、穀物、綿花、紅花（サフラン）の現物または貨幣、貿易商人から商税、一般商人から金・銅税、園戸からは果税を徴収した。

北方の山地タイガや草原で暮らすトルコ系諸族も、ジューンガルから重い貢納を徴収された。かれらは、穀物、鉄製品、家畜、黒貂の皮、獣類などで支払った。

ジューンガルの巧みな異民族統治政策の一つに、イスラムの伝統である人質制度があった。ハーンの幼い息子や、貴族たち、高官たちは、莫大な貢納の徴収を保証するためと、ジューンガルへの隷属の保証のために、イリに拘留《こうりゆう》された。ジューンガルの支配者は、これら高貴な家柄の人質を殺すことはなく、かれらを利用して征服地の内政干渉をおこない、政治上の助言を得たりした。人質たちは、一定の期間が終わると、他の人質と交代させられて帰郷した。

ロシアと清朝の間で、ブハラ人が中継した物資の一つとして有名なのが、大黄《だいおう》（ルーバーブ）の根塊《こんかい》である。甘粛から青海にかけての地方を原産地とする大黄は、昔から下瀉剤《げしやざい》、健胃剤《けんいざい》として有名で、十世紀以降、西アジアやヨーロッパへ供給されていた。ロシア人はこの大黄を珍重し、トボリスクやキャフタ貿易でも、もっぱら大黄を買い入れた。

ツェワンラブタンの時代から、ブハラ商人が北京や粛州へ来て貿易することは禁じられたから、清朝西北辺境の西寧とその近郊の多巴《トバ》が、ジューンガル帝国時代の中央アジア貿易の中心の一つとなった。ブハラ人は西寧で大黄を買い、シベリアや中央アジア各地に販売して、独占的な中継貿易を営むほかに、中国の茶、絹織物、綿布、南京木綿、繻子、陶磁器なども、十七世紀中期以降、ブハラ人の手によってシベリアに輸出された。

清の乾隆帝のイリ征伐

一七四五年、ガルダンツェリンが死ぬと、ジューンガル部率いるオイラト部族連合はたちまち分裂した。一七五〇年、後継者となった次男が庶出の異母兄に幽閉され、ついで一七五二年、ツェワンラブタンの外孫でホイト部長のアムルサナーが、ツェワンラブタンの従兄弟の孫ダワチをホンタイジ位につけた。一七五三年、内紛の続くジューンガルから、ドルベト部の三〇〇〇家族が逃げてきて、清に投降した。その後も清への投降者があい次ぎ、ついに一七五四年、ダワチの即位後かれと不和になったアムルサナーまで清に投降した。

乾隆《けんりゅう》帝は、この機を利用して一挙にジューンガル問題を解決しようと計画し、一七五五年、各二万五〇〇〇のモンゴル軍と満洲軍を動員し、二路に分けて進軍させた。アムルサナーは、清の北路軍副将軍に任命された。清軍はほとんど抵抗を受けずにイリに達し、タリム盆地に逃亡したダワチは捕らえられて北京に送られた。わずか一〇〇日の作戦で、最後の遊牧帝国ジューンガルは滅亡したのである。

アムルサナー（モンゴル国ホブド県郷土博物館所蔵の現代の作家による肖像画）

清朝は、四オイラトの名にちなんで、帰属したオイラトの人びとを四部に分け、モンゴルの制度にならって各部にハーン（汗）を設けて、分割統治するつもりだった。しかし、アムルサナーは、ホイト部のハーンの位に不満で、自ら全オイラトの盟主ホンタイジを称し、ダライ・ラマ政権からジューンガル部長が授かった鉄の菊印を勝手に使用して、清に叛いて独立を宣言した。

アムルサナーはその後、清軍の追撃を受けてカザフ中オルダに逃亡したが、ここも追われてロシアの保護を求めてシベリアに逃げ込んだ。一七五七年、アムルサナーはセミパラチンスク要塞近くに現れ、ヤムィシュ湖に到着したとき、天然痘を発病した。かれはトボリスクまで行き、そこで三十五歳で死んだ。

アムルサナーの叛逆と呼応して、ハルハの初代アルタン・ハーン、ウバシ・ホンタイジの五代目の子孫チングンザブが蜂起した。チングンザブは、ジューンガルとの長く続いた戦いに疲弊していたハルハの人びとに、哨探《しょうたん》（見張り）や駅站《えきたん》（替え馬を置いてある宿駅）の任務放棄を呼びかけたので、かれの反乱は「撤駅《てつえき》の変」と呼ばれる。しかし、チングンザブの反乱自体が計画性がなかったことと、ジェブツンダンバ二世が乱を静めるために乾隆帝に協力したので、この乱は短期間で鎮圧された。母がかれの同族だったジェブツンダンバ二世は、乾隆帝にチングンザブの助命を嘆願したが、容れられなかった。

アムルサナーの叛逆とチングンザブの蜂起のあと、各地でジューンガルの残党が清軍を襲撃する事件が起こった。清軍がこれらの残党を掃討し続けている間に、天然痘が大流行し、オイラトの人口は激減した。なかでもジューンガルの人びとはほぼ全滅したという。イリ地方は、ほとんど無人地帯になった。

これを知ったヴォルガ河畔のトルグート部長ウバシは、一七七一年はじめ、配下の三万三〇〇〇家族を引き連れてヴォルガを出発した。ロシア配下のコサックや、ヴォルガ中流域のイスラム教徒で、かつてはカザン・タタールの支配下にあったバシキル人や、カザフ人やキルギズ人などの追跡と攻撃を受け、バルハシ湖砂漠を遠回りする七ケ月におよぶ困難な逃避行で一〇万人を失った末、トルグートの人びとはようやくイリの故地に至って、清の乾隆帝の保護を求めた。その年は暖かく、ヴォルガ河が凍結しなかったので、ヴォルガ右岸（西方）のカルムィク［トルグート部とドルベト部とホシュート部など］一万数千家族は取り残された。その子孫が、今のロシア連邦内のカルムィク共和国の人びとである。
この時イリに帰還した七万人のトルグート族の子孫が、いま新疆北部に住む、トルグート・モンゴル族である。

ジューンガル史の通説の誤り

最後に、欧米とロシアのジューンガル史の通説がどのように誤っていたかについて、簡単に述べておきたい。

欧米におけるジューンガル史の誤謬の最大の理由は、オイラト（ロシア人はカルムィクと呼ぶ）が、諸首長が対等な関係で同盟を結んだ遊牧部族連合であったことを理解せず、ジューンガルだけが盟主の地位にある特別な部族だと思いこんだところにある。確かに、ガルダンが登場した十七世紀末から、清朝に滅ぼされる十八世紀なかばまで、ジューンガル部長はオイラト部族連合の盟主だった。しかし、ロシア人がはじめてオイラトと接触した十七世紀はじめには、まだジューンガルはオイラト部族連合の一構成集団にすぎなかった。また、ジューンガル部族長の称号は、ハーンの副王という意味の「ホンタイジ」で、「ジューンガル・ハーン」は存在しなかった。そういうわけで、ソ連のズラートキンが著した有名な『ジュンガル・ハン国史（一六三五―一七五八）』は、題名からして誤りなのである。

このことは、単に称号だけの問題ではない。その政権の拠って立つ基盤がどこにあり、どのような政体であるかに関係してくる重要な問題なのだ。

実際に誤謬の一例を挙げよう。一六一六年、オイラト（カルムィク）にはじめて派遣されたロシア使節は、「全カルムィクの筆頭タイシャはボガティル・タライ・タイシャで、人びとはかれを全カルムィクのツァーリと呼ぶが、かれ自らは決してツァーリと称さない」と報告した。この「ボガティル・タライ・タイシャ」を、パラス、ハワース、バッデレーというジューンガル史の大家たちは、ジューンガル部長バートル・ホンタイジだと誤解した。実際には、この「筆頭タイシャ」、すなわちこの時の四オイラト部族連合の盟主は、ドルベト部長ダライ・タイシだった。

誤解が生じた理由は、モンゴル語起源の称号の意味を理解しなかったためである。「ボガティル」は、英雄あるいは勇敢なという意味のモンゴル語「バートル」の訛りで、盟主に与えられる称号である。「タイシャ」もまた、元朝時代の国軍総司令官の「太師」を起源とする称号で、チンギス・ハーンの男系子孫以外の部族長の意味である。さらに、タイシ（太師）号とホンタイジ（皇太子）号は異なる称号である。つまり、「バートル・ダライ・タイシ」と「バートル・ホンタイジ」は全くの別人だった。

右の報告にある「ツァーリ」は、いうまでもなく、ハーンのロシア語訳である。つまり、オイラト連合の盟主ではあっても、自らはハーンを称さなかったというのは、前述の「チンギス統原理」の好例で、オイラトの首長たちがチンギス・ハーンの男系子孫ではなかったからである。

ロシアや欧米の研究者から見て、確固とした国家のように見えた「ジューンガル帝国」は、実際には、青海ホシュート部やヴォルガ・トルグート部と婚姻を結んで連合しているオイラトの一部であり、モンゴル起源の称号を授与したのはチベットのダライ・ラマ政権だった。十八世紀なかばにジューンガルは滅び、その名前は消えたけれども、各地に広がったゆるやかな連合だったおかげで、オイラト連合の人びとは現代にまで生き残った。実はジューンガル部の人びとも、オーロトと名前を変えて、その子孫が生き残っているのである。

第十章　モンゴルの民族運動と日本

本章では、日本が開国して明治維新を迎えたあと、多くの日本人が中国大陸に出ていき、実際にモンゴル人と接触するようになった時代のことを書く。二十世紀はじめの日本人にとって、「満蒙」は、赤い夕陽が見渡す限りの広野のかなたに沈む、ロマンティックな情景の浮かぶことばになった。

日本の大陸進出

日本の大陸進出が本格的にはじまったのは、一九〇四～五年の日露戦争に勝利してからである。ここで、日露戦争に至る経緯について、手短かに述べておこう。一八九四～五年の日清戦争で日本が勝利し、いったんは獲得した遼東《りようとう》半島を、ロシア、フランス、ドイツの三国干渉で清朝に返還させられた翌年、ロシアは、日本に支払う賠償金の借款《しやっかん》の口利きをした代償に、清から、満洲北部を横断する東清《とうしん》鉄道の敷設《ふせつ》権を得た。ロシアはすでに一八六〇年の北京条約で沿海州《えんかいしゅう》を獲得し、七一年にはウラジヴォストーク［東方を支配せよ、という意味］に海軍基地を建設していた。シベリア鉄道はこの時すでにバイカル湖畔にまで達していたが、ロシアは、黒龍江の北を迂回《うかい》してハバロフスクを経由するという当初の計画を変更し、清朝の弱みにつけこんで、一直線にウラジヴォストークに至ろうとしたのだ。ロシアは一八九八年には、東清鉄道の中間のハルビン（哈爾浜）から旅順《りよじゆん》、大連《だいれん》に至る東清鉄道南部支線の敷設権と遼東半島南部の租借《そしやく》権も手に入れた。

一九〇〇年、山東《さんとう》省の義和団《ぎわだん》という宗教秘密結社が、外国人排斥《はいせき》運動を展開しながら北京《ペキン》に至った時、一七万七〇〇〇のロシア軍がこれを好機と満洲に侵攻した。ロシア軍はまたたくまに黒龍江城、吉林《きつりん》城、瀋陽《しんよう》［清朝時代奉天府が置かれ、一九〇七年に満洲にはじめて省制が敷かれた時、奉天省の中心となった。二十世紀前半、奉天市となったり、瀋陽市となったりする］を占領し、日本を含む八ケ国連合軍が北京を占領して清との間に講和が成立したあとも、満洲から撤兵しなかった。

イギリスはロシアを牽制《けんせい》するため、義和団事件の際に連合軍の主力として貢献

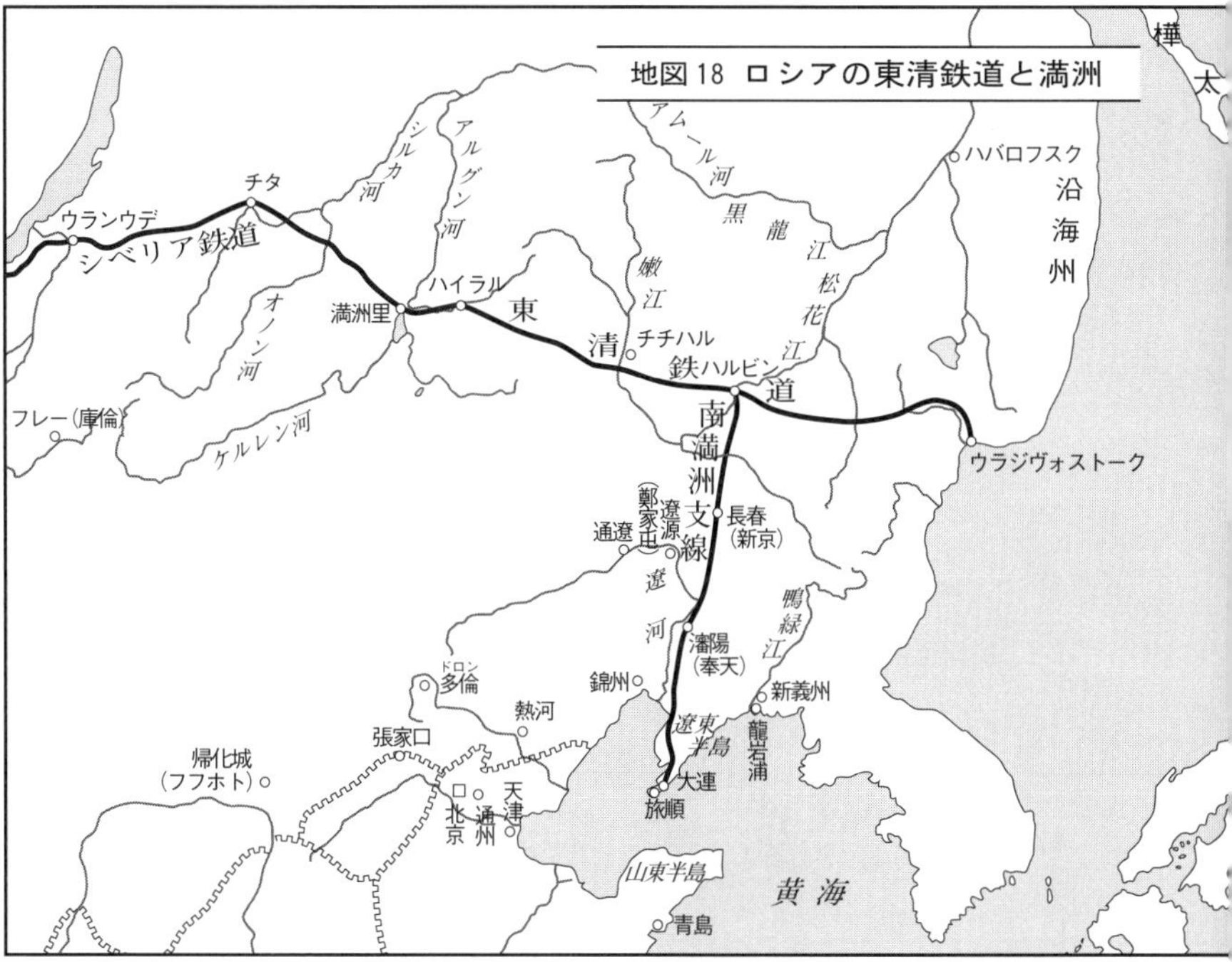

地図18　ロシアの東清鉄道と満洲

した日本と、一九〇二年、日英同盟を結んだ。さらにアメリカの圧力もあったので、同年ロシアは清と満洲還付条約を締結し、段階的撤兵を約束して、第一期の撤兵は実行した。ところが、ロシアは翌〇三年には東清鉄道全線を建設し終わり、その後の撤兵を実行しないばかりか、旅順に極東総督府を設置し、再び瀋陽を占領したのである。ロシアはまた、朝鮮半島においても日本の勢力の駆逐をはかり、鴨緑江《おうりょくこう》を東に越えた黄海《こうかい》の要所、龍岩浦《りゅうがんほ》に根拠地を建設した。

朝鮮半島と満洲をめぐる日本との外交交渉に誠意を見せず、軍備増強を開始したロシアに対して、日本は一九〇四年二月、英米の支持を頼みに宣戦布告した。翌〇五年一月、日本軍は苦戦の末、旅順を占領し、三月には奉天《ほうてん》（瀋陽）を占領し、五月の日本海海戦で、連合艦隊がロシアのバルチック艦隊を破った。戦争続行能力が限界に達していた日本にとって幸運だったのは、のちのロシア革命につながる「血の日曜日」事件が一月にロシアで起こったことだった。九月にアメリカの仲介でポーツマスで日露講和条約が締結され、戦争は終結した。

日本は、この勝利によって、韓国における優越的地位のほか、ロシアの権益を引き継いで、旅順、大連の租借権、東清鉄道南満洲支線の経営権、南樺太《からふと》、沿海州の漁業権などを獲得した。満洲は清朝の領土であり、しかも父祖発祥の地であったにもかかわらず、清は日露戦争が勃発した時、「局外中立」を宣言した。そのため、このあと満洲に関しては、清朝の主権を認めながらも、北半分がロシア、南半分が日本の勢力圏となった。ちなみに、現在の中国東北三省の起源となる清朝の東三省《とうさんしょう》総督が置かれたのは、日露戦争後の一九〇七年で、この時はじめて、奉天、吉林、黒龍江にそれぞれ巡撫《じゅんぶ》を設けて、中国内地と同様の省制を敷いたのである。東三省よりマンチュリア（満洲）の呼称の方が古いのだ。

一九〇六年八月、日本は遼東半島の租借地に関東都督府《かんとうととくふ》を設置した。この守備隊が、一九一九年に生まれた関東軍の前身である。十一月には、半官半民の南満洲鉄道株式会社、略称満鉄が、資本金二億円、鉄道、炭鉱、湾岸、電気事業を経営する株式会社として誕生した。満鉄株は多くの日本国民に所有され、満鉄は国民的会社として親しまれるようになる。こうして、一般の日本人にとって中国大陸が身近なものになっていったのである。

源義経はチンギス・ハーンになった？

日本人にモンゴルの話をすると、とりあえず出る質問に、「ところで、源義経がジンギスカンになったという話は、本当じゃないんですか？」というのがある。少し脱線をすることになるが、ここで、この話の由来と背景について説明しておきたい。

一一八九年に源義経が衣川《ころもがわ》で死んだあと、室町時代ごろから、「その後の義経伝説」が創られ、信じられるようになっていったが、江戸初期に近江《おうみ》国坂本《さかもと》雄琴《おごと》村に生まれ、偽系図家業で繁盛した沢《さわ》田《だ》源内《げんない》は、漢文で『金史別本』という偽書を書いた。これには、「源義経が蝦夷《えぞ》を経由して金国にわたり、その孫の源義鎮が金国の騎馬軍団を統帥する大将軍となり、中国を攻めた」という架空の物語が記されていた。この書物は同時代すでに水戸藩彰考《しょうこう》館《かん》の学者によって偽書であることが暴かれたが、好事家の間で写本によって密かに伝えられ、『金史列将伝』『金小史』などさらなる偽書を生んだ。その後、対馬出身の国学者、森助《すけ》右《え》衛門《もん》は、清の乾隆帝時代に編纂された『欽定古今図書集成』の『図書輯勘録《しゅうかんろく》』第百二十巻に、皇帝自身による序があって、そこには「朕の姓は源、義経の裔、其の先は清和に出ずる。故に清国と号す」と書かれている、という珍説を発表した。これも全くの虚構だったが、こういう話を好む人はいつの時代でもいるもので、密かに伝えられたのだ。

大ベストセラーとなった小谷部《おやべ》全一郎《またいちろう》著『成吉思汗《チンギスカン》ハ源義経《ゲンギケイ》也』が出版されたのは、一九二四（大正十三）年、日本軍のシベリア出兵のあとだが、著者小谷部が幼年時代に熱中したという元本が、一八八五（明治十八）年に出版された内田彌八《うちだやはち》訳述『義経再興記《よしつねさいこうき》』である。この書物は、イギリスで発表された義経＝ジンギスカン説を補強して、義経が蝦夷経由で大陸に渡って、蒙古の騎馬軍団を支配するジンギスカンになったという話のあと、騎馬民族が中国にたてた元朝が滅び、漢民族による明朝が生まれたが、再び義経の子孫である北方騎馬民族がこれを撃ち破って清朝をたてたという後日談までつけた。

イギリスで発表された義経＝ジンギスカン説というのは、実は、のちに逓信《ていしん》大臣、内務大臣になった末《すえ》松謙澄《まつけんちょう》が、ケンブリッジ大学に留学するためにイギリスに渡った直後の一八七九年、イギリス人に日本人の偉大さを示したいと考えて、イギリス人をよそおい、匿名《とくめい》でロンドンで出版した論文だった。末松が、江戸時代の偽書なども利用して、源義経を音読みした「ゲンギケイ」が「ジンギスカン」に音が近いから、「西洋にもよく知られた大帝国の建設者ジンギスカンは、実は日本人だった」という架空の物語をでっちあげたのだ。

ヨーロッパ人に日本人の存在を示そうとした末松の当初の意図とはちがって、このファンタジー（空想）は、見知らぬ土地の中国大陸にはじめて出向く日本人にとって、この上ない励ましになった。さらに今にいたるまで、日本人のモンゴル人に対する親近感を育成するのに大いに貢献しているといえる。

また、日本人の赤ん坊のおしりに見られる蒙古斑《もうこはん》（モンゴリアン・スポット）と呼ばれる青あざについても、だからモンゴル人とは近縁なんですね、という反応がある。実は、明治時代に日本にやってきたお雇い外国人のドイツ人医師ベルツ（一八四九―一九一三）が、日本の赤ん坊でこのことを発見したとき、本書の最初に述べたように、ドイツで生まれた人種区分の、黄色人種という意味のモンゴロイドということばから、モンゴリアン・スポットと名づけたのである。青あざが出る確率は日本人の方が高い。

そういうように、広く知られた話というのが、必ずしも学問的でないのはよくあることだが、どんな話でも、知らないよりは知っていた方がいい、というのが私の感想である。

清朝治下のモンゴル人

日本人が大陸に進出したのが清朝の最末期だったため、清朝の政体やモンゴル統治についての日本人の知識は、ほとんど、清朝を滅ぼした中華民国の解釈のまま、つまり中国的な見方に引きずられている。ここで、清朝の二七五年におよぶモンゴル統治について、実際はどのようなものだったかを説明しておきたい。

清朝を建てた満洲族は、モンゴル族を支配下に入れたあとも、かれらを同盟者として扱い、その忠誠を確保するために、さまざまな保護を加えた。

行政組織としては、満洲人の八旗制度に準じて旗（ホシューン）を基本単位とし、旗ごとに牧地を指定した。旗長（ジャサク）は世襲制で、もとのモンゴル諸部族長たちが任命された。清朝は漠南のモンゴル諸部を四十九旗に再編し、その上に六つの盟（チュールガン）をおいた。それぞれの盟に属する旗長が互選で盟長を選び、三年に一度の会盟で、各旗を越える問題が処理された。旗の下部機構としてスムン（佐領）をおいた。スムンは、現代モンゴル語のハルハ方言ではソムだが、もともと矢の意味で、満洲の八旗制度（178頁）のところで説明した、八旗の基本単位であるニル［満洲語で矢の意味］のモンゴル語訳である。一スムンは一五〇人の兵士を出す家族で構成されたというが、遊牧民は、自分の所属するスムンを知ってはいても、これとは無関係に、旧来通りの遊牧生活をおこなっていたらしい。ただし、ソムという名前は、今のモンゴル国でもアイマク（県）の下の行政単位として生き残っている。

四十九旗の各旗長には、位に応じて、それぞれ和碩親王《ホショイチンワン》、多羅郡王《ドロイギュンワン》、多羅貝勒《ドロイベイレ》、固山貝子《グサイベイセ》、鎮国公《トシエグン》、輔国公《トサラフグン》など、清朝皇族と同じ爵位が与えられた。これらの下に一等から四等までの台吉《タイジ》（チンギス・ハーンの子孫）または塔布嚢《タブナン》（チンギス家の婿）の称号があり、旗長でないけれども、チンギス家につらなる王公を、閒散《かんさん》（スラ）といった。

モンゴル統治を担当する中央機関は、前述のように最初、蒙古衙門といったが、一六三八年から理藩院と改められた。つまり「藩部」を担当する役所、という意味である。

清朝における藩部とは、王朝の発祥の地である満洲と清朝が直接統治する中国以外の地域の住民のことである。ジューンガル帝国が滅びたあと、一七七一年にヴォルガ河畔からトルグート部がイリに帰還し、全モンゴル人が清朝皇帝の家来になった八年後の一七七九年、乾隆帝は旨を下して、『欽定外藩蒙古回部《きんていがいはんもうこかいぶ》王公表伝《おうこうひょうでん》』（略称『表伝』）の編纂を命じた。満洲語・漢語・モンゴル語三体で記された各一二〇巻の内容は、モンゴル諸部、チベット、回部《かいぶ》（イスラム教徒）の王公の封爵《ほうしゃく》の承襲《しょうしゅう》と、各部の総伝と王公の列伝からなる。総伝は、まず各部の住地を説明し、各王公の祖先をわかる限り遡って叙述する。列伝は、王公ごとに、たとえばモンゴル人だとチンギス・ハーンの何代の子孫であるか、いつから清朝と関係を持ち、どのように爵位を得たかを叙述する。記事は一七九〇（乾隆六〇）年で終わっているが、その後、続纂本が一八一二（嘉慶一七）年、一八三六（道光一六）年、一八四九（道光二九）年の三回、勅撰で編纂された。モンゴル各部の内情について詳細に記されており、清代モンゴル史研究の基本文献である。

これで明らかなように、清朝は、オイラトを含むモンゴル人、チベット人、東トルキスタンのイスラム教徒を外藩と呼んだ。外藩がすなわち藩部で、清朝には内藩はなかった。

「内蒙古」と「外蒙古」の区別はもともとなかった。一六三六年に瀋陽で清朝皇帝の家来となったゴビ砂漠の南のモンゴル諸部も、半世紀遅れて、ジューンガルのガルダンに攻め込まれてゴビ砂漠を越えて南下し、一六九一年に清朝皇帝に忠誠を誓った漠北のハルハ・モンゴルも、『表伝』にあるように、「外藩蒙古」だった。ただ、清朝治下のモンゴル人には、このほかに、満洲人扱いの「八旗蒙古」と、清朝皇帝直属の「内属蒙古」があった。

「八旗蒙古」は、前述のように（179頁）、一六三六年の清朝建国以前に、まだ女直人といった満洲人の配下に個別に編入されたモンゴル人集団で、いってみればモンゴル系満洲人である。一方の「内属蒙古」は、モンゴル諸部の宗主チャハル部と、チャハルのリンダン・ハーンに滅ぼされたアルタン・ハーンの子孫の帰化城トメト部である。どちらも、北元時代のモンゴルの中心となった部族で、再びモンゴルが統一することを怖れた清朝によって、旗長は置かれず、清朝皇帝直属とされたのである。

前述したように、一六三四年モンゴル諸部の宗主チャハルのリンダン・ハーンが死んだあと、その遺児エジェイは女直軍に降伏し、元朝の皇帝の玉璽をホンタイジ（清の太宗）に差し出した。ホンタイジは、チンギス・ハーンの天命が自分に移ったと解釈し、女直という種族名を禁止して満洲と呼ぶことにし、一六三六年後金国から「大清」と国号を改めたのである。ホンタイジはエジェイを優遇して、自分の次女マカタ・ゲゲと結婚させ、旗長としては最高の爵位である親王を与えたが、チャハル親王エジェイは一六四一年に死んだ。マカタ・ゲゲは一六四五年夫の弟アブナイと再婚し、アブナイは兄の爵位を継いで親王となった。しかし、一六六三年にマカタ・ゲゲが死ぬと、アブナイと清朝皇帝の関係は冷たくなった。清の第四代皇帝康熙帝は、一六六九年アブナイの親王の爵位を奪って瀋陽に監禁し、アブナイとマカタ・ゲゲの間に生まれたブルニにチャハル親王を継がせた。

一六七三年清朝南部で「三藩の乱」が始まると、チャハル親王ブルニは清朝に対して反乱を起こした。しかしほとんどのモンゴル諸部はこれに参加せず、ブルニは追いつめられて射殺された。康熙帝は直ちに監禁中のアブナイを絞殺させ、チャハル部族を満洲式軍隊の八旗に改編し、遼河上流から張家口の北に移住させた。こうして、軍隊であるチャハル八旗と、チャハル四牧群と呼ばれる軍人以外の遊牧民は、清朝皇帝直属の家来として、張家口北部で暮らすようになったのである。

「内蒙古」「外蒙古」の誕生

前述の『表伝』を編纂したのは、漢人科挙《かきょ》官僚の祁韻士《きいんし》（一七五一―一八一五）で、かれは好成績で科挙に及第したあと、清朝の公用語であった満洲語を習い、満洲語の「紅本《こうほん》」（皇帝が裁可した公文書）と実録を材料として、一七八九年、まず満文本と漢文本の『表伝』を編纂した。モンゴル国で『イレトケル・シャスティル Iledkel Sastir（表伝）』と呼ばれて有名な蒙文本は、このあと満文本から翻訳された。『表伝』は、内外蒙古の区別をしていない。

祁韻士は『皇朝藩部要略《こうちょうはんぶようりゃく》』の作者として有名だが、一八三九年の序文と一八四五年の後書のあるこの本は、実は祁韻士の編纂した『表伝』をもとにして、別人が編輯《へんしゅう》したものである。一八八四年に刊行されたこの『皇朝藩部要略』がはじめて、漠南の内蒙古と漠北の外蒙古という区別をした。『皇朝藩部要略』

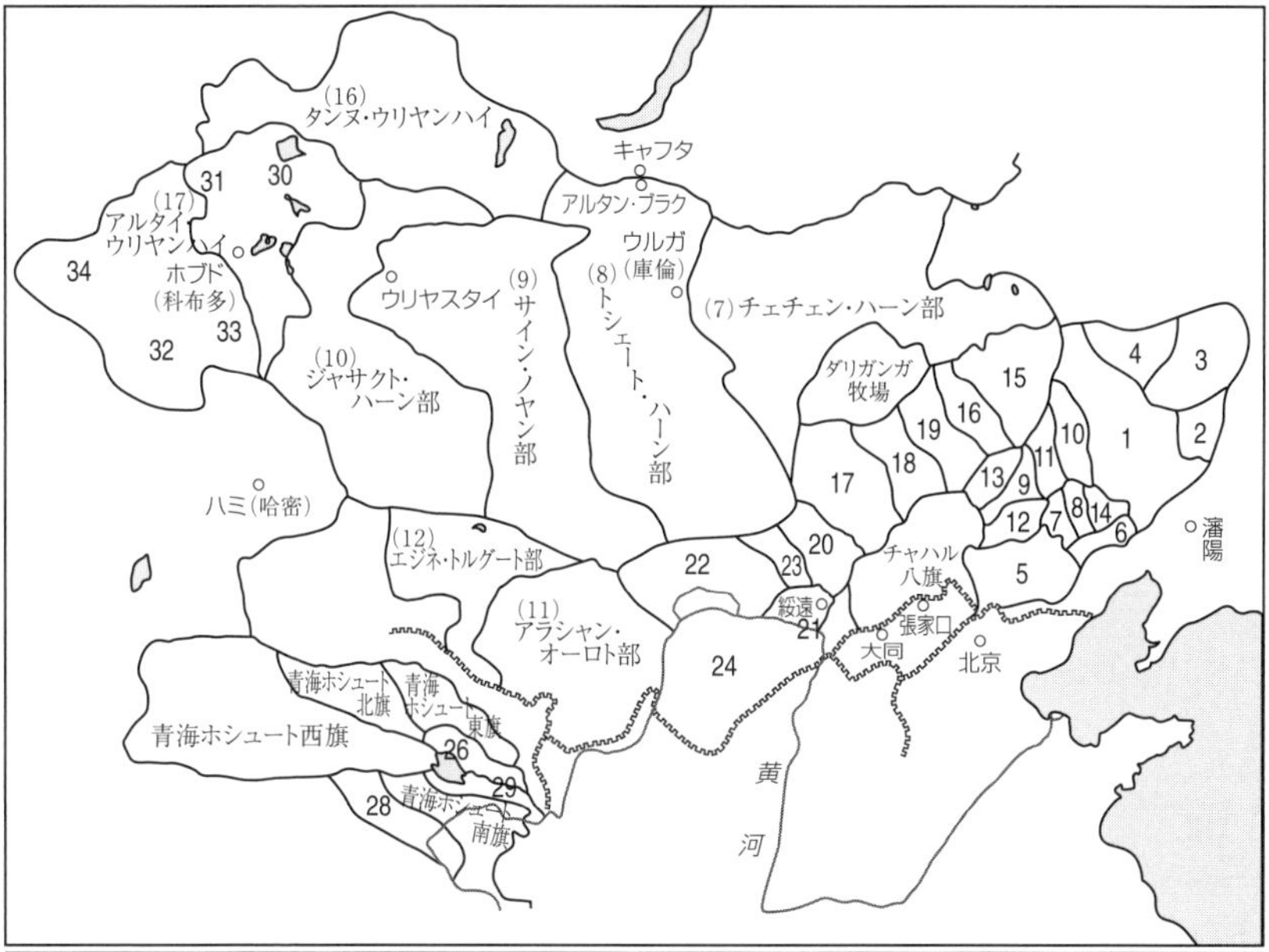

地図 19 『蒙古游牧記』によるモンゴル諸部各旗の分布

「外蒙古」
(7) チェチェン・ハーン部
(8) トシェート・ハーン部
(9) サイン・ノヤン部
(10) ジャサクト・ハーン部

その他のモンゴル諸部
(11) アラシャン・オーロト部
(12) エジネ・トルグート部
(13) 青海地区
25 ホシュート旗　26 チョロース旗　27 ホイト旗　28 トルグート旗　29 ハルハ旗
(14) ホブド地区
30 ドルベト旗　31 ホイト旗　32 新トルグート旗　33 新ホシュート旗
(15) 新疆地区
34 旧トルグート旗　35 ホシュート旗
(16) タンヌ・ウリヤンハイ
(17) アルタイ・ウリヤンハイとアルタイノール・ウリヤンハイ

「内蒙古」六盟
(1) ジェリム盟
1 ホルチン部　2 ゴルロス部　3 ドルベト部　4 ジャライト部
(2) ジョソト盟
5 ハラチン部　6 トメト部
(3) ジョーウダ盟
7 オーハン部　8 ナイマン部　9 バーリン部　10 ジャルート部　11 アルホルチン部　12 オンニュート部　13 ケシクテン部　14 ハルハ左翼部
(4) シリーンゴル盟
15 ウジュムチン部　16 ホーチト部　17 スニト部　18 アバガ部　19 アバガナル部
(5) ウラーンチャブ盟
20 ドルベン・フーヘト部　21 モーミンガン部　22 ウラト部　23 ハルハ右翼部
(6) イェケジョー盟
24 オルドス部

を校正した張穆《ちょうぼく》が著したのが『蒙古游牧記《もうこゆうぼくき》』で、この本は、かれの死後、友人何秋濤《かしゅうとう》が増補して一八五九年に完成した。ここでは内蒙古六盟四十九旗、外蒙古ハルハ八十六旗の名前と、乾隆期になってようやく確定した各旗の牧地の境界を記す。以下に『蒙古游牧記』によってモンゴル各旗の名前と所属を示そう。

「内蒙古」六盟

(1) ジェリム（哲里木）盟・四部十旗――ホルチン（科爾沁）部・六旗、ゴルロス（郭爾羅斯）部・二旗、ドルベト（杜爾伯特）部・一旗、ジャライト（札賚特）部・一旗

(2) ジョソト（卓索図）盟・二部五旗――ハラチン（喀喇沁）部・三旗、トメト（土默特）部・二旗

(3) ジョーウダ（昭烏達）盟・八部十一旗――オーハン（敖漢）部・一旗、ナイマン（奈曼）部・一旗、バーリン（巴林）部・二旗、ジャルート（札魯特）部・二旗、アルホルチン（阿魯科爾沁）部・一旗、オンニュート（翁牛特）部・二旗、ケシクテン（克什克騰）部・一旗、ハルハ（喀爾喀）左翼部・一旗

(4) シリーンゴル（錫林郭勒）盟・五部十旗――ウジュムチン（烏珠穆沁）部・二旗、ホーチト（浩斉特）部・二旗、スニト（蘇尼特）部・二旗、アバガ（阿巴噶）部・二旗、アバガナル（阿巴哈納爾）部・二旗

(5) ウラーンチャブ（烏蘭察布）盟・四部六旗――ドルベン・フーヘト（四子）部落・一旗、モーミンガン（茂明安）部・一旗、ウラト（烏喇特）部・三旗、ハルハ（喀爾喀）右翼部・一旗

(6)　イェケジョー（伊克昭）盟・一部七旗――オルドス（鄂爾多斯）部・七旗

ここにあげた旗の王公の出自を述べると、(1)ジェリム盟十旗と(3)アルホルチン一旗、(5)ドルベン・フーヘト一旗・モーミンガン一旗・ウラト三旗の計十六旗は、チンギス・ハーンの次弟ハサルの子孫、(3)オンニュート二旗は第三弟ハチウンの子孫、(4)アバガ二旗、アバガナル二旗は異母弟ベルグテイの子孫で、ボルジギン姓を名乗る。(2)ハラチン三旗とトメト一旗はチンギス・ハーンの家来だったウリヤンハンのジェルメの子孫なので、王公はタイジを称することができず、タブナン（婿）を称する。このほかの王公はすべて、チンギス・ハーンの唯一の子孫ダヤン・ハーンの後裔である。

「外蒙古」ハルハ四部八十六旗

(1)　チェチェン・ハーン（車臣汗）部・一盟二十三旗

(2)　トシェート・ハーン（土謝図汗）部・一盟二十旗

(3)　サイン・ノヤン（賽因諾顔）部・一盟二十四旗―うち二旗はオーロト旗

(4)　ジャサクト・ハーン（札薩克図汗）部・一盟十九旗―うち一旗はホイト旗

「外蒙古」は一部（アイマク）が一盟に相当する。三ハーン部（(1)・(2)・(4)）は一六九一年に設置されたが、サイン・ノヤン部のみ一七二五年にトシェート・ハーン部より分かれて一部となった。オーロト二旗とホイト一旗をのぞくすべての旗の王公は、ダヤン・ハーンの末子ゲレセンジェの子孫である。このほかに、ジェブツンダンバ・ホトクトのシャビナル（弟子たち）と呼ばれる領民が、ホブソゴル湖周辺にいた。

その他のモンゴル諸部

右の「内蒙古」「外蒙古」のほかに、清朝の仇敵だったジューンガル部以外のオーロト（額魯特＝オイラト）諸部は、原則として独立した遊牧地を左記のように与えられた。

(1) アラシャン・オーロト（阿拉善額魯特）部（ホシュート部）

(2) エジネ・トルグート（額済納土爾扈特）部［アユーキの時代にヴォルガ河畔からチベットに巡礼に来て、ジューンガルのために帰国できなくなり、清朝に帰属した人びと］

(3) 青海地区――ホシュート二十一旗、チョロース二旗、ホイト一旗、トルグート四旗［以上は、グーシ・ハーンに連れられて青海に移住した人びと］、ハルハ一旗［漠北のハルハ・モンゴルから移住した人びと］

(4) ホブド（科布多）地区――ドルベト十四旗、ホイト二旗、新トルグート二旗［ジューンガル帝国が滅びたときヴォルガ河畔の同族のもとに逃げ、一七七一年にかれらと一緒にイリに帰還した人びと］、新ホシュート一旗他

(5) 新疆地区――旧トルグート十旗［一七七一年にヴォルガ河畔からイリに帰還した人びと］、ホシュート三旗

さらに、今のロシア連邦トゥヴァ共和国のトルコ系言語を話す民は、タンヌ・ウリヤンハイ（唐努烏梁海）と呼ばれ、旗は置かれずスムンに分けられて、ウリヤスタイ定辺左副《ていへんさふく》将軍（二五スムン）と前述のハルハ八十六旗（計二一スムン）に所属した。アルタイ・ウリヤンハイとアルタイノール・ウリヤンハイは、ホブド参賛《さんさん》大臣に所属した。

清朝が今のモンゴル国西部のウリヤスタイにおいた定辺左副将軍は、はじめ対ジューンガル作戦のためのものだったが、のちに「外蒙古」サイン・ノヤン部とジャサクト・ハーン部を管轄した。ホブド参賛大臣も、辺防のための軍備を司る官であったが、のちにはこの地区のオイラト諸旗の行政監督官を兼ねた。

「外蒙古」ハルハの中心フレー（庫倫）は、ジェブツンダンバの移動僧院が発展したものだが、ジューンガル滅亡直後から、清朝はハルハの管理強化のためにここに庫倫辧事《くれんべんじ》大臣をおき、東方二ハーン部と呼

ばれるチェチェン・ハーン部、トシェート・ハーン部と、ジェブツンダンバのシャビナルを監督させた。庫倫辦事大臣はまた、ロシアとの交渉やキャフタ貿易、駅站の管理にあたった。

これら三つの重要な官職には、最初のうちはモンゴル人が任命されることもあったが、おおむね満洲人が中央から派遣された。同様に、新疆北部にはイリ将軍、青海には西寧辦事大臣《せいねいべんじ》、チャハル八旗にはチャハル都統が中央から派遣された。

その他、今の中国内蒙古自治区の北部ホロンブイル草原に、ソロン（索倫）、ダグール（達呼爾）、オロチョン（鄂倫春）、陳バルグ（巴爾虎）からなるソロン八旗が設立された。ソロンはツングース系の言語を話す人びとで、一九五七年には自称のエヴェンキに改名している。オロチョンもツングース系である。ダグールとバルグはモンゴル系であるが、バルグは、もともとバイカル湖周辺にいた四オイラトの構成部族で、今のブリヤートと近縁であり、ハルハ部の家来だった。一六八八年ジューンガルのガルダンがハルハに侵入した時、黒龍江方面に逃げて清朝治下に入った人びとが陳バルグである。

一方、ハルハ部の領主のもとに残ったバルグ族が、一七二七年のキャフタ条約のあと、課税の重荷のためにロシアに逃げ、清朝に引き渡された。一七三四年に雍正帝がかれらをハルハ部から引き抜いてホロンブイル草原に移住させたのが新バルグで、独立の八旗に編成された。ジューンガルが滅びるとき清朝に降ったオーロトも、その後これに加わった。ソロン八旗と新バルグ八旗はホロンブイル八旗と呼ばれ、清の黒龍江将軍の管轄下にあった。のちに日本が建てた満洲国時代、ホロンブイル地方は興安《こうあん》省となり、新バルグ族の遊牧地でノモンハン事件が起こったのである。

228 同君連合国家・清の変貌

清朝は、モンゴルをはじめ藩部に対しては種族自治を原則としており、種族ごとにそれぞれ異なった法律を制定した。中国人に対しては、明朝の『大明律《だいみんりつ》』をそのまま継承した『大清律例《だいしんりつれい》』を適用したが、満洲人には『八旗則例《はっきそくれい》』、モンゴル人には『蒙古例《もうこれい》』、チベット人には『西蔵事例《せいぞうじれい》』、イスラム教徒には『回彊則例《かいきょうそくれい》』という、独立の法典があった。乾隆時代に頒布された『蒙古律例』は僧籍には適用されず、『喇嘛例《らまれい》』が別にあったが、やがて『理藩院則例《りはんいんそくれい》』が発布されると、『蒙古律例』と『喇嘛例』はこれに発展的に吸収された。

清朝皇帝と藩部との間の通信にはもっぱら満洲文が用いられ、中央から藩部に派遣される官僚はだいたい満洲人だったが、満洲人扱いの八旗蒙古出身者もいた。例外的に、『表伝』の編者祁韻士のように、特に優秀な成績で科挙の試験に及第した漢人が、満洲人の大臣に師事して満洲語を習い、その上で帝国の統治に参加することができた。

モンゴルの旗長たちは前述のように清朝皇族と同じ爵位を与えられ、清朝の公主（格格《ゲゲ》）の降嫁を受けた者は、額駙《エフ》（皇帝の婿）と号した。モンゴル王公の娘もしばしば清朝皇族に嫁入りした。モンゴル王公には、一年、三年、六年などの期限で輪番で北京の宮廷に赴く「年班《ねんばん》」と、皇帝の木蘭《ムラン》狩猟場での巻狩に従う「圍班《いはん》」が義務づけられていたが、これは莫大な下賜品を得る朝貢の一種だった。

清朝は、父祖発祥の地である満洲と同様、モンゴル人の遊牧地に漢人農民が入植することを厳しく禁じており、漢人商人に対しても、一年を越えてモンゴルに滞在してはいけない、固定家屋を造ってはいけない、モンゴル人と結婚してはいけない、と定めてあった。

清朝皇帝は、漢人にとっては伝統的な皇帝だったが、満洲人にとっては部族長会議の議長であり、モンゴル人にとっては大ハーンであり、チベット人にとっては仏教の最高施主であり、イスラム教徒にとっては保護者だった。このような同君連合の帝国だった清朝が変貌するのは、現代中国の歴史学者がいうような一八四〇年のアヘン戦争ではなく、それから二〇年後のイスラム教徒の反乱からである。

中国の華南と華中を大動乱に巻き込んだ太平天国《たいへいてんごく》の乱（一八五〇〜六四年）の最中、一八六二年に、陝西省で漢人とイスラム教徒の衝突が起こり、これで火がついたイスラム教徒の反乱が、甘粛省と新疆に波及した。反乱軍の手におちた新疆へ、一八六五年、今のウズベキスタンのコーカンドからヤークーブ・ベグという英雄がやって来て、カシュガルにイスラム王国を建てた。このとき清朝の宮廷では、新疆を放棄しようという意見があったが、太平天国の乱の鎮圧に功績をあげた左宗棠《さそうとう》という漢人の将軍が、「新疆を取り返せなければ、モンゴルをつなぎとめられない。モンゴルをつなぎとめられなければ、清朝はおしまいだ」と主張して、自分の私兵を率いて平定に向かい、一八七七年カシュガルを取り返して、イスラム教徒の反乱を一六年ぶりに鎮圧した。清朝は、左宗棠の意見を採用して、一八八四年、ここに新疆省という中国式の行政機関を設置し、漢人を長官に任命した。これが、漢人が清の辺境統治に関与するようになる最初の事件だった。

この新疆省の設置で、清帝国の性格が根本から変わった。それまでの清朝は、満洲人とモンゴル人が連合して漢人を統治し、チベットとイスラム教徒を保護する建前だったのが、ここで満洲人は連合の相手を漢人に切り替えて、「満漢一家《まんかんいっか》」といい出すのである。

清朝末期のモンゴル

新疆省の設置と同じ一八八四年、ヴェトナムの保護権をめぐって清仏戦争が起こった。この戦争でフランスが台湾を封鎖したため、あわてた清朝は一八八五年台湾省を設置した。台湾はそれまで、新疆と同様の辺境扱いだったのである。

次いで、朝鮮半島の保護権をめぐって起こった日清戦争（一八九四〜九五年）の敗戦は、清朝にとって、アヘン戦争とは比較にならない衝撃だった。このあと清から多くの学生が日本に留学し、日本語を通して、即席に欧米の近代文明を取り入れようとした。清朝は一九〇五年には正式に科挙の試験を廃止し、日本をモデルとした近代化、つまり国民国家化に乗り出した。

日露戦争直後の一九〇六年にはじまる清の官制改革は、清朝の生き残りをかけた行政改革だった。このとき検討された対蒙新政策では、行政機構・制度の改革、新制度の導入、とくに

地図20 清朝末期のモンゴル

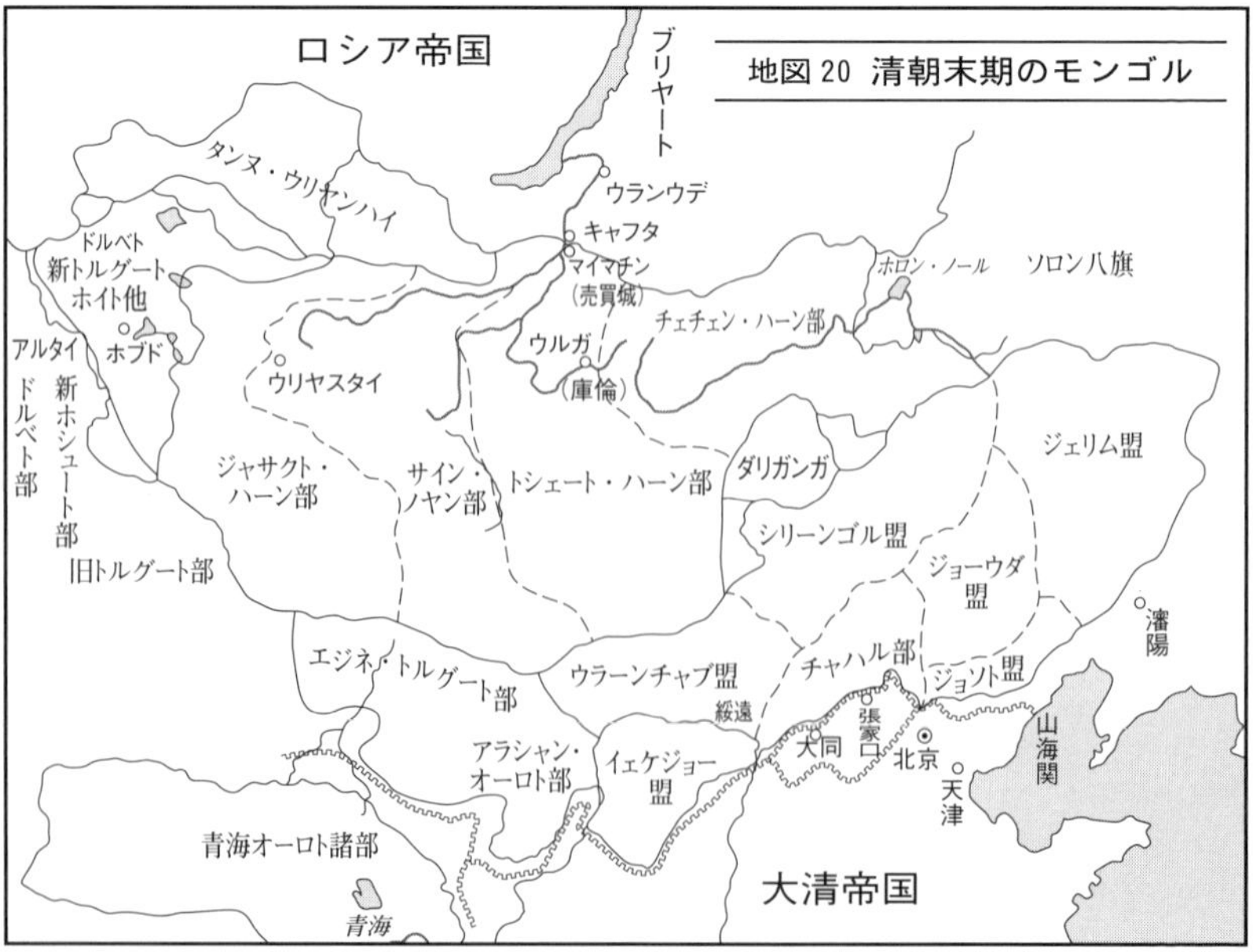

新式軍隊の配備、学校・保健衛生施設の設置など、多方面にわたる施策が予定され、仏教僧侶に対する優遇政策はなくなった。この新政策の清朝側責任者だった粛親王《しゅくしんのう》が内モンゴル有力王公のもとをまわって意見を聴取した際、ほとんどの王公は支持を表明したという。内モンゴル王公たちの命運は、すでに清朝と一体化していたのである。

これに反して、漠北のハルハでは、対蒙新政策に対する反発が強かった。すでに一九〇二年ごろから、清朝はこれまでの蒙地保護政策を一変して漢人の入植を奨励し、内モンゴル諸部では牧地の減少がはなはだしかった。ハルハ王公と仏教界は、清朝政権の実権が漢人官僚の手に握られたことに不安を抱き、反清＝反漢感情が高まった。

前述した清の漢人入蒙禁止令を破って、農民の植民をうながしたのは、最初はむしろモンゴル王公の方だった。歴史的にいえば、帰化城トメトのアルタン・ハーンが最初だが、清朝治下では、十八世紀の雍正初年の大飢饉のあと、まず錦州《きんしゅう》と熱河《ねっか》に近いジョソト盟に漢人貧農が流入し、ハラチン王公がかれらから小作料を取るようになった。

日露戦争直前の一九〇三年末、裏面工作の密命を帯びてハラチン王府に入り、女学校を開いた河原操子《かわはらみさこ》は、当時のハラチン右旗の人口を、モンゴル人五万人、漢人四〇万人と記す。漢人の古い者は二百数十年前、新しい者は十数年前に入植したという。

満洲に関しては、乾隆年間の一七四〇年、清朝は漢人の流入を阻止する封禁令《ふうきんれい》を出したが、河北や山東からの貧民の流入はやまず、十八世紀末からはいっそう激しくなった。内モンゴル諸部の遊牧地の中でもっとも満洲に近い、遼河から松花江西方のジェリム盟にも漢人農民が流入し、モンゴル王公はかれらに蒙地を開墾させて地代を徴収するようになった。

王公が旗の共有地を漢人に開墾させて現金収入を得る代わりに、モンゴル人は放牧地を奪われていき、清朝が定めた盟旗の移動制限によって周囲を農地で取り囲まれた遊牧民は、みずから農民になって生活を維持するしかなくなった。一九〇五年から一〇年まで、延べ一〇四回にわたり、漢人植民者や商人を襲って怖れられたトクトホ・タイジは、右のジェリム盟ゴルロス旗出身である。数十名で徒党を組み、漢人植民者や商人を襲って掠奪・強盗、ときには殺人もおこない、「馬賊」「匪賊」と恐れられたモンゴル人は、放牧地を奪われた反漢民族主義者であることが多かった。

辛亥革命とモンゴル独立宣言

一九一一年十月十日、清朝南部で、日本の陸軍士官学校出身の将校たちが指揮する地方の新式軍隊の反乱が起こった。この武昌蜂起《ぶしょうほうき》が引き金となって辛亥《しんがい》革命がはじまる。その直後の十二月、今のモンゴル国の前身、「外蒙古」ハルハは、ジェブツンダンバ八世を皇帝に推戴して独立を宣言した。清朝最後の皇帝宣統《せんとう》帝が退位するのは翌一九一二年二月だから、モンゴルは中華民国からではなく、清朝からの独立を宣言したことになる。

ジェブツンダンバ・ホトクト一世は、一六八八年ジューンガル部のガルダンがハルハ部に侵入するきっかけとなった高僧で、一六九一年ハルハ王公が清の康熙帝に臣従を誓った後、康熙帝の命によりハルハ随一の大ラマの位についた。清朝はモンゴル人を統治するために、かれらの間で信仰されていたチベット仏教、とくにゲルク派を保護する政策を取り、僧侶の位階を定めて俸禄を与え、仏教界すべてを統治下に組み込んだ（ちなみにラマはチベット語で高僧の意味で、れっきとした仏教であるから、英語のラマイズムを起源とするラマ教ということばは使わないようにしたい）。

家畜をともなって遊牧しながら移動する僧院のことを、モンゴル語でフレー（陣営）と呼ぶ。チンギス・ハーンの時代のクリエン（円陣）と同じことばである。大フレーと呼ばれるジェブツンダンバの移動僧院は、はじめエルデニ・ジョーのあるオルホン河畔で遊牧していた。その大フレーが今のウラーンバートルのあるトーラ河畔にやってきたのは、キャフタ（買売城）の清露互市貿易が盛んになったからである。キャフタから北京に至る道筋のトーラ河畔を移動するようになった大フレーが、今のウラーンバートルの地に一七七八年に来て、しばらく滞在するうちに、付近に木造寺院や漢人商人居住区ができた。その後何度か小規模な移動をおこなったあと、一八五五年にこの地に戻ったのちは移動せず、ここがフレー〔満洲語クレンの漢字音写が庫倫〕と呼ばれてハルハの中心となった。ロシア人がこれをウルガと呼ぶのは、天幕の敬称オルゴーのなまった形である。

ジェブツンダンバ・ホトクトは清朝の認定した転生活仏《てんしょうかつぶつ》で、二世は一世の同族トシェート・ハーン家から誕生したが、ジューンガル滅亡後、ハルハのチングンザブの反乱に懲《こ》りた乾隆帝は、将来、ジェブツンダンバを中心にハルハ王公が結束することのないよう、転生者をチベットから出すことに決めた。三世から八世までは、そういうわけでチベット人である。ところが、チベットのダライ・ラマの側近の息子に生まれた八世は、幼年のころフレーにやってきて、モンゴル人以上にモンゴル民族主義者になった。

一九一〇年清朝は蒙地における漢人の活動を制限する一切の法令を正式に廃止した。同年、あらたに庫倫辦事大臣に任命された満洲人三多《サンド》がフレーに着任し、モンゴル側の反対をおしきって新政策を実行したため、ラマ僧と漢人商人の争いが起こった。事態の打開に展望を見いだせなくなったモンゴルの指導層は、一九一一年七月、毎年ジェブツンダンバに参拝するためにモンゴル各地から盟長、旗長、高僧、一般人民がフレーに集まる法会《ほうえ》の際、ボグド山で秘密会議を開き、王公とラマと人民の代表がロシアに援助を要請することを決めた。

代表団を受け入れたロシアは困惑し、モンゴル人に対して独立が不可能なことを説得するとともに、清朝政府に対しては、モンゴルにおける新政策の停止を要求した。しかし、ほどなく辛亥革命が起こり、十二月一日、ロシアから帰国した代表団メンバーが中心となってモンゴルは独立を宣言し、庫倫辦事大臣三多は、フレーのロシア領事館に保護を求めて、キャフタからシベリア経由で北京に帰ったのだった。

一九一一年十二月二十九日、ハルハの王公たちはジェブツンダンバ八世を元首に推戴して、清朝からの独立を宣言した。それまでボグド・ゲゲーン（お聖人さま）と呼ばれていた八世は、このあとボグド・ハーン（皇帝）と呼ばれることになる。八世はチベット生まれではあるが、チンギス・ハーンの子孫だった一世と二世の転生者であり、宗教上では他の追随を許さない権威を持っていた。どの特定のハーン家出身でもなかったことが、かえって内紛を防ぎ、全モンゴル民族統一にふさわしい象徴と考えられたのである。

キャフタ会議と満蒙独立運動

ボグド・ハーンを中心としたモンゴル独立宣言は、ハルハ以外のモンゴル人の間にも大きな共鳴を呼び起こした。内蒙古四十九旗中三十五旗までがボグド政府の下に合流することを望み、ハルハに続いて独立を宣言したホロンブイル地方のバルグ族も、ハイラルを占領してボグド政府に忠誠を誓った。内モンゴル各地から多くのモンゴル人がフレーにきて、ボグド政権に参加した。前述の「馬賊」トクトホ・タイジや、のちに川島浪速《かわしまなにわ》の満蒙独立運動に関係するジョソト盟熱河トメト部の「匪賊」バブージャブ（パプジャップ）も馳せ参じた。

モンゴル西部では、清のウリヤスタイ定辺左副将軍は三多にならい十二月に退去したが、ホブド参賛大臣は新疆から援軍が来るのをあてにして、城壁の中にたてこもった。ホブド城は、翌一九一二年、ボグド政府の派遣した軍と、ヴォルガ・カルムィク出身のダンビジャンツァン（別名ジャー・ラマ、十八世紀ジューンガルが滅びたあと清朝に抵抗してロシアに逃げたアムルサナーの転生者と自称）によって包囲され破壊された。

しかし遠隔のモンゴル西部と違って、内モンゴル各地では、張作霖《ちょうさくりん》や袁世凱《えんせいがい》など中国側の辺境軍閥との間で戦闘がはじまり、モンゴル軍はたちまち劣勢になった。日本の川島浪速が、旧知の清朝皇族、粛親王を通じて、粛親王の妹の夫のハラチン王その他のモンゴル王公に武器弾薬を援助した、第一次満蒙独立運動は、このころのことである。

ボグド政府が頼みとしたロシアは、国際情勢を顧慮し、外モンゴルの地域に限って、それも中華民国の宗主権下での高度自治しか支援できないと、全モンゴル独立の支援を願うモンゴル側の要請をつっぱねた。それは、日露戦争後、日本と結んだ三度にわたる密約のせいだった。一九〇七年に満洲の鉄道接続について第一次日露協約が結ばれたあと、一九一〇年の第二次日露協約では、満洲を両国の特別権益地域に分割する秘密協定を結び、辛亥革命後、独立を求めるモンゴルの帰属をめぐって、一九一二年七月、北京を南北に走る線の東は日本、西はロシアの権益地域とする秘密協定を結んだ。これによって日本は外モンゴルをロシアの勢力範囲と認める代わりに、東部内蒙古を自己の勢力範囲としたのである。

一九一二年十一月の露蒙協定で、ロシアはモンゴルをおどして独立宣言を自治宣言に格下げさせ、自国のモンゴルでの経済権益を認めさせたあと、中国と交渉をはじめた。モンゴルはそれでもあきらめず、代表団をサンクト・ペテルブルクに派遣し、英・仏・オランダ・日本の大使に面会を求めたが、すべてことわられた。十三年一月、モンゴルは、同様に清朝からの独立を宣言したチベットと、相互独立承認をおこなった。ロシアに失望したモンゴルは、日本の援助を得ようと、ボグド政府の内務大臣がハルビンの日本領事館に出向いたり、ボグド・ハーンが日本天皇宛に親書を書いたりしたが、日本とロシアは共犯者同士なのだから、成功するはずもなかった。

一三年十一月に交わされた露中宣言は、ロシアは外モンゴルにおける中華民国の宗主権を認め、中国は内政・通商・産業にわたる外モンゴルの自治を認める、露中両国は軍隊を派遣せず、植民を停止する、というものだった。この内容をモンゴルにおしつけるための露蒙中の三者会議が、翌一四年九月から一五年六月までキャフタで開催された。公式会議だけで四〇回にもおよんだこのキャフタ会議で、モンゴルはさんざん抵抗したあげく、結局、中国の宗主権を認めさせられた。しかも「外蒙古自治」だけで、内蒙古は中国領に留めおかれた。

ボグド政府の下でさまざまな官職についていた内モンゴル王公のほとんどは、中国側がもと通り領地の領有を許す恩赦の約束をしたので、それぞれの故郷へ帰った。しかし、前述のバブージャブは、ボグド政府が内蒙古から軍を引き揚げたあとも、全モンゴルの統一を望んで、部下千余騎とともに内蒙古に留まった。バブージャブは平民出身だったが、内蒙戦で活躍してボグド政府から公《グン》の位を与えられていた。一度は英雄扱いをしたバブージャブに対して、ボグド政府は今度は討伐軍を派遣せざるを得なかった。

一九一五年六月日本の援助を求めたバブージャブに対して、再び川島浪速が動き、大陸浪人や予備将校、満洲駐留軍の一部も加わって、大規模な第二次満蒙独立運動が進められた。日本政府も当初は、中国皇帝の位をねらっていた袁世凱を牽制するため、この運動を暗に諒承していたが、一九一六年六月袁世凱が急死したため、急ぎ工作中止の命が出た。すでに作戦通り南下していたバブージャブ軍は、各地で張作霖軍と戦闘を続けながら北の草原に引き揚げる途中、九月に林西《りんせい》でバブージャブは戦死した。

モンゴル革命

一九一七年にロシア革命が勃発し、帝政ロシアが崩壊すると、中国は「外蒙古」の完全回復をたくらんだ。日本はといえば、一九一八年七万三〇〇〇の兵力でシベリア出兵をおこなうとともに、十七世紀からロシア皇帝の臣民になっていたモンゴル系のブリヤート人を母とする、ザバイカリエのコサックの頭目セミョーノフの汎モンゴル国運動を支援した。セミョーノフは、ブリヤートに内外蒙古とバルグをあわせた汎モンゴル国建設会議を一九一九年二月チタで開催した。この会議では、将来首都をハイラルに置くこと、ベルサイユ講和会議に代表を送ることなどを議決し、ある国つまり日本から多額の援助と借款をとりつけることを約束した。しかし「外蒙古」ボグド政府はこれに反対し、日本からの援助は期待はずれとなったため、この汎モンゴル国運動は内部分裂を起こして、一九二〇年初頭に消滅した。

一九一四年のキャフタ会議のあと、中華民国は、外蒙が中国に従属していることを誇示するため、庫倫に置く官吏の名前に、漢代以来辺境の平定にあたる役を意味した「都護使《とごし》」という名称を用いた。一九一七年四月、庫倫都護使に着任した陳毅《ちんき》は、ロシアからの援助をたたれたモンゴル支配層にはたらきかけ、自治撤回の六十四箇条をまとめていたが、これを出し抜いて、一九年十月、中国の軍閥の中で日本が支援していた安福《あんふく》派の段祺瑞《だんきずい》の部下の徐樹錚《じょじゅそう》（日本の陸軍士官学校出身）がフレー（庫倫）に入り、ボグド・ハーンの宮殿を武装兵士で囲んで、自治返上を迫った。同年十一月中華民国大総統令をもって外蒙自治撤廃が公表され、翌二〇年一月二日、「屈辱の涙のこみあげる」モンゴル人たちの前で、自治撤廃の式典がとりおこなわれた。

中国軍が増強され、陳毅とモンゴル支配層の秘密交渉がうわさされるようになった一九一八年末ごろ、モンゴルの主権回復を考える二つのグループがフレーに生まれた。下級役人中心の東フレー・グループと、ラマの多いロシア領事館丘《おか》グループの二つは、一九二〇年六月に合体して、モンゴル人民党が結成された。当初きわめて少人数の秘密組織としてスタートしたモンゴル人民党は、五月に成立したばかりの極東共和国［モンゴルの北方、今のロシア連邦ブリヤート共和国の首都ウラン・ウデを中心として、ソヴィエト政府の支持を得て創設された国家。ロシア革命への日本などの外国干渉軍に対する緩衝国として存在したため、二二年日本軍がシベリアから撤退するとまもなく、ソヴィエト共和国に吸収されて消滅した］に七人の代表を派遣し、さらに武器の供与を求めるために二人がモスクワに向かった。一方ソヴィエト政府からの援助を待つフレーでは、同志一六人が中国官憲に逮捕されて、人民党は壊滅状態におちいった。

ところで「外蒙」の中心フレーの当時の人口は、一九一八年に三井物産の出張員としてこの地に滞在した大島清があげた数字によると、モンゴル人三万二〇〇〇人、中国人三万人、ロシア人一五〇〇人（内ユダヤ人五〇〇人）である。日本人は一三人おり、時計雑貨商、医師（無免許）、三井の駐在員と駐在武官だった。

極東共和国で四ケ月も待たされていたモンゴルの人民党代表が、突然ソヴィエト政府から援助の約束を与えられたのは、一九二〇年十月に、白軍を率いたウンゲルン男爵がモンゴル領内に入ったからである。その異常な残忍性から「気ちがい男爵」とおそれられたウンゲルンは、汎モンゴル国建設を計画した前述のセミョーノフの部下だったが、ウンゲルン軍には、バイカル地方とオレンブルグのコサック兵八〇〇騎に、ブリヤート人をふくむモンゴル人、タタール人、中国人、朝鮮人のほか、日本人五〇人が加わっていた。日本人の大部分は、かつてバブージャブ軍に参加した予備将校や現地除隊した者だったという〔ウンゲルン敗退後、日本人の残党二四人がチチハルの領事館に収容され、取調べられた記録が、外務省外交資料室にある〕。

フレーに入ったウンゲルン軍は中国軍を追い出し、一九二一年二月にボグド・ハーンを復位させたので、モンゴル人は最初かれを解放者として歓迎した。しかし、中国人と革命派を弾圧しただけでなく、ユダヤ人を皆殺しにし、暴虐のかぎりをつくすウンゲルンに人びとはおそれをなし、ボグド・ハーンまでも四月にはひそかに北京に救援を乞うにいたった。北京は協議の末、張作霖に外蒙遠征を一任したが、張作霖は結局動かなかった。

スフバートルとチョイバルサンというモンゴル革命の二人の英雄が、極東共和国側のキャフタを根拠地として義勇兵を募りはじめたのは、一九二一年二月のことで、三月に極東共和国でモンゴル人民党〔モンゴル人民共和国誕生後、さかのぼって人民革命党と呼ぶようになる〕第一回党大会が開かれ、臨時人民政府が樹立された。四〇〇人のモンゴル義勇兵がキャフタ地域の数千の中国軍を南に追い払ったあと、北上してきたウンゲルン軍を破って、六月には七〇〇人のモンゴル義勇兵と、ソヴィエト赤軍と極東共和国軍あわせて一万がフレーに進撃した。七月人民義勇軍は市内に入り、ボグド・ハーンから公務の印璽すべてを引渡された。しかし、この臨時人民政府はなおボグド・ハーンを元首とする連合政府で、一九二四年ボグド・ハーンが死去したあと、十一月にモンゴル人民共和国が誕生したのである。一九二三年十一月ソヴィエト社会主義共和国連邦が成立し、翌二三年極東共和国がソヴィエト・ロシアと合併したあとのことである。このとき首都フレーはウラーンバートル（赤い英雄）と改名された。

満洲帝国

一方の内蒙古であるが、一九一二年二月清朝最後の皇帝宣統帝が退位して成立した中華民国は、内蒙古各地の王公の特権を従前通り保証したが、実際には隣接する各省の漢人軍閥が、自己の利益を求めてそれぞれ勝手に蒙地開拓運動を押し進めたので、モンゴル人の牧地は減少し、遊牧民の生活は疲弊するばかりだった。日本の進出はこのような状況下におこった。

一九三一年の満洲事変で、一万五〇〇〇の関東軍が二五万の張学良《ちょうがくりょう》軍を満洲から追い出し、翌三二年、日本は宣統帝溥儀《ふぎ》を執政として満洲国を成立させた。前述のバブージャブの次男ガンジュルジャブ（日本の陸軍士官学校出身、粛親王の十四女で川島浪速の養女となった川島芳子《かわしまよしこ》と一九二八年結婚、三〇年離婚）は、満洲事変に呼応して蒙古独立軍（のち内蒙古自治軍と改称）を組織し、関東軍から武器の援助を受けた。関東軍は当初、東部内蒙古から漢人軍閥の影響力をとりのぞくため、モンゴル知識青年の独立運動を支持したが、満洲国が建国されたあとは、占領地域の民族構成の中でごくわずかな人口比率を占めるにすぎないモンゴル人の政治的独立の要求を認めるはずがなかった。満・漢・蒙・鮮・日の「五族共和」という建国理念にともない、「蒙古独立」は「蒙古自治」に格下げになった。

それでも日本人には伝統的なモンゴルの牧畜経済を守る配慮はあり、東部内蒙古（清朝時代のジェリム盟）とホロンブイル地方には、満洲国の特殊行政区域として興安省が設置された。興安省ははじめ三分省

地図 21　満洲国(1932-34)から満洲帝国(1934-1945)時代

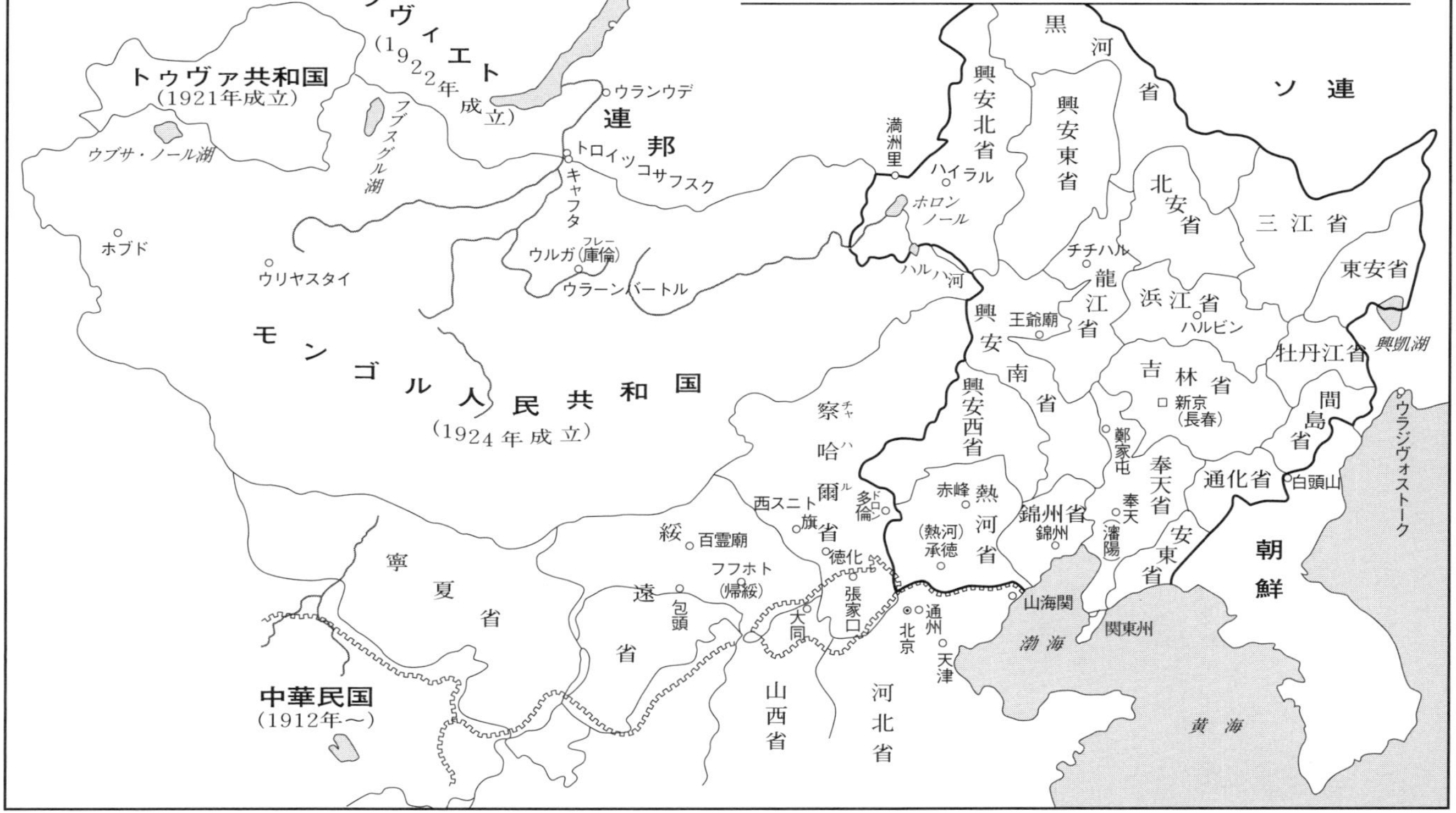

に分けられ、北分省の弁事処はハイラルに、東分省の弁事処はチチハルに、南分省の弁事処は鄭家屯《ていかとん》に開設された。ガンジュルジャブの内蒙古自治軍は満洲国軍に編入され、興安南警備軍になった。さらに三三年の熱河作戦で錦州から張学良を追い出し、長城以北を関東軍が占領すると、清朝時代のジョーウダ盟北半分に興安省西分省が設置された。ジョーウダ盟南部とジョソト盟はすでに漢人の数が圧倒的に多く、中華民国が施行した省制をそのまま引き継ぎ熱河省となった。漢人の行政区分である県とモンゴル人の遊牧地である蒙地の境界は不明確で、興安省の行政区域の確定には時間がかかったという。

熱河省を満洲国に編入すると同時に、関東軍は、満洲国に隣接することになったチャハル省に工作を開始した。ところで、南京国民政府が一九二八年に蒙地に省制を施行した時、清朝時代のチャハル四牧群を旗に改めた上で、かつてのシリーンゴル盟とチャハル左翼八旗をチャハル省に、チャハル右翼四旗とウラーンチャブ盟を綏遠省に帰属させていた。

満洲国は、一九三四年三月執政溥儀が皇帝に即位し、満洲帝国となった。中華民国では、蒋介石《しょうかいせき》らが満洲問題保留のまま日中友好の方針を決定し、満洲帝国と通郵協定および設関協定を結んだ。このあとの中華民国における内蒙古自治運動の話は、本章の最後に述べることにして、先に満洲帝国とモンゴル人民共和国との関係について見ていこう。

ソ連の対モンゴル政策

一九二四年ボグド・ハーンが死去し、モンゴル人民共和国が誕生した年、中国では国民党と中国共産党の間に「国共合作」がはじまった。中ソ間には国交が回復し、ソ連は中国の「外蒙」への主権を承認した。このころのソ連にとってのモンゴルは、中国における革命を勝利に導く足場でしかなかった。しかし、一九二七年蔣介石による反共クーデターで国共合作が崩壊すると、中国革命が簡単には成功しないことをさとったコミンテルンは、モンゴル人民共和国を中国と切り離す「極左路線」に転じた。モンゴルでは、一九二八年のモンゴル人民革命党第七回党大会で右派を追放し、一九三〇年には、旧王公・仏教僧侶・裕福な牧民の家畜没収、遊牧民の強制的集団化、反宗教運動、下級僧侶の強制的還俗《げんぞく》、個人商業の禁止などの極左政策を決定した。この結果、家畜数は三〇年の二三〇〇万頭から三二年には一六〇〇万頭に激減した。

一九三二年、日本の関東軍が満洲国を建国した年、モンゴル人民共和国では、それまでのあまりに急激な共産化に対して鬱積《うっせき》していた不満が一挙に爆発し、親ソ政策を取る革命党政府に対する反乱が起こった。「われわれの宗教を守ろう」というこの暴動を、当時八〇万のモンゴルの人口の四五％が支持したという。一九三〇年にようやく独裁権を握ったばかりのスターリンにとって、そもそも満洲国の建国は、日本軍がシベリア鉄道を分断できる土地に進出したことを意味し、非常な脅威だった。スターリンはあわててモンゴルに特使を派遣して実情を調査し、対モンゴル政策を転換して重点的な経済援助をはじめた。

ノモンハン事件

現在の日本とモンゴル国との外交関係の中で、一九三九年のノモンハン事件（モンゴル側はハルハ河戦争と呼ぶ）は避けて通れないできごとである。満洲帝国とモンゴル人民共和国の国境線をめぐるこの紛争で、日本軍はソ連軍機械化部隊に壊滅的な打撃を受けた。一方のモンゴル人民共和国にとっては、これが建国以来はじめての外国との戦争で、この戦争の勝利によってソ連への信頼感が深まり、また相つぐ粛清によって、革命以来一貫した親ソ派のチョイバルサンが支配権を確立して、国内体制の強化に役だった。この事件についても、本書では概略を説明しておく必要があるだろう。

事件の根底には、満洲帝国とモンゴル人民共和国の国境線が、日本の関東軍の主張のようにハルハ河か、それともモンゴル側の主張のように、ハルハ河から東に一五キロ入ったところだったか、という問題がある。

関東軍がハルハ河を国境線とみなした根拠は、シベリア出兵のときに旧ロシア軍から奪取した地図だった。この地図は、二十世紀初め帝政ロシア軍が清国の許可を得て満洲の測量をおこない作成したものだが、一七二七年露清がキャフタ条約を締結した際、国境線決定の基準を「山または河を利用すべき」旨、両国政府が訓令を出した。その基準を、ホロンブイル盟のバルグ族と外モンゴル・ハルハ族の境界にも適用したらしい。ところがキャフタ条約は国境画定条約で、バルグ族とハルハ族の境界という、清国の国内行政境界に関してロシア軍に決定権はなく、この適用は誤った推定だった。しかし、日露戦争後も満洲国建国まで中国から測量の許可を得られなかった日本は、このロシア軍地図に頼って一〇万分の一地図を作成した。

一九三二年の満洲国建国後、モンゴルの抗議を受けて、ソ連は境界線をハルハ河東北方に修正した地図を作成した。実際、満洲国ホロンブイル地方の国境は、さかのぼれば清代黒龍江将軍隷下のホロンブイル盟副都統の管轄領域で、その境界は一七三四（雍正十二）年に画定された。本章「その他のモンゴル諸部」（226頁）で述べたように、この年、雍正帝がハルハ部の家来だった新バルグをこの地に移住させたのだ。ノモンハンという地名の由来は、ハルハの旗長でありかつ活仏の教育係だった僧侶の称号ノモン・ハーン（法王）である。つまりハルハ河を越えたノモンハン一帯は、伝統的にハルハ部の遊牧地だった。遊牧民にとっての河は、両岸まとめて一つの単位で境界にはならないし、雍正帝が、ハルハ部の旗長に由来する土地を、その家来筋でいわば難民のバルグ族に与えるはずがない。だから、モンゴル側の主張の方に根拠があったのである。

一九三五年一月モンゴル人民共和国軍がハルハ河付近の三角地帯を占領したハルハ廟事件のあと、満《まん》洲里《しゅうり》会議が開かれた。席上、満洲国外交部は日本の国策に従い、ハルハ河が国境であると主張した。当時のモンゴル人民共和国首相ゲンデンは、互いの背後にソ連と日本がいるという似たような立場どうし、モンゴル国と満洲国が対等に平和な隣国関係を結ぶことを願い、国境画定に柔軟な態度で臨んだらしい。ところが、ゲンデンはスターリンに呼びつけられ、翌三六年首相兼外相を解任された。同年、会議の満洲国側代表の一人だった興安北省長凌陞《リンシエン》（ダグール人）は、ソ連のスパイという名目で日本憲兵隊に処刑された。

スターリンはこのハルハ廟事件のあと、モンゴルに対して本格的な軍事援助に乗り出した。一九三六年三月ソ連とモンゴルの間で相互援助条約が締結され、チョイバルサンがスターリンの忠実な部下として、満洲帝国の関東軍に対抗するためにモンゴルの軍備増強を推進した。三七年に支那事変が勃発すると、モンゴル人民共和国内で、日本のスパイという罪状で、多くのモンゴル知識人と軍人が粛清された。なかでも、同族が満洲帝国に住んでいるという理由で、共和国内のブリヤート人成人男性のほとんどが粛清された。

ノモンハン事件は、一九三九年四月、関東軍司令部から示達された参謀辻政信《つじまさのぶ》少佐起案の「満ソ国境紛争処理要綱」中「国境線が明確でない拠点においては、防衛司令官が自主的に国境線を認定して、これを

第一線部隊に明示する」とある項目が、紛争拡大をまねいた最大の原因である。五月ハルハ河東岸でモンゴル軍と日本軍の衝突が起きた。両軍とも、自国領内を警備中、越境してきた敵兵から銃撃を受けたので応戦したと主張する。同月末、日本側の予想を越えたソ連の機械化部隊のために日本軍は全滅した。六月報復に燃える関東軍は大部隊をノモンハンに集結、モンゴルの拠点タムツァク・ブラクを爆撃し、関東軍独走の局地戦となった。七月初旬の総攻撃が失敗に終わっても関東軍は敗北を認めず、八月ジューコフ指揮下のソ連軍機械化部隊の全面反撃の前に敗退した。ソ連・モンゴル連合軍は、自軍の主張する国境線西側ほぼ全域を制圧し、九月モスクワで停戦協定が成立、国境はほぼソ連の主張通りに確定したのである。日満軍の参戦部隊総数は七万、そのうち一万八千余人が戦死、二万何千人かが負傷、日本軍だけでも戦死・行方不明者九〇〇〇人、死傷率七〇%という。ソ連軍の消耗は、ノモンハン戦直後のタス発表では戦死三〇〇〇〜四〇〇〇人、負傷九〇〇〇人だった。今では、勝者であるソ連・モンゴル軍の死傷者数も、戦病死を除いて一万九千余人という大被害だったことが、ロシア人学者によって明らかにされている。

内蒙古の自治運動

さて、一九三二年の満洲国建国に話を戻すと、モンゴルの遊牧地を保護するために設置された興安省では、平民出身のモンゴル知識青年の要求を入れて、王公と平民の身分上の区別が廃止された。盟旗の区分はそのままで最初は王公が旗長に就任したが、旗長は政府から一定の俸給を受ける給与生活者になり、かつてのような政治的特権はなくなった。日系参事官が指定された旗におかれ、旗内の行政を監督することになった。「極左路線」を取って反宗教闘争や反封建闘争が激化しているソ連の勢力圏の「外蒙」や、漢人が際限なく流入して遊牧地の減少が続いている中華民国下の内蒙古と比べて、興安省のモンゴル人が、遊牧の伝統を守りながら衛生や教育を近代化する試みをおこなったという点で、将来に希望が持てたかどうかは、モンゴル人自身の評価を待たなくてはならない。

関東軍は、満洲国建国のあと一九三三年初春の熱河作戦で占領した承徳《しょうとく》と赤峰《せきほう》に、内蒙工作のための特務機関をおいた。ついで関東軍に帰順した東北軍騎兵のモンゴル人将軍李守信《りしゅしん》が率いる漢軍が多倫《ドロン》に入り、中国の支配権が及ばない察東《さっとう》特別自治区が成立し、ドロンの特務機関が関東軍のチャハル工作の拠点となった。一九三五年六月に結ばれた関東軍と国民政府の間の土肥原《どひはら》・秦徳純《しんとくじゅん》協定は、関東軍は満洲から越境せず、二九軍は張家口《ちょうかこう》北から撤兵することを約束したものだった。この結果、関東軍はもっぱら特務機関を使って、西部内蒙古を中国から独立させるための工作を進めたのである。

内蒙古の王公たちは、一九二八年、南京国民政府がモンゴルの遊牧地を分けて、漢人地帯と同じ制度である熱河・察哈爾《チャハル》・綏遠《すいえん》三省を新設するや、盟旗の自治を守るために蒙古代表団を南京に派遣して、省制の廃止を訴えた。蒙古代表団の代表呉鶴齢《ごかくれい》は、一九三〇年蒙古会議を開催した。この動きとは別に、チンギス・ハーンの子孫の一人であるスニト右翼旗ジャサク和碩親王デムチュクドンロブ（徳王）は、一九三三年に西部内蒙古の各盟旗の王公を召集して百霊廟《ひゃくれいびょう》会議を開催し、国民政府に対して、チャハル・綏遠両省の廃止、内蒙高度自治、統一的な内蒙自治政府の設立を要求した。国民政府軍事委員長蔣介石は、「高度自治」を「地方自治」に改めた上でこれを承認し、翌三四年、徳王を秘書長とする蒙政会（蒙古地方自治政務委員会）が成立した。

徳王の対日協力

関東軍が徳王と接触したのはこの一九三四年末のことで、三五年十月、百霊廟で開催された第三回蒙政会大会で、徳王は対日提携を正式に決定した。十一月末徳王は満洲国の首都新京に行き、関東軍首脳から蒙古建国への軍事・経済援助の約束を受けた。一方、蒙政会委員長ヨンドンワンチュク（雲王）は、西部内蒙古が日本の支配下に入った場合、「敵と表面だけの妥協」をする許可を蔣介石から得られるよう呉鶴齢に依頼し、年末、呉鶴齢は蔣介石と会見して、蒙政会の「自救自全」の許可を得たのである。

関東軍は、土肥原・秦協定締結後、李守信軍を察北《さっほく》（チャハル北部）に進出させて、三六年一月チャハル盟公署を成立させた。チャハル盟の領域は、形式的に

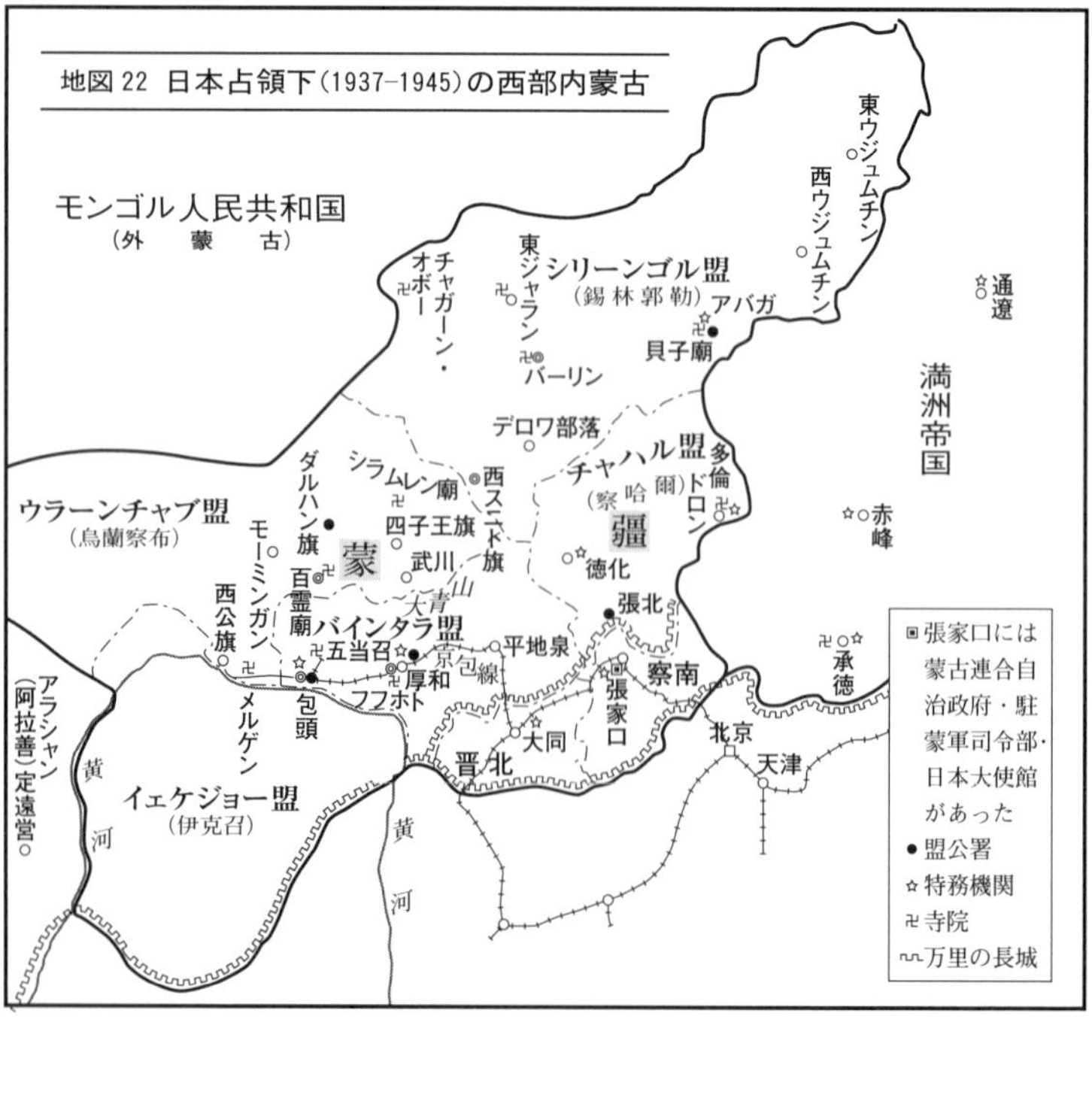

地図22　日本占領下（1937−1945）の西部内蒙古

は左翼八旗と右翼四旗だが、右翼四旗は傅作義《ふさくぎ》を省長とする綏遠省に帰属したので、蔣介石は綏遠省を守るため、ウラーンチャブ、イェケジョー両盟を管轄区域とする綏遠蒙政会の設立を命じた。日本の影響下に入ったチャハル盟公署治下の人口構成は、漢族四〇～五〇万人、モンゴル人約三万人で、財政基盤は漢人地帯にあった。満洲国の政府機関や民間団体が経営の不備をおぎない、日系顧問には満洲国の旧官吏・旧警察官、関東軍の退役軍人が多数を占めた。

三六年二月関東軍は西スニト旗で、徳王を総裁、李守信を副総裁とする蒙古軍政府（徳王側は蒙古軍総司令部と呼ぶ）を成立させた。二十数名の日系顧問が関東軍から派遣された。蒙古軍政府の支配地域は、名目的にはチャハル、シリーンゴル、ウラーンチャブ、イェケジョー四盟だが、実際の支配地域はチャハル盟のみで、他盟には軍政府としての行政は及ばなかった。四月第一回蒙古大会が開催され、呉鶴齢は各盟旗代表に表面上日本と協力するよう説得して、蒙古軍樹立と蒙古建国案、満洲国との相互援助条約などの議案を採択した。六月徳王は満洲帝国皇帝を訪問し、相互援助条約を結んだ。

日本政府と陸軍中央部は、関東軍が綏遠省に帰属するチャハル右翼四旗で内蒙工作をおこなうことを禁止し、同地の工作区分を支那駐屯軍とした。しかし、支那駐屯軍を配下の軍団と見下していた関東軍はこの工作区分を無視して、西部内蒙古の「中国からの独立」を目指した。関東軍の後援で徳王は綏遠侵攻計画を進めたが、三六年十一月、傅作義軍は蒙古軍を破って、蒙政会発祥の地、百霊廟を占領した。田中《たなか》隆吉《りゅうきち》参謀の命令で、漢人謀略部隊の王英《おうえい》軍が百霊廟を奪還しようとしたが失敗し、退却したシラムレン廟で王英軍が反乱を起こして、特務機関員ら日本人二九人が殺害されるという綏東《すいとう》事変に至った。

一九三七年七月支那事変が勃発すると、関東軍は東条英機率いるチャハル派遣兵団を編成し、八月末張家口を占領、十月中旬までには大同《だいどう》・綏遠・包頭《パオトウ》一帯の蒙疆地域を軍事占領した。この結果、チャハル省の長城以南に察南自治政府、山西省北部に晋北《しんほく》自治政府、帰綏《きすい》（フフホトに改称）に蒙古連盟自治政府が成立した。蒙古連盟自治政府の領域は、五盟二市（シリーンゴル盟、チャハル盟、ウラーンチャブ盟、バインタラ盟、イェケジョー盟、フフホト厚和市、包頭市）だったが、この中のバインタラ盟は、旧チャハル右翼四旗とトメト旗および一〇県を含む新設の盟で、漢族が大多数を占める農業地域だった。

陸軍中央部は察南・晋北両自治政府を華北新政権に合流させる意向だったが、関東軍は、中央の支配の及ばない蒙疆政権の樹立を目指した。蒙古独立を究極の目標とした徳王は、一九三八年十月訪日して天皇に拝謁し、旧知の陸軍大臣板垣征四郎に蒙古の独立建国を訴えた。しかし、蒙疆連合委員会の最高顧問金《かな》井章次《いしょうじ》は、あくまで蒙疆地域の一体的支配を目指し、蒙古独立を否定した。一九三九年九月に誕生した蒙古連合自治政府は、察南と晋北の漢人地帯が加わったため、人口は漢人六〇〇万人、モンゴル人三〇万人となり、徳王は主席となったが、首都は厚和から張家口に移り、モンゴル人の政治的権利は後退した。

中国戦線の戦局が長期化する中、日本の駐蒙軍は、モンゴル人の戦争協力を勝ち取るために部分的に譲歩し、四一年八月蒙古連合自治政府を蒙古自治邦と自称することを認めた。十二月大東亜戦争が勃発すると、表面上モンゴル人の政治的権利が拡大し、徳王も積極的に戦争協力の姿勢を示した。徳王は、蒙漢分治政策を推進し、教育制度の普及につとめ、モンゴル復興のための人材養成に積極的に取り組んだ。優秀な若いモンゴル人留学生が多く日本にやってきた。しかし、まもなく一九四五年八月八日ソ連が対日宣戦布告をし、九日、外蒙のソ連軍がシリーンゴル盟に侵入した。八月十五日、日本の敗戦とともに蒙古自治邦が崩壊した時、張家口には三万人の日本人がいたのである。

第十一章　第二次世界大戦後のモンゴル人

モンゴル人民共和国の国際的承認

モンゴル人民共和国の独立が国際的に認められたのは、一九四五年二月のルーズヴェルト、チャーチル、スターリンによるヤルタ協定である。この協定の第一条に「外モンゴルの現状は維持される」とあるが、これはスターリンが対日戦争参加の条件の一つとして英・米両国に認めさせたものである。その後この協定にもとづき、それまでモンゴルに対する主権を主張し続けていた蔣介石の中華民国とソ連の外相間に、同年八月十四日覚書《おぼえがき》が交換された。そして覚書通り、全有権者の九八・四パーセントが参加した国民投票が一九四五年十月におこなわれ、独立反対は一票もなく、四六年一月、国民党中国によって正式にモンゴル独立は認められた。しかし、これは同時に現状維持の承認であったから、ソ連は内モンゴルに関しては中国の主権を認めたのである。

モンゴル人民共和国の領土は、清朝時代の外蒙古ハルハとホブド地区をあわせたものにほぼ相当するが、清朝の領土でハルハ部に属したタンヌ・ウリヤンハイは、十九世紀からロシア人の入植が進んでおり、辛亥革命後に現地人の分離主義運動を煽動してロシアが形式的に独立させたあと、一九一四年にはロシアの保護領となっていた。この地は、一九二一年のモンゴル革命直後に今度はロシア共産党によってトゥヴァ人民共和国が建国された。トゥヴァはその後、一九四四年にスターリンによってソ連に併合されたが、このことが公表されたのは二年後の一九四六年になってからだった。トゥヴァ自治ソヴィエト社会主義共和国は一九九一年十一月に独立を宣言し、今はロシア連邦を構成する共和国の一つである。トゥヴァの人口は三〇万人強で、そのうち三分の一がトゥヴァ人（かつてのタンヌ・ウリヤンハイ人）、三分の一がロシア人、残りがいくつかの少数民族である（二〇〇二年推計）。

モンゴル人民共和国は一九六一年に国際連合に加入し、一九七二年二月には、わが日本国と外交関係を樹立した。これは、同年十月に中華人民共和国とわが国が国交樹

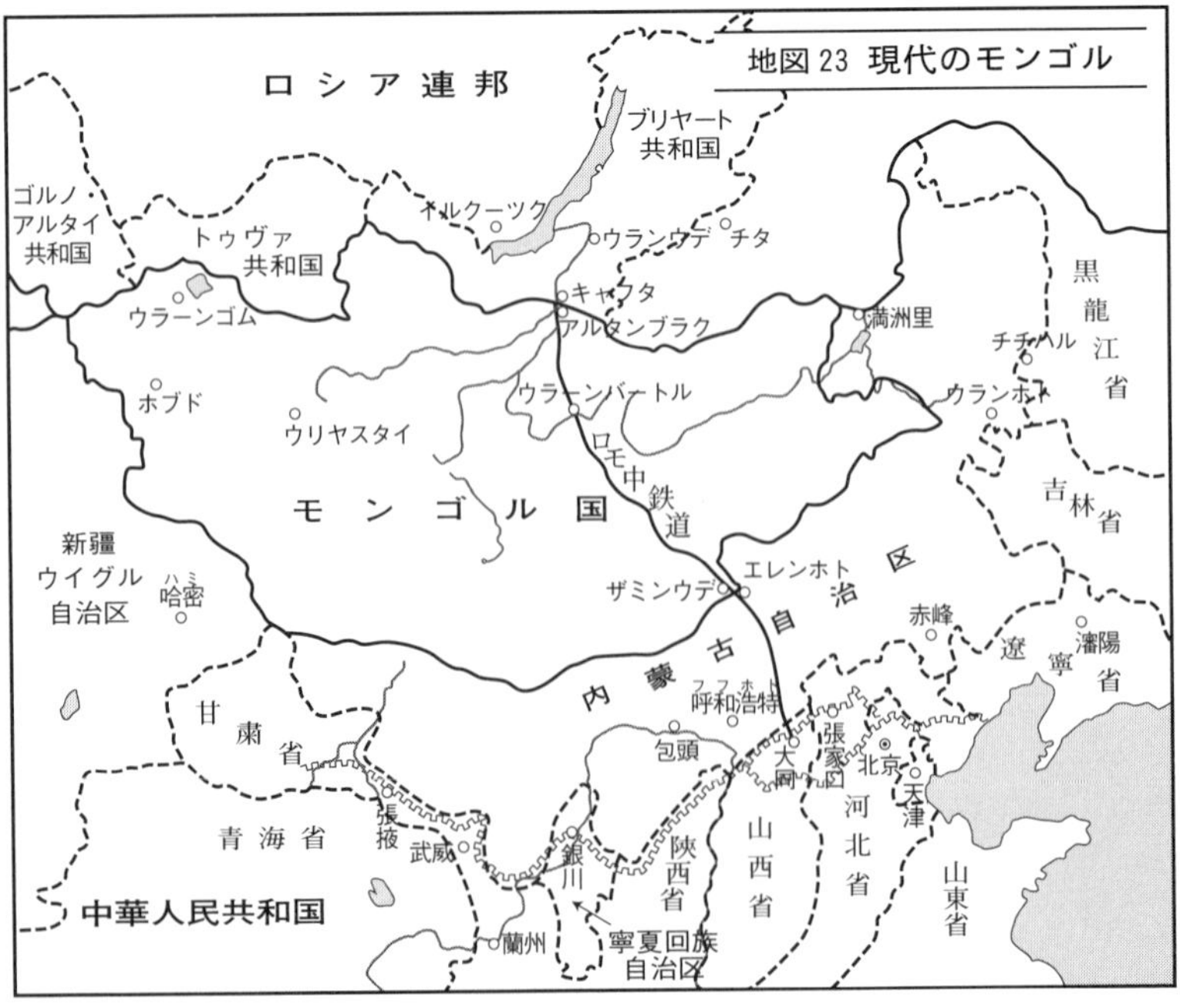

地図23 現代のモンゴル

立（「日中国交正常化」も「国交回復」も、言葉の使い方が誤っている）をしたのに八ケ月も先立つものである。先進国のうち唯一、長い間国交のなかったアメリカ合衆国とは、日本が仲立ちをして、一九八七年にようやく正式に国交を樹立した。モンゴル人民共和国はソ連の衛星国として長く共産圏の中にあったから、アメリカ合衆国は外交関係を持とうとしなかったのである。

詳細は後述するが、一九八九年末、ソ連のペレストロイカの影響でモンゴル人民共和国でも民主化がはじまり、九〇年三月には複数政党制を採用した。一九九一年十二月ソ連邦が崩壊すると、九二年一月新憲法を採択して社会主義を放棄し、二月には国名をモンゴル国に変更した。九一年八月には日本の海部《かいふ》首相が西側諸国首脳としてはじめてモンゴルを公式訪問している。

日本人捕虜のモンゴル抑留

話を戻して、戦後のモンゴルと日本の関係のはじまりは、日本人捕虜のモンゴル抑留である。モンゴル人民共和国が対日宣戦布告をしたのは、一九四五年八月八日のソ連に続く十日だった。八月十九日東部ソ満国境ハンカ湖近くで日ソ間の停戦交渉がおこなわれたが、ソ連首相スターリンは、二十三日に関東軍所属の日本軍捕虜五〇万人のソ連移送と強制労働利用の命令をくだした。日本軍の武装解除は八月下旬までにおわったが、ソ連軍は復員を認めず、すでに離隊していた男までも強引に連行した。日本人捕虜はまず、満洲の産業施設の工作機械を撤去しソ連へ搬出するために使役され、八月下旬ごろからソ連領内に移送された。日本の厚生労働省の公式見解では、総数五七万五〇〇〇人とされているが、実際は七〇万人近くが移送されたともいわれる。

大戦で荒廃したソ連の復興のための労働力とされた日本人抑留者たちは、シベリア各地だけでなく、中央アジア、コーカサス地方にまで送られ、鉱山、鉄道、道路建設、工場、石油コンビナート、森林伐採などの重労働を強いられた。およそ六〇万人の抑留者のうち、約一割にあたる六万人（厚生労働省は五万五〇〇〇人という）が、極端に悪い食糧事情の中での重労働によって亡くなった。後述するようにモンゴル人民共和国にも、最近明らかになったことだが北朝鮮にも日本人は連行されたのだから、「シベリア抑留」ではなく「共産圏抑留」というべきである。

モンゴルは、一九三六年に締結されたモンゴル＝ソ連相互援助条約にもとづき、対日参戦をしたことにより、捕虜の配分を受ける権利を得たのであるが、戦争が終結したにもかかわらず、国際法を無視して捕虜に強制労働をさせたのは、モンゴルがこれを一九三九年のハルハ河戦争（ノモンハン事件）など、一連の日本の侵略行為に対する賠償とみなしていたからである。四五年十月から十二月の間に、約一万二〇〇〇人の日本人捕虜がモンゴルに連行されて、強制労働に従事した。捕虜全員が引き揚げたのは四七年十月で、二年間で約一六〇〇人が死亡した。

日本政府は、一九四五年十一月に関東軍の軍人がシベリアに連行され強制労働をさせられているという情報を得、翌四六年五月、アメリカを通じてソ連との交渉を開始、同年十二月ようやく日本人抑留者の帰国に関する米ソ協定が成立した。十二月八日ナホトカ出港の引き揚げの第一陣、計五〇〇〇人が舞鶴に入港し、これから漸次引き揚げがおこなわれたが、受刑者をふくむシベリア抑留者の最後の引揚船が舞鶴に入港したのは、一九五六年十二月だった。

モンゴルが日本人捕虜の強制労働を必要としたのは、国際的に独立を承認されたばかりの国家の首都を整備するという大建設プロジェクトのためだった。日本人捕虜が建設にかかわったウラーンバートル中心部の主な建物は、スフバートル広場をとりまく政府庁舎、国立オペラ劇場、中央図書館、外務省、首相官邸、国立大学などである。ただし、日本人捕虜はレンガを焼くところからはじめ土台はつくったが、米ソ協定によって建設途中で引き揚げたので、内装は中国人やコメコン（ソ連・東欧経済相互援助会議）加入の東欧諸国の労働者によっておこなわれた。

　モンゴルにおける日本人抑留者の死亡率が高いのは、厳寒期のモンゴルで、捕虜の住宅も衣服も食料も不足し、配給が遅滞したからである。それは当時のモンゴルに、このような大人数の集団の必需品を即座に用意し、配給するシステムや経験がなかったからだ。モンゴルははじめ、二万人の日本人捕虜をソ連から移送してもらう約束をしていたが、そういうわけで一万二〇〇〇人で止めたのだと聞いた。

内モンゴルからの日本人引き揚げ

　話を前章の最後に戻そう。一九四五年八月十日、日本のポツダム宣言受諾の報が連合国各地に伝わるや、万里の長城南部の支那では、一二八万人の日本軍と七八万人の汪兆銘《おうちょうめい》政府軍が接収の対象に転化した。重慶《じゅうけい》国民政府は日本軍占領地域の接収準備を開始し、内モンゴル方面へは傅作義《ふさくぎ》がただちに先遣隊を派遣して、十五日に包頭《パオトウ》を、十八日に帰綏《きすい》（厚和＝フフホト）を接収した。一方、延安《えんあん》の共産党司令部は、ソ連赤軍に呼応するため、旧東北軍を中心とする部隊に、内モンゴルのチャハル（察哈爾）、満洲国の熱河・遼寧・吉林に向かって進軍するように命じ、共産党の八路軍は張家口を包囲した。

　蔣介石は連合国との協議にもとづき、中央の軍事委員長が受降に関する一切を決定しようとして、共産党軍に「原地駐防令」（命令があるまで現在地にとどまるように指示）を出した。しかし蔣介石は四川省の重慶におり、国民党軍は日本軍の前線や占領地から離れていたので、共産党軍より立場が悪かった。それで蒋介石は、日本軍在華最高司令官岡村寧次《おかむらやすじ》に降伏勧告命令を伝達したうえで、軍事行動停止後、日本軍はしばらくその武器と装備を保有し、現在の態勢を保持し、駐在地の秩序および交通を維持し、中国陸軍総司令何応欽《かおうきん》の命令を待つように要求した。これは、日本軍に共産党軍の侵攻を阻止させる任務を与えたようなものである。

蒋介石の国民政府は、八月十四日モスクワで中ソ友好同盟条約を調印し、二十四日には批准書を交換していた。しかしこの時期すでに満洲はソ連軍に制圧されていた。スターリンは国民党軍が満洲に進駐することに反対したが、それはソ連軍が日本軍から押収した武器弾薬を、国民党軍ではなく中共軍に供与するつもりだったからである。

八月十五日の日本の無条件降伏により蒙古自治邦が崩壊すると、張家口から邦人全員が北京・天津《てんしん》方面へ撤収することになった。日本の駐蒙軍は地下陣地の武器・弾薬をモンゴル軍に提供する旨、徳王《とくおう》とモンゴル人将軍李守信《りしゅしん》に伝達したが、モンゴル軍の主力は張家口から遠く離れた厚和（フフホト）に駐屯し、張家口・厚和間の鉄道は八路軍に切断されて、これはかなわなかった。

前章の最後に書いたように、日本の敗戦時、張家口には三万人の日本人がいたが、蒙疆政権全体では四万人の日本人がいたという。内モンゴルには、国境をへだてたモンゴル人民共和国からソ連・モンゴル連合軍四万五〇〇〇人の機甲部隊が侵入してきており、張家口の北二七キロに構築された丸一陣地の数キロ先まで迫っていた。当時の駐蒙軍司令官根本博《ねもとひろし》中将は、満洲に侵入したソ連軍が日本人婦女子に対して暴行、掠奪の限りを尽くしているとの情報を関東軍から伝えられていたので、在留邦人の安全を守るため武装解除の命に応じない決意を固め、張家口駅構内に留置させていた機関車約三〇両、貨車約五〇〇両を使って、八月十九日から在留邦人の引き揚げを開始した。

丸一陣地を守っていた二五〇〇人の日本人兵士は、八月十九日からのソ・モ連合軍の攻撃を三日間もちこたえ、二十二日にはすべての列車を使って日本人の引き揚げが完了した。張家口の日本人全員が引き揚げたことを確認したあと、徳王も日本軍の保護に頼って北京に脱出したのである。

日本の敗戦時に内モンゴルにいた日本人には、満洲北部に取り残された日本人孤児のような悲劇が起きなかった。それは、駐蒙軍の根本中将の勇気の賜物であると同時に、徳王が直々に「日本人を困らせないよう」との命令を通達しており、あくまで日本人を先に逃がそうとしたからである。

徳王の運命

徳王は、モンゴル独立のために手を結んだ日本が敗れて大陸から撤収することになったので、今度は国民政府のもとでの「蒙古高度自治」を求めて重慶に行き、蔣介石と会見した。蔣介石は、関東軍が徳王と接触した一九三五年に、日本占領下での蒙政会の「自救自全」の許可を出しており、徳王の方も、日本人に知られないようにその後もひそかに蔣介石と連絡を取っていたので、蔣介石は徳王を国民政府の賓客《ひんきゃく》として迎えた。

しかし、一九四八年の夏から秋にかけて国共内戦は次第に国民党に不利に転じ、徳王と蒙古青年同盟の人びとは、西北モンゴルで実際行動を取って国際的な関心を呼ぼうと計画した。一九四九年八月、アラシャン（阿拉善）定遠営《ていえんえい》で蒙古人民代表大会が開かれ、徳王を主席とする蒙古自治政府が成立したが、これも、国民党が中国共産党に追われて台湾に撤退するとともに崩壊した。

徳王の長男ドグルスルンは、すでに一九三八年にスニト右翼（西スニト）旗の旗長の職を父から譲られていた。徳王は一九二四年にシリーンゴル盟副盟長になったあと、いっそう積極的に内モンゴル全体の政治運動に参加するようになり、大部分の時間を、百霊廟《ひゃくれいびょう》、徳化《とくか》、フフホト、張家口など外部で過ごした。それで、留守宅の旗の事務を長男に任せたのである。ドグルスルンは、一九四五年、ソ・モ連合軍がシリーンゴル盟に入ってきたとき、一〇〇〇頭の家畜を連れてモンゴル人民共和国におもむいた（五〇〇頭の家畜、うちわけ羊三〇〇頭、馬二〇〇頭をモンゴルの内務部に寄付したそうだ）。ついで徳王の家族もウラーンバートルに連行されていた。

当時のモンゴル人民共和国首相チョイバルサンは、内外モンゴル統一を考えていたこともあり、かつては徳王を誘ったこともあったので、徳王は今度はモンゴル人民共和国を頼って、一九四九年末にウラーンバートルに向かった。李守信もあとを追った。しかし、日本を敵視していたソ連にとって、徳王と李守信は敵と手を結んできた人物だった。モンゴル政府は一九五〇年二月に徳王らを逮捕し、九月に北京に強制送還した。徳王の長男ドグルスルンは一九五二年に日本特務の罪名で処刑された。中華人民共和国に引き渡されたあと、漢奸《かんかん》として服役した徳王は、監獄で重い肝炎を患い、一九六三年、当時の中国国家主席劉少奇《りゅうしょうき》の特赦令で釈放された。徳王は、その後はフフホト市で家族と暮らし、一九六六年、内蒙古医学院付属病院で肝臓ガンで亡くなった。六四年の生涯だった。

漢奸となった徳王が漢文で書かされた反省文は、トブシン（陶布新）が整理し、『徳穆楚克棟魯普《デムチュクドンロブ》自述《じゅつ》』（内蒙古文史資料第十三輯）という題名で、一九八四年に中国人民政治協商会議内蒙古自治区委員会文史資料研究委員会編の内部資料として刊行された（日本語訳は一九九四年に、ドムチョクドンロブ・森久男訳

『徳王自伝』という題名で岩波書店から刊行されている）。これを利用したのが、盧明輝《ルーミンホエ》『蒙古〝自治運動〟始末』（中華民国史資料輯稿、中華書局、北京、一九八〇年）である。これらがいずれも、戦後に政権を獲得した中華人民共和国の立場で叙述されていることはもちろんである。

その点、共産党から逃れて台湾に脱出し、国立政治大学辺政研究所の初代所長に就任、さらにアメリカのブリガムヤング大学に移って教鞭を執ったジャクチド・スチン（札奇斯欽）が、岡田英弘の招きに応じて東京外国語大学アジア・アフリカ言語文化研究所に客員教授として一年間滞在した間に漢文で叙述した『我所知道的《わたしがしっている》徳王《とくおう》和《と》當時《とうじ》的《の》内蒙古《ないもうこ》（一）（二）』は、中国の言い分を離れて当時の実情を自由に語った貴重な証言である。ジャクチドは、北京大学政治学系を優秀な成績で卒業後、呉鶴齢《ごかくれい》に随行して一九三八〜三九年に早稲田大学大学院に留学したあと、日本の敗戦時にはシリーンゴル盟総務処長《しょちょう》の任にあった。一九四九年のアラシャン定遠営の大会まで徳王と行動をともにし、その後徳王の許可を得て出国したのである。

ジャクチドの回顧録は、古い「時文」と呼ばれる漢文で書かれていたが、岡田はそのまま日本で刊行した。当時の日本の国立大学は出版物を販売することはできなかったから、内モンゴルからの留学生の求めに応じて何冊でも配布していた。かれらは見つからないように一冊ずつ持ち帰り、やがて内モンゴルでも有名になった。こちらの手元に残部がなくなったあと、中国から偽のバーコードがついた海賊版が刊行された。留学生に頼んで買ってきてもらったら、日本での刊行よりも登場人物の写真が増えていた。出版した人は牢屋に入ったそうだが、短期間で出獄したと聞いた。内モンゴルのモンゴル人にとって、じつは海賊版の刊行は嬉しいことだったに違いない。

中国内モンゴル自治区の成立

終戦直後の内モンゴル民族運動で主要な役割を演じたのは、旧満洲国興安省の官吏だったモンゴル知識分子である。かれらは最初、この機会を利用して、モンゴル人民共和国と合併して統一国家を作ろうと考え、進撃してきたモンゴル軍と各地で協議した。しかし、ヤルタ協定は北モンゴルの独立を保障していただけだったので、モンゴル軍の撤退とともにこの運動は下火となった。一九四六年一月、旧満洲国王爺《おうや》廟《びょう》の東のゲゲーン・スメで、旧満洲国興安総省省長ボインマンダホを長とする東モンゴル人民自治政府が成立した。しかし、この政府は、ソ連やモンゴルからも蔣介石からも相手にされなかった。

一方、中国共産党は、一九四五年十一月張家口で内モンゴル自治運動連合会を組織し、その主席に、延安時代から中共と行動をともにしたウラーンフー（烏蘭夫、「赤い息子」という意味のモンゴル語）を選んだ。しかし、共産党のモンゴル人は、内モンゴルの故郷とほとんどつながりを持たない存在だった。

一九四六年四月、承徳で東西内モンゴル統一会議が開催され、東モンゴル人民自治政府は内モンゴル自治運動連合総会に吸収された。総会長にはウラーンフーが、副会長にはボインマンダホが選ばれたが、実権はウラーンフーの手に握られ、内モンゴル自治運動は中国共産党の指導のもとに進められることになった。四七年五月、ウラーンフーを長とする内モンゴル人民政府が樹立し、モンゴル人の宿願だった「内モンゴル」の統合がようやくおこなわれた。

その後共産党の勢力範囲が拡大したのにともなって、中華民国の遼《りょう》北《ほく》省（満洲帝国の興安南省）の管轄だったジェリム盟と熱河省の管轄だったジョーウダ盟が内モンゴルに編入された。そして、一九四九年十月に中華人民共和国が成立すると、内蒙古自治区人民政府と改称されて、その一員となったのである。つまり、内モンゴル人民政府の誕生は、中華人民共和国の成立の二年半も前のことで、モンゴル人の協力と参加なくして、中華人民共和国成立はなかったといってもいい。

後でもう一度述べるが、一九四九年までの中国共産党の公式の立場は、民族自決権の承認・自由意志による中華共和国連邦の建設だった。しかし、中華人民共和国が成立したあと、一九五二年の「自治要綱」で民族の自治の権利とされたのは、民族の文字・言語使用権、一定の財産管理権、国家の統一的軍事制度にもとづく公安部隊・民兵の組織権、単行法規の制定権などにすぎなかった。中華人民共和国憲法は、「中華人民共和国は多民族統一国家であり」「各民族自治地方はすべて中華人民共和国の不可分の一部である」とする。

それでも、内モンゴル自治区における中共政権の初期の政策は、内政一般と同様に穏歩前進だった。モンゴル族と漢族の根強い対立感情にも特別の注意がはらわれ、牧畜地帯では反宗教運動や家畜の再分配もおこなわず、もっぱら生産力の増大、とくに牧畜技術改善に努力がむけられた。モンゴル人民共和国との往来もおこなわれ、モンゴル語による出版事業も奨励された。

ウラーンチャブ盟、イェケジョー盟、アラシャン旗、エジネ旗が加わって、現在の内モンゴル自治区の領域が完成したのは、一九五六年のことである。

文化大革命はモンゴルからはじまった

中国共産党は「モンゴル人を植民地から解放した」と宣言したが、一九四九年に中華人民共和国が成立したとき、内モンゴル自治区のモンゴル族人口は、一九一二年に清朝が崩壊したときとほぼ変わらない八〇万人で、入植者の漢人はすでに五〇〇万人にふくれあがっていた。モンゴル人の居住区域である草原は、中国政府から与えられた「自治区域」にすぎず、少数派に転落したモンゴル人たちは、日本が消えただけで中国の植民地に住みつづける以外に道はなかった。

中国内モンゴル東部地域は、日本の傀儡《かいらい》国家だった満洲国の興安四省に相当する。一九三二年に満洲国が建国されると、日本はまず各地に教育機関をつくった。たとえば一九四一年十二月の時点で、興安四省とその他のモンゴル人地域だけで小学校は合計三四九校あり、二万五〇〇〇人あまりの生徒が学んでいた。そのほか、国民高等学校や女子国民高等学校、奉天や王爺廟には師範学校、さらにモンゴル男子に人気があったのは興安軍官学校を頂点とする各種軍学校だった。内モンゴル中央部では、徳王がやはり日本式の近代教育を試みていた。

戦後になって内モンゴルに移住してきた漢人共産党員の多くは無学で、字もろくに読めなかった。かれらは、モンゴル語と日本語と中国語の三つを自由にあやつる、これら教養あるモンゴル人たちを指して「挎洋刀的（クワヤントータ）」つまり「日本刀をぶらさげた連中」とけなした。日本型近代教育を受けたモンゴル人は、漢人共産党員にとっては邪魔な存在でしかなかったのである。東北すなわち旧満洲の「解放」と、一九五七年にはじまるチベット「解放」にモンゴル騎兵たちの能力を役立てたあとは、最終的には「対日協力者」という罪名で、モンゴル軍人と知識人ほぼ全員が粛清されることになった。

朝鮮戦争の最中の一九五四年にスターリンが亡くなると、毛沢東にとって怖いものはなくなった。一九五六年に東ヨーロッパで社会主義の一党独裁に対する反抗として、ハンガリー事件とポーランド事件が起こると、この処理をめぐって、毛沢東はソ連を修正主義と罵倒し、モンゴル人民共和国とも反目するようになる。一九五七年十月、ロシア革命四〇周年記念式典出席のためにモスクワに乗り込んだ毛沢東は、モスクワ大学で留学中の中国人学生を前に「東風は西風を圧す」と演説した。

一九五七年にはじまった反右派闘争では、地方民族主義ははげしい攻撃を受けた。中国全土で粛清された「反社会主義的」知識人は一二〇万人にのぼる。内モンゴル自治区では三九三四人が「右派」とされたが、そのほとんどがモンゴル人だった。この間に遊牧民の集団化が進み、五九年春までに人民公社化が完了した。このとき、幹部の共産主義化、実際には漢族化が重視され、民族融合論が盛んに説かれて、さらに大量の漢族が少数民族地帯に移住したのである。

内モンゴルのオルドス部出身で日本に帰化した楊海英《ようかいえい》（モンゴル名オーノス・チョクト）によると、中国の文化大革命は内モンゴルからはじまったということだ。それまで自治区成立以来一貫して、自治区主席として、軍区司令官として、党第一書記として実権を一手ににぎっていたウラーンフーが、毛沢東の民族政策に反対したなど百の罪状をかぶせられて失脚した。かれが自由を失ったのは一九六六年五月一日からだが、ウラーンフーらモンゴル人幹部を排除するための情報収集が一九六四年から極秘にはじまっていたこと、内モンゴル自治区が中国のほかのどの地域よりも早く動乱に巻き込まれたことなどから判断すると、毛沢東らは、対ソ戦を勝ち抜くために、北部辺疆《へんきょう》に住む「過去に対日協力の前科をもつ」モンゴル人たちを粛清して、国境防衛を固めてから、中国全土の文化大革命に専念しようとしたのだ、と楊は言う。

モンゴル人ジェノサイドの悲劇

文化大革命がはじまったとき、内モンゴル自治区の全人口は一三〇〇万人で、そのうちモンゴル族の人口は一五〇万人弱だった。操作された、控えめな中国政府の公式見解によると、およそ三四万六〇〇〇人が「反共産党叛国集団」あるいは「民族分裂主義者政党」の「内モンゴル人民革命党員」と見なされ、そのうち二万七九〇〇人が殺害された。拷問にかけられて身体的な障害が残った者は一二万人に達するとされている。このほかに、五万人あるいは一〇万人が殺害されたという説もある。

たとえ中国政府の善意的な数字を信じるとしても、平均してほとんどすべてのモンゴル人の世帯から少なくとも一人が逮捕されたことになる。連座制を取る中国にあって、これは家族全員が虐殺運動に巻き込まれた、まさに全モンゴル民族にもたらされた災難で、ジェノサイド（一つの民族やグループの存在を抹消することを目的とした集団殺戮）であると楊海英は告発する。

漢人共産主義者たちは、雨が少ないモンゴル草原で家畜を飼うためにはある程度の広さの草原が必要なふつうの牧畜民をすべて「搾取階級」だと認定して、モンゴル人の草原を奪って貧しい漢人農民たちに分け与えた。大量虐殺をおこなったのは、中国政府と中国の全人口の九四パーセントを占める漢族の人たちで、かれらは、モンゴル人が過去に民族の自決を目指して戦った歴史を罪だとして虐殺を働いたのである。

さらに内モンゴル自治区は、モンゴル人民共和国との間に長い国境線をもつという地理的条件のために、一九六〇年代前半にはじまる中ソ対立の影響を真正面からこうむった。中ソ国境紛争のために内モンゴルは前線基地化し、もともと新疆にのみ存在した、非常事態のさいには軍隊となる生産建設兵団《へいだん》が、一九六九年に内モンゴルにも設立された。一九七〇年には、内モンゴル自治区を構成する二市七盟のうち、北からホロンブイル盟の大部分は黒龍江省に、その一部とジェリム盟は吉林省に、ジョーウダ盟は遼寧省に分割された。西部ではバヤンノール盟のうちアラシャン左旗は寧夏回族自治区に、アラシャン右旗とエジネ旗は甘粛《かんしゅく》省に分割された。これによって内モンゴル自治区の領域はほとんど三分の一に縮小した。ソ連とモンゴル人民共和国に対する防衛のため、中共政権は内モンゴル自治区を分割し、各軍区に所属させる必要があったのである。

この行政区画は一九七九年にはもとに戻ったが、すでに一九八〇年代の人口統計で、内モンゴルの総人口の八五パーセントが漢族で、モンゴル族は一三パーセントになっていた。

中国国籍を持つモンゴル人の現状

中華人民共和国全土で「モンゴル族」という民族籍を持つ人びとは、二〇〇〇年には五八〇万人を超えた。中国では、その後の人口統計は取られていない。そのうち内モンゴル自治区には九〇年人口統計で約三三八万人、その他、新疆ウイグル自治区、遼寧、吉林、黒龍江、甘粛、青海などの省の中の各モンゴル自治州と、寧夏、河北、河南、四川、雲南、そして首都北京などにもモンゴル人は住んでいる。このうち新疆と甘粛と青海のモンゴル族のほとんどは、本書で述べたオイラト部族連合の後裔たちである。かれらにはモンゴル文字から派生したトド文字という独自の文字があるが、中国共産党の一民族一言語という政策のために、自分の文字を使用することはできない。もっとも、チンギス・ハーン以来八〇〇年にわたって使用してきた、縦書きのモンゴル文字を読み書きできるモンゴル人の数は減少する一方である。

中国共産党の民族政策では、自治区の公用語はモンゴル語と中国語の両方だが、人口の八五パーセントをしめる漢族はモンゴル語ができず、モンゴル族は中国語を使用せざるを得ない。漢族農民の流入で遊牧地は減少する一方で、モンゴルらしい遊牧地が唯一残っているといわれた最北部のホロンブイル盟でさえ、二〇〇〇年には漢族人口が八五パーセントになった。ホロンブイル草原の各所にレンガ造りの村が建設され、モンゴル族やエヴェンキ族その他の少数民族と漢族が雑居している。内モンゴル自治区とは名前のみで、モンゴル族の自治などどこにもない。私は、中国の少数民族自治区は植民地と定義すべきである、と考えている。

ここで、中国の少数民族政策の変遷について述べたい。将来の見通しがまだ何もなかった一九二二年の第二回党大会で、中国共産党は「蒙古《もうこ》・西蔵《せいぞう》・回疆《かいきょう》の三地域で自治を実行し民主自治邦とする」という民族問題綱領を示した。「自由連邦制によって中国本部・蒙古・西蔵・回疆を統一し、中華連邦共和国を作る」と言ったのは、モンゴル、チベット、のちウイグルと呼ばれる回疆の三つが、本書で述べた清朝時代の「藩部」で、それらの地域は歴史的に中国ではなかったからである。

孫文《そんぶん》は大漢族主義者である。一九二〇年代の講演で、このように言っている。

「中華民族は合計四億人いる。入り交じっているのは、数百万のモンゴル人、百万余りの満洲人、数百万のチベット人、百数十万の回教を信ずるトルコ人だけで、外来のものは千万人にもならない。大多数、四億人の中国人はすべて漢人だといってよい。同じ血統、同じ言語文字、同じ宗教、完全に一つの民族である」

蔣介石もこの考えを継承し、清朝の同盟種族をすべて「中華民族」と規定し、「台湾、澎湖《ほうこ》諸島、東北四省、内外モンゴル、新疆、チベットこそ『民族生存を守る上での要塞』であり、これら地方の分割は即中国国防の瓦解である」と言った。

中国共産党は、蔣介石の国民党に勝利するため、一九三一年十一月にはじまる中華ソヴィエトの「憲法大綱」では「中国領域内の少数民族の自決権を認め、各弱小民族が中国から離脱して自ら独立国家を樹立する権利を認める」と言った。延安に到着した直後の一九三五年十二月には「内モンゴルの領土の保全を尊重する」とも言った。

しかし、もちろん、これは、ただの方便、つまりまったくのウソだった。

共産党が圧倒的な軍事力ですべての辺境地域を支配したあとになって、このように言った。

「民族自決の主体は植民地被圧迫国の民族・人民であり、独立国家の一部、つまり多民族国家のなかの少数民族に自決権は適用されない」

「民族自決権原則は、国際関係を正しく処理する原則であって、国内諸民族の関係を処理する原則ではない」

しかも、はじめ五族であった民族数は、一九四九年中華人民共和国建国のころには九つになり、八〇年代には五五になった。中国は「民族平等政策によって、五五の少数民族が自分自身の自治、文字、議席、幹部を持てるようになった」と自画自賛するが、これは、モンゴルやチベットやウイグルのような、独自の歴史と領土を持ち、かつて政治的・文化的共同体だった民族と、「民族に昇格した」ばかりの一万人に満たない小さなエスニック・グループを同じ「少数民族」に一括りにし、モンゴル人、チベット人、ウイグル人の問題を、意図的に五十分の一に矮小化するという、共産党のじつに巧みな政策である。

内モンゴル自治区で成功した植民地政策を、中国は、チベット自治区、さらには新疆ウイグル自治区に拡大していった。中国こそが、かれらがつねに罵倒する帝国主義国家であると私は思う。

ロシア連邦のブリヤート人

ブリヤート人は、ロシア連邦やモンゴル国、中国に住むモンゴル系民族で、総人口は約五一万五〇〇〇人である。そのうちロシア連邦に四六万人いるが、もっとも多く住むのは、モンゴル国の北のブリヤート共和国で、二八万六〇〇〇人が住む（二〇一〇年統計）。ちなみにブリヤート共和国の総人口は一九九四年推計では一〇五万人だったが、二〇〇二年には九八万一〇〇〇人に減少している。首都ウラン・ウデの人口は三八万六〇〇〇人である。

このほか、ブリヤート共和国に隣接したロシア連邦イルクーツク州やザバイカリエ地方にもかれらの自治管区がある。モンゴル国には四万五〇〇〇人、中国に八〇〇〇人が住む。

ブリヤートについては、すでに本書の各所で述べてきたが、チンギス・ハーンの祖先の発祥の地であり、四オイラト部族連合の構成員であり、十七世紀コサックがシベリアに進出してきたとき、最初に出会ったモンゴル系遊牧民であった。

ブリヤート人の伝統的宗教はシャマニズムだったが、十七世紀にモンゴルの影響でチベット仏教徒になった。まもなくロシア人によって東方正教会のキリスト教ももたらされ、一七二七年のキャフタ条約によって、この地方は完全に帝政ロシアの領土となるが、二十世紀はじめまでは、モンゴル的伝統はほとんどそのまま維持された。ロシアの言語学者でさえ、ブリヤート・モンゴル人と呼んでいたのである。

一九一七年のロシア革命に際して、ブリヤート人はさまざまな役割を演じた。ブリヤート人を中心とするセミョーノフの汎モンゴル国建設会議は失敗したが、モンゴル革命の初期、ロシア語に通じたブリヤート知識人が、同族のモンゴル人の国家建設を助けて、政治・経済・文化の各方面につくした役割はひじょうに大きかった。また、外国干渉軍に対する緩衝《かんしょう》国として、一九二〇年ウラン・ウデに成立した極東共和国は、一九二三年ソヴィエト・ロシアと合併し、ブリヤート・モンゴル自治社会主義共和国となった。

一九三七〜三八年のスターリンの血の粛清は、チベット仏教僧と民族主義的知識人に向けられた。僧院は閉鎖され、日本のスパイの罪名で、多くのブリヤート人が処刑された。ブリヤート知識人が使用していた伝統的モンゴル文字は廃止され、ロシア文字（キリル文字）が正式のアルファベットとして採用されただけでなく、チンギス・ハーンを侵略者として非難するなど、モンゴル的なものは一掃された。モンゴルとの統一の動きを断つために、一九五八年、自治共和国名や民族名や言語名から「モンゴル」が取り除かれ、以後ブリヤートとモンゴルには何のつながりもないという建前になった。

一九八〇年代末からは、宗教活動も復活し、チベット仏教寺院の改築などがおこなわれているが、伝統的な遊牧生活はほとんどなくなってしまった。今のブリヤートの人びとは、われわれ日本人と同様、ヨーロッパ型の近代教育を受けたアジア人である。

ロシア連邦のカルムィク人

ヴォルガ河下流の西岸にあるカルムィク共和国は、ロシア連邦の一員で、人口は三〇万人（二〇〇二年推計）、そのうちカルムィク人が四五パーセント、ロシア人三八パーセント、そのほかチェチェン人、カザフ人などがいる。本書の第九章「最後の遊牧帝国ジューンガル」で述べたように、オイラト部族連合のトルグート部を中心とした遊牧民が、一六三〇年にヴォルガ下流域に移住した。このもっとも遠隔地のチベット仏教徒たちは、ジューンガル帝国が滅びたあと、一七七一年大部分が故郷のイリ地方に帰還したが、この冬にヴォルガ河が凍結しなかったために取り残された人びとの子孫が、このカルムィク人である。新疆ウイグル自治区北部のトルグート・モンゴル族と同族で、もともとのことばはモンゴル系だったが、すでにロシア語しか話せない人が多い。

一七七一年のあと、残ったカルムィク人はアストラハン地方の行政下に入り、一八九二年まで農奴だった。ロシア革命のあと、一九二〇年ソヴィエト・ロシアの中にカルムィク自治州がもうけられ、首都がアストラハンにおかれたが、二七年今の首都エリスタにうつった。三五年自治共和国に昇格したが、第二次世界大戦中ドイツの侵略軍と結託したという罪名で、カルムィク人の多くが中央アジアとシベリアに強制移住させられ、四三年自治共和国は廃止された。この強制移住でカルムィク人の三分の一が死亡した。

一九五七年生存者が帰還し、五八年自治共和国が復活した。九一年のソ連の崩壊にともない、九二年ロシア連邦内の共和国となった。二〇一〇年までの一七年間トップの座に君臨し続けた初代大統領キルサン・イリュムジーノフは、モスクワで日本語を学び、日本人とあだ名されたビジネスマン出身の金持ちである。在位中に大統領という役職名を首長と変更し、退職したあとは国際チェス連盟会長を務めるという異色の人物である。かれはチベット仏教を復活させてダライ・ラマ十四世を招いたが、その後継者たちも、モンゴル民族との歴史や文化的つながりを主張して、ロシア連邦内の他のトルコ系イスラム教徒との違いを強調する政策を取っている。

モンゴル人民共和国の社会主義建設

さて、本章の最初に戻って、第二次世界大戦後、ようやく独立国家と承認されたモンゴルは、はじめ東欧の社会主義諸国、ついでアジア・アフリカ諸国と外交関係を樹立し、国家建設を進めた。日本人捕虜が連行されたとき、首都ウラーンバートルに高層建築はほとんどなかったのだが、日本人が引き揚げたあとは、ソ連・東欧そして中国からの援助によって、一九五〇年代から、街路樹をともなった道路整備や、集中暖房のついたアパート群などが建ち並ぶ、近代的な都市へと変貌していった。

一九五八年から牧民の集団化が急速に進み、五九年には遊牧民のほとんどがネグデル（協同組合）という一種のコルホーズに組織された。同時にソ連の援助のもとに国営農場が各地に組織され、農業生産は国内の需要を満たすまでに増大した。一九六〇年の新憲法ではじめて、モンゴル人民共和国が社会主義国家であることが明記された。

一九六〇年にはじまった中ソ対立のとき、モンゴルは最初は中立的立場を取り、両者から経済援助を受け入れることに専念した。中国の方でも、六二年末、従来未確定だった中モ国境問題を全面的譲歩によって解決するなど、モンゴルに対して妥協的姿勢を示していた。しかし、六三年中ソ間の対立が激化すると、モンゴルはソ連路線に忠実に中国に対決姿勢を示し、六四年なかばまでに中国人労働者は全面的にモンゴルから引き揚げた。モンゴルは、六二年にアジア地域でただ一国加盟したコメコンに頼り、社会主義国際分業の一端に組み込まれて、八〇年代まで、政治・文化・経済のあらゆる面でソ連の圧倒的な影響力のもとに過ごしたのである。

日本とモンゴルの関係

戦後の日本とモンゴルの関係は、戦前に深く関係のあった南のモンゴルではなく、北のモンゴル人民共和国からはじまった。

一九五〇年代なかば、日本国とモンゴル人民共和国の国連加盟申請がほぼ同時に審議された。ところが、中華民国の蔣介石の代表がモンゴル人民共和国の加盟に拒否権を発動し、ソ連代表が日本の加盟に拒否権を発動したため、一九五五年には、モンゴルと日本を除く十六ケ国の国連加盟のみ承認された。日本は一九六〇年十二月に国連への加盟を果たし、モンゴル人民共和国は一九六一年十月に国連加盟を果たした。

日本とモンゴルの外交官たちはワルシャワやモスクワで接触を続けたが、関係を進展させたのは日本の民間団体である。一九六四年九月に日本モンゴル協会が設立され、十月に東京で開催された第十八回オリンピックに、国交のなかったモンゴル人民共和国から三八名の代表メンバーが参加した。前年の一九六三年には、日本の旅行会社の代表がモンゴルを訪問しており、モンゴルで亡くなった日本人の遺族の墓参と遺骨の帰国のために観光客を交換する文書に署名していた。

モンゴルが国連加盟を果たした一九六一年十月に日本の政府関係者がはじめてモンゴルを訪問したあと、モンゴル側は一六一五人の日本兵が埋葬された十六ケ所の墓地の管理、整備作業をおこない、一九六六年には日本の国会議員らと遺族代表がモンゴルを訪問した。日本とモンゴルが外交関係を結ぶ際の一番の障害は、一九四六年以前のモンゴル人民共和国が独立国でなかったとしたら日本との戦争はなかったとする、戦時賠償の問題だった。

一九七一年、アメリカが同盟国である日本の頭越しに中国と接近をした「ニクソン・ショック」のあと、日本は中華人民共和国を承認することに舵を切り、モンゴル承認に反対する台湾に忖度することを止めた。民間の熱心な働きかけも功を奏して、一九七二年二月に日本はモンゴル人民共和国と国交を樹立した。その後一九七四年に文化交流取決めを締結したあと、七七年にはノモンハン事件の賠償に代えて五〇億円の無償援助を決め、ウラーンバートルにカシミヤ工場を建設したのである。

その後は、最初に述べたように一九八九年末のモンゴルの民主化以後、日本とモンゴルの関係は深まる一方である。一九九〇年に貿易協定、九一年に青年海外協力隊派遣取決め、九四年に航空協定が結ばれ、モンゴル航空が日本に定期便を飛ばすことになった。九一年以後は、わが日本国がモンゴルに対する最大の支援国となり、世銀との共同議長の下、日本が中心となって、都合一〇回のモンゴル支援国会議を開催した。二〇一三年までの日本の対モンゴル国ODAは八九〇億円の円借款と、無償資金協力が一〇五五億円、それに技術協力が三六五億円、総計二三一〇億円である。モンゴルは人口が少ないから、一人あたりとしては、日本が世界各国に援助している中で最大の援助を受けていることになる。

何ケ所にも分かれた日本人墓地は、国交樹立前後から有志による墓参がはじまり、九〇年の民主化以後に大整備がおこなわれた。その後遺骨収集団が派遣され、墓地に埋葬されていた遺体はすべて掘り出して現地で荼毘《だび》に付し、日本に持ち帰った。跡地は今は公園になり記念塔が建てられている。

モンゴル国の民主化で伝統が復活

かつてのモンゴル人民共和国、一九九二年からモンゴル国と名称を変えた国の領土は日本のおよそ四倍ある。人口は、二〇一六年段階で三〇八万人で、西北部に住む一〇万人ほどのカザフ族、さらに少数のトルコ系のツァータン（トゥヴァ人）とツングース系のエヴェンキ族をのぞいて、ほとんどがモンゴル族である。

一九八九年末からはじまったモンゴル国の民主化の際には、一滴の血も流れなかった。それは、国民の大部分が同じモンゴル族で、都市の民主化運動のリーダーたちのほとんどが、人民革命党員の子弟だったからである。国民の間の分裂はなく、民主化運動は、組織の中の世代交代のかたちを取った。

一九九一年にソ連が崩壊したとたんに、民族の英雄チンギス・ハーンが復権した。かつてチンギス・ハーンの生誕何百周年かを祝おうとしたモンゴル科学アカデミー総裁は、ソ連から民族主義者とレッテルを貼られて失脚した。チンギス・ハーンは、友好国であるロシアや東欧の人びとに危害を加えた悪人とされていたのである。

社会主義時代に弾圧されていたチベット仏教も復興した。仏教の高僧たちは、一九三六〜三七年には、あらゆる分野の知識階級とともにソ連の指導者スターリンの粛清の犠牲となり、仏教僧院の財産は没収されて多くの寺院が破壊された。しかし、じつは現代モンゴル人の名前はチベット語由来の仏教的な意味のあるものが多く、社会主義時代にも僧侶が名付け親になることが多かったらしい。ダライ・ラマ十四世は、モンゴルがまだ人民共和国だった一九七九年から二〇一六年までの間に八回もウラーンバートルを訪問している。

縦書きの伝統モンゴル文字も復活した。民主化直後は、ソ連時代のものはすべて廃止しようと、一九四〇年代からロシア文字と同じキリル文字を用いてモンゴル語を書いてきたのを、伝統モンゴル文字に切り替えることを国会で決議したほどだった。しかし、伝統モンゴル文字は横書きにはできないので、数学や科学などの記述には向いていないし、半世紀も蓄積してきた刊行物を読めなくなるのでは意味がない、ということがわかったので、今は併用している。確かにスターリンに強制されたかもしれないが、キリル文字の方が発音に近くて読みやすく便利なのである。

モンゴル国の現状と課題

さて最後に、あまり明るくないモンゴル国の現状を述べなくてはならない。最大の問題は、人口の首都集中と環境破壊、大気汚染である。首都ウラーンバートルの人口は、民主化前は総人口の四分の一だったが、民主化後は地方からの流入が続き、一九九九年には総人口二三八万人のうち三分の一の七七万人になり、二〇一八年現在では三〇〇万人を超えた人口の半数近くがウラーンバートルに住んでいる。

モンゴルではついこの間まで土地を所有するという考えはなかった。ところが、国際通貨基金（IMF）を初めとする対モンゴル国際援助機関が、援助するからには何か担保が必要という、モンゴルの伝統を無視した圧力をかけたせいで、二〇〇二年には土地所有法が国会で可決された。これは宅地に限り、遊牧地を所有はできないが、当然のことながら国民は地価の高い首都に集まることになる。

また社会主義時代には、どんなに遠隔地であっても、羊などの家畜は同じ値段で国家によって買い上げられ、牧民の俸給も同じだったが、市場経済化によるグローバルな競争が始まると、首都から何百キロも離れている地方の遊牧民は、輸送費を上乗せすると完全な赤字となり、生活が成り立たなくなる。教育・医療・電気などの社会インフラや、道路の流通インフラの条件が著しく悪い地方から、都市の近くや市場にも近い中央北部への遊牧民の移動が増える一方である。

前述したように（233頁）、今のウラーンバートルはもともと移動していた僧院が、清露貿易の拠点に一七七八年に定住してできた町なので、広い草原の中ではなく、山に囲まれた盆地にある。中央のアパート群は都市計画のもと、水洗トイレがついているし、お湯が壁の中を流れるセントラルヒーティングであるが、地方から流入してきた人びとは、山の斜面に移動式のテント「ゲル」を建てて住み、水を運び石炭で煮炊きをする。寒い冬場は何でも燃やすので、ウラーンバートルはＰＭ２・５が、悪名高い北京のさらに三倍といわれている。

モンゴルでは、石油、石炭の他に、銅、モリブデン、蛍石、亜鉛、金、銀などが採れるが、地下資源だけに頼った国家運営は、国際価格の変動に弱い。石油は採れても自国では精製できないので、そのまま全部中国に売り、ロシアから石油製品、つまりガソリンとかガスを輸入している。二〇一四年の輸入の三〇パーセントは石油製品である。

モンゴル国の輸出の九〇パーセントは中国向けである。中国国境から二五〇キロの南ゴビ地域にあるタバントルゴイ鉱区は石炭五一億トン、うち鉄鋼用原料炭が一八億トンと見込まれている。同じく中国国境から八〇キロの距離にあるオヨートルゴイ鉱区は銅と金の鉱山で、銅が一億トン、金三〇〇〇トンという、世界有数の大規模な埋蔵量が見込まれている。しかし、中国のモンゴルへの援助はほとんど有償なので、石炭採掘が大幅増となっても、それは中国が石炭をモンゴルから持っていっているだけなのである。つまり、モンゴルは借款を石炭で返済しているために、貿易黒字にはつながらない。一方、中国は石炭を安く手に入れられるという仕組みである。

ロシアと中国という二大国に挟まれたモンゴル国は、自国の安全のために、日本やアメリカ合衆国の支援を、軍事的にも経済的にも大いに期待している。日米と欧米諸国を「第三の隣国」と呼び、それらの国々との外交を「第三の隣国外交」と呼んでいる。

日本にとってのモンゴル国の最大の意義は、北朝鮮とのパイプ役を果たしてくれているということである。ソ連時代、モンゴル人民共和国と北朝鮮は、モスクワからアジアの双子のように扱われていた。自分たちに忠実な二つのアジアの社会主義国だったからである。ソ連へ留学したモンゴル人と北朝鮮人は、軍人も大学生も、同室になったり同級生になったりして、個人的な深いつながりが生まれた。だから日本人拉致問題に関しても、モンゴルは日本と北朝鮮の仲介の労を取ろうとしてくれているという。

モンゴル国は、国家としてはまだまだ発展途上国であるが、日本の大相撲の力士たちを見ればよくわかるように、モンゴル人は個人技には長けていて、とくに言語能力は高い。日本との間はビザなし交流になった。中国とロシアという、日本外交にとって厄介な二つの大国の間に、モンゴルのような親日国があるというのは、日本の国益に大いに利すると私は考えている。

参考文献

本書の土台となったのは、著者宮脇淳子の先行書である左記の二冊である。

護雅夫・岡田英弘編『中央ユーラシアの世界』（民族の世界史　4）山川出版社　一九九〇年（宮脇が「第三部　モンゴル系民族〈二七一〜三九四頁〉」を担当）

宮脇淳子『最後の遊牧帝国　ジューンガル部の興亡』講談社選書メチエ　一九九五年

その他に、モンゴル史全体として参照した文献は、以下のものである。

岡田英弘『世界史の誕生』ちくまライブラリー　一九九二年（ちくま文庫　一九九九年）

岡田英弘『チンギス・ハーン』朝日文庫　一九九三年（改題『チンギス・ハーンとその子孫』ビジネス社　二〇一六年）

この本は、『中国の英傑シリーズ　九　チンギス・ハーン』（集英社　一九八六年）の増補版で、その内容は書名と違って、チンギス・ハーンの一代記だけでなく、モンゴル民族出現までの遊牧帝国の通史に加えて、『元朝秘史』をはじめとする多くのモンゴル年代記からの翻訳を利用しながら、チンギス・ハーンの子孫の歴史を語って現代のモンゴルに至る、モンゴル通史である。

岡田英弘『モンゴル帝国の興亡』ちくま新書　二〇〇一年

山田信夫『草原とオアシス』（ビジュアル版世界の歴史）講談社　一九八五年

この本も通史であるが、特にモンゴル帝国時代以前の記述を参照した。写真と地図が多く、図版が非常に美しい。

近年、モンゴルをふくむ中央アジア史の概説書がかなりの数刊行されたが、ここでは、実際に本書が参考にしたもののみを挙げる。それぞれの書物にさらに詳しい参考文献が付されているので、興味のある読者はそれらを参照してほしい。

『アジアの歴史と文化 7 北アジア史』（監修＝竺沙雅章 責任編集＝若松寛）同朋舎発行 角川書店発売 一九九九年

『アジアの歴史と文化 8 中央アジア史』（監修＝竺沙雅章 責任編集＝間野英二）同朋舎発行 角川書店発売 一九九九年

『アジアの歴史と文化 9 西アジア史』（監修＝竺沙雅章 責任編集＝間野英二）同朋舎発行 角川書店発売 二〇〇〇年

小松久男編『中央ユーラシア史』山川出版社 世界各国史 4 二〇〇〇年

次に、右の概説書の他に参照した文献を、各章ごとに挙げる。

第一章 遊牧騎馬民の誕生

川又正智『ウマ駆ける古代アジア』講談社 一九九四年

江上波夫『江上波夫の日本古代史 騎馬民族説四十五年』大巧社 一九九二年

The Cambridge History of Early Inner Asia, Edited by Denis Sinor, Cambridge University Press, 1990.

山田信夫『北アジア遊牧民族史研究』東京大学出版会 一九八九年

内田吟風・田村実造他訳注『騎馬民族史 1 正史北狄伝』（東洋文庫）平凡社 一九七一年

後藤冨男『騎馬遊牧民』近藤出版社 一九七〇年

第二章 モンゴルの登場、第三章 チンギス・ハーンの祖先たち

岡田英弘『皇帝たちの中国』原書房 一九九八年（改題『誰も知らなかった皇帝たちの中国』ワック株式会社 二〇〇六年）

内田吟風・田村実造他訳註『騎馬民族史 1 正史北狄伝』（東洋文庫）平凡社 一九七一年
佐口透・山田信夫・護雅夫訳注『騎馬民族史 2 正史北狄伝』（東洋文庫）平凡社 一九七二年
ドーソン著・佐口透訳注『モンゴル帝国史 1』（東洋文庫）平凡社 一九六八年
前田直典『元朝史の研究』東京大学出版会 一九七三年
那珂通世訳注『成吉思汗実録』大日本図書株式会社 一九〇七年
村上正二訳注『モンゴル秘史』（東洋文庫）全3巻 平凡社 一九七〇、七二、七六年
小澤重男訳『元朝秘史』上・下 岩波文庫 一九九七年

第四章 チンギス・ハーンの統一、第五章 モンゴル帝国のしくみ

ドーソン著・佐口透訳注『モンゴル帝国史 1』（東洋文庫）平凡社 一九六八年
ドーソン著・佐口透訳注『モンゴル帝国史 2』（東洋文庫）平凡社 一九六八年
佐口透『モンゴル帝国と西洋』（東西文明の交流）平凡社 一九七〇年
カルピニ・ルブルク著・護雅夫訳『中央アジア・蒙古旅行記』桃源社 一九六五年

第六章 モンゴル帝国の後裔たち

杉山正明『モンゴル帝国の興亡（上・下）』講談社現代新書 一九九六年
青木富太郎訳『マルコ・ポーロ 東方見聞録』（教養文庫）社会思想社 一九六九年
旗田巍「高麗の苦悩と抵抗 内訌と分裂を生んだ六次にわたる侵攻」『チンギス・ハーン下』（歴史群像シリーズ）学習研究社 一九九一年
田中政喜「大国難に直面した日本 国運賭けた元寇迎撃戦」『チンギス・ハーン下』（歴史群像シリーズ）学習研究社 一九九一年

第七章 新たなモンゴル民族の形成

ドーソン著・佐口透訳注『モンゴル帝国史 1』（東洋文庫）平凡社 一九六八年
和田清『東亜史研究（蒙古篇）』（東洋文庫）平凡社 一九五九年

山口瑞鳳『チベット（上・下）』東京大学出版会　一九八七、八八年

第八章　ロシアと清朝の台頭、第九章　最後の遊牧帝国ジューンガル

佐口透『ロシアとアジア草原』吉川弘文館　一九六六年
Baddeley, J. F., *Russia, Mongolia, China, in the XVIth, XVIIth & early XVIIIth centuries*, Vol. II, New York, 1919.
青木富太郎『万里の長城』近藤出版社　一九七二年
吉田金一『近代露清関係史』近藤出版社　一九七四年
三上次男・神田信夫編『東北アジアの民族と歴史』（民族の世界史 3）山川出版社　一九八九年
赤坂恒明「十四世紀中葉～十六世紀初めにおけるウズベク――イスラーム化後のジュチ・ウルスの総称――」『史學雜誌』一〇九‐三、二〇〇〇年
宮脇淳子「十七世紀清朝帰属時のハルハ・モンゴル」『東洋學報』六一‐一・二、一九七九年
宮脇淳子『最後の遊牧帝国　ジューンガル部の興亡』講談社選書メチエ　一九九五年
Pallas, P. S., *Sammlungen historischer Nachrichten über die mongolischen Völkerschaften*, St. Petersburg, 1776-1801.（パラス『モンゴル民族史料集』）
Howorth, H. H., *History of the Mongols, from the 9th to the 19 th century*, 5 vols., London, 1876-1928.
Zlatkin, I. Ia., *Istorija dzungarskogo khanstva (1635–1758)*, Moskva, 1964.
岡田英弘『康熙帝の手紙』中公新書　一九七九年（清朝史叢書　藤原書店　二〇一三年、改題『大清帝国隆盛期の実像』藤原書店　二〇一六年）
羽田明『中央アジア史研究』臨川書店　一九八二年

第十章　モンゴルの民族運動と日本

長山靖生『人はなぜ歴史を偽造するのか』新潮社　一九九八年
宮脇淳子「祁韻士纂修『欽定外藩蒙古回部王公表傳』考」『東方學』八一、一九九一年

島田正郎『北方ユーラシア法系通史』創文社　一九九五年
岡田英弘「中国に日本型国民国家は有効か」『世界』七月号　岩波書店　一九九五年
岡田英弘『歴史とはなにか』文春新書　二〇〇一年
河原操子『新版　蒙古土産』靖文社　一九四四年
磯野富士子『モンゴル革命』中公新書　一九七四年
磯野富士子「モンゴル革命に対するソビエト・ロシアの軍事介入について」『東洋學報』六二－三・四、一九八一年
田中克彦『草原の革命家たち　モンゴル独立への道（増補改訂版）』中公新書　一九九〇年
波多野勝『満蒙独立運動』ＰＨＰ新書　二〇〇一年
塚瀬進『満洲国「民族協和」の実像』吉川弘文館　一九九八年
橋本光寶『モンゴル冬の旅』ノンブル社　一九九九年
森久男編著『徳王の研究』（愛知大学国研叢書第3期第3冊）創土社　二〇〇〇年
田中克彦編『ノモンハン・ハルハ河戦争　国際学術シンポジウム全記録　一九九一年東京』原書房　一九九二年
柳澤明「新バルガ八旗の設立について―清朝の民族政策と八旗制をめぐる一考察―」『史學雑誌』一〇二－三、一九九三年
Tsedendambyn Batbayar, "Stalin's Strategy in Mongolia, 1932-1936," *Mongolian Studies, Journal of the Mongolia Society*, Vol. XXII, 1999, pp.1-17.

第十一章　第二次世界大戦後のモンゴル人

「ドキュメント―日本人のモンゴル抑留」朝日新聞社　一九九五年
小長谷有紀編『アジア読本　モンゴル』河出書房新社　一九九七年
和光大学モンゴル学術調査団『変容するモンゴル世界　国境にまたがる民』新幹社　一九九九年
宮脇淳子『世界史のなかの満洲帝国』ＰＨＰ新書　二〇〇六年（改題『世界史のなかの満洲帝国と日本』ワック株

式会社　二〇一〇年）
宮脇淳子『朝青龍はなぜ強いのか？』ワック株式会社　二〇〇八年（改題『モンゴル力士はなぜ嫌われるのか』ワック株式会社　二〇一七年）
宮脇淳子「侵略と虐殺と弾圧と～血塗られた党史　内モンゴルでも騒乱勃発！」『別冊正論』一五「中国共産党野望と謀略の九〇年」産経新聞社　二〇一一年
楊海英『墓標なき草原（上・下）』岩波書店　二〇〇九年
楊海英『続　墓標なき草原』岩波書店　二〇一一年
楊海英『チベットに舞う日本刀』文藝春秋　二〇一四年
楊海英『最後の馬賊「帝国」の将軍・李守信』講談社　二〇一八年
ナチンションホル筆・Ts.バトバヤル訳「モンゴルと日本の国交正常化の政治史（一九六〇～一九七二年）」『日本とモンゴル』四七-二号　日本モンゴル協会　二〇一三年
窪田新一「現代モンゴル「遊牧民」の課題」『日本とモンゴル』四九-二号　日本モンゴル協会　二〇一五年

あとがき

本書は「モンゴルの歴史」という題名だが、実際には、紀元前一〇〇〇年に中央ユーラシア草原に遊牧騎馬民が誕生してから、二十世紀末のモンゴル系民族の現状までを、通史として一冊におさめた構成になっている。本書のもととなったのは、一九九五年十月から二〇〇〇年三月までの五年間、私が朝日カルチャーセンター・新宿で講義した「遊牧文明の歴史」シリーズ、計一五〇時間である。

「遊牧」と「文明」という、一見ふさわしくなさそうなことばを組み合わせたのには、特別な理由がある。カルチャーセンターで二時間の講義を五回ずつ、三ケ月ごとに副題を変えてあらたに受講生を募集するたびに、なぜ「遊牧文明」としたのか理由を説明してきた。

人によって定義はさまざまだと思うけれど、私は「文明」を、時代や地域や特定の集団（今のことばだと「民族」）を越えて伝播することが可能な、ひとつのシステムだと定義する。これに対して「文化」は、ある特定の土地や人びとに固有のものであると定義する。ちかごろ「アメリカ文明」と呼ぶのは、アメリカ型の生活の仕方や社会のしくみが、全世界の人びとによってまねされているからではないか。

ふつう「農耕文明」と呼ぶけれど、「農民」や「農業」自体が文明なのではなく、農耕地帯に発生した都市のしくみや宗教や文字などが文明なのである。「遊牧民」や「遊牧」はそのままでは文明ではないけれども、草原に発生した遊牧騎馬民の連合のしかたや軍隊のしくみは、紀元前の西のスキタイ、東の匈奴以来、モンゴル帝国をへて十八世紀まで、時代も地域も民族も交代しながら、ほとんどそのまま継承された。これを「遊牧文明」と呼び、その歴史のながれを明らかにしようというのが、朝日カルチャーセンターでの連続講義の試みだった。遊牧騎馬民が地球上から姿を消そうとしている二十世紀末に、かれらが世界史に果たした役割を少しでも明らかにしたかったのだ。

この間一九九七年四月から、東京外国語大学の非常勤講師として、通年で「モンゴル史」を講義するようになった。正式の講義題目は「アジア地域研究Ⅰ」で、どの学科の学生が受講しても単位となるのだが、受講生のほとんどがモンゴル語科の学生で、ときどきロシア語科、朝鮮語科、トルコ語科の学生、さらに日本語科に留学しているモンゴル人学生が加わる。最初は七世紀から十八世紀までのモンゴル系民族史を講義するつもりだったのだけれど、モンゴル語科の学生たちが、実は現代モンゴル語を中心に学んでいて、古い時代の遊牧民の歴史は私の授業だけで知識を得るという。それで、ここでも紀元前の遊牧騎馬民の誕生から講義をすることにした。

中国内蒙古自治区から日本に留学してくるモンゴル人は、二十世紀前半の満洲国興安省や内モンゴル自治運動のことを知りたいというが、今の日本では大学にそのような専門課程はない。それで、日本人だけではなくモンゴル人留学生にも読んでもらいたいと思って、本書にはその部分も加えた。

ところで、モンゴル国からやってきて、一九九〇年末のＮＨＫ紅白歌合戦に参加した少女歌手オユンナを覚えているだろうか。彼女はその後日本に留学し、名古屋の音楽大学を卒業して、二〇〇一年四月、名古屋大学大学院環境学研究科の修士課程に入った。夫の岡田英弘と私は、そのオユンナを支援するボランティア団体から発展した「日本モンゴル文化協会」の理事だが、オユンナは会うたびに夫と私に、「モンゴルの歴史を何も知らないから、ぜひ教えてください」という。モンゴル人民共和国時代、モンゴルでは、ほとんど一九二一年の革命以後の歴史しか教えられなかった。だから、モンゴル国でも利用してもらえるようなモンゴル史にしたい、ということも考えた。

本書第十章で見たように、二十世紀のモンゴル史には、日本が深く関わった。かれらの運命に責任があ る、といってもいいくらいだ。過ぎてしまったことはしかたがないから、なかったことにしよう、というわけにはいかないだろう。われわれ日本人は歴史を重んじる文化を持っているのだから。では、今後二十一世紀にわれわれは何ができるのかを考えるとき、まず第一に、モンゴル人の歴史を理解し、モンゴル人のおかれた立場を正確に理解することである、と私は思う。草原の遊牧騎馬民は太古からいたのではなく、本書で見てきたように、実は三〇〇〇年の歴史しかない。豊富な馬を乗用に利用した機動力のおかげで、世界史を変える役割を果たした遊牧騎馬民も、十七世紀からあと地球上の人口が爆発的に増加し、農民が草原に移住して遊牧地が減少したため、伝統的な遊牧生活はいまやモンゴル国に残るだけになった。

中華人民共和国の人口が一三億あり、北のモンゴル国にはわずか二四〇万人しかいないのだから、その不平等を少し緩和すればどうか、などという、地図を見ながらの空論が、今のモンゴル人にとってはもっとも恐ろしい思想である。日本の建てた満洲国時代、国内のモンゴル人は八〇万人ほどで、総人口の二、三パーセントにすぎなかったが、その生活空間は全土の三分の一以上におよんでいた、という説明を読んだが、その土地は本来モンゴル人の遊牧地で、農耕に不向きな草原だったから、長い歴史時代を通じて遊牧民だけが暮らしてきたのだ。

中華人民共和国では、新疆、甘粛、内蒙古、黒龍江の四省区で、一九八六年から九六年にかけて、一九四万ヘクタールの土地が開墾されたが、その半分がすでに荒れ地になっているという。やみくもに草原を開墾し、面積の減少した草原での家畜数を増やしたため、農業はいうまでもなく、放牧すらできない砂漠になりつつあるのだ。中国のモンゴル族はもはや遊牧民ではない。本当の意味の少数民族になってしまった。

漠北のモンゴル国は中国からはゴビ砂漠をへだてて遠く、満洲のように鉄道も開通しなかったおかげで、農民の移住がおこなわれなかった。実際、モンゴル国の大部分は農業には不向きな環境にある。モンゴル人は建国後も遊牧民の伝統を守り、土を掘り返さないよう、環境に注意して暮らしてきた。しかし、社会主義が行き詰まって民主化がはじまったあと、唯一国際競争力のあるカシミヤを取るための山羊を増やして、草原の劣化が心配されている。相次ぐ雪害も、社会主義時代には首都の大学生や労働者が牧草刈りを手伝い、地方ごとに災害のための備蓄をしていたのが、みな自分のことしか考えなくなったための人災だ、という。すでに環境問題は地球規模の問題であり、モンゴル国の環境が現状のまま維持されることは、全人類にとって意味のあることだと思える。

今の日本人は、モンゴル人と対等な関係でつきあいながら、世界中で一番モンゴルのことを理解し、モンゴル人を好きな国民だと思う。本書は、モンゴルのことだったら何でも一応のことは書いてあるように、教科書としても利用できるように、モンゴル人の立場からもわかるように、などの希望を一杯つめこんだので、すこし堅い本になったかもしれない。次は、どこかの時代と人物を選んで、モンゴルについてさらに面白い読み物を書きたいと思うので、ご勘弁ください。

最後になったが、岡田英弘の古い友人である刀水書房の桑原迪也社長と、わかりやすい内容にするために、読者の立場にたって熱心に質問してくださった編集の中村文江さんに、心より御礼申し上げる。

二〇〇二年三月

宮脇淳子

〔増補新版〕あとがき

本書の旧版が刊行されたのは二〇〇二年九月二十一日で、私の五十歳の誕生日だった。もちろん刀水書房がそれを知っていて、誕生日当日の日付にしてくれたのである。それから一六年も過ぎて、本書は地味ながらロングセラーとなり、版を重ねている。そろそろ新しいところを書き足してもらって新版を出したい、と少し前から言われていたが、最近の私の仕事は満洲、朝鮮半島、中国、日本の近現代史とモンゴルから離れる一方で、その後のモンゴル国ではそんなに重大な事件も起きていないしなあ、とためらっていたというのが正直なところである。

二〇一七年五月二十五日、私の師であり最愛の夫である岡田英弘が八十六歳で世を去った。私が京都大学文学部で東洋史を志し、モンゴル史で卒論を書いたあと、大阪大学大学院修士課程二年に在籍していた二十五歳のときに弟子入りしてから、四〇年の月日が経った。岡田とは私の人生の三分の二近くを一緒に過ごしたことになる。

最後の一〇年間は心臓を悪くして飛行機に乗れなくなったので、私も一切海外に出ず、なるべくそばにいるように心がけた。旅行も国際学会参加もできなくなったけれども、文筆業は最後まで現役で、二〇一六年六月には藤原書店が企画した『岡田英弘著作集』全八巻が完結し、年末には最後の編著『モンゴルから世界史を問い直す』が刊行された。

一九九九年四月、六十八歳のときに岡田は脳梗塞《のうこうそく》を発症し、一時は喚語《かんご》障害の失語症でまったく話せなかったところから、懸命なリハビリのおかげで、講演は難しくなったが日常生活に支障はなくなった。弟子入りしたあと一緒に過ごした前半は、岡田はあまりにも学識高く、私にとっては見上げることしかできない権威ある学者で、いつも吊り上げてもらい下駄を履かせてもらう日々だった。けれども、脳梗塞になったあとは、生活だけでなく仕事の上でもいろいろ手助けをすることができて、前半の恩返しができたのではないかと思っている。病に倒れ自由に話せなくなって不本意な人生だったのではないかと今にして思うけれども、イライラしてあたることはなく、却って以前よりも穏やかでやさしい人柄になって、一八年間私のそばで、よく長生きしてくれたと感謝するばかりである。

晩年は要介護4にもなり、長く闘病生活が続いた。岡田が亡くなる前は、一人になったら駒込の岡田宮脇研究室をゆっくり閉めていこうと考えていたが、年少の親友である憲政史家の倉山満氏が「研究室を絶対に閉めないように、そのまま維持するべきだ」と助言してくれ、考えを変えた。今では、講義・講演や一般書の印税などの私の稼ぎで家賃は十分に支払えることがわかったし、毎日研究室に決まった時間に出勤し、岡田の蔵書に囲まれてコンピューターに向かっていると、岡田が今も一緒にいて私を励ましてくれているようで心が落ち着く。一周忌が終わったあと、せっかく志して弟子入りしたのだから、あと一五年でも二〇年でも、岡田の学問に基づく私自身の学術研究を、人生の最後にもう一度頑張ってみよう、と思えるようになった。

今回の『モンゴルの歴史』増補新版は、そういうわけで私の新しいスタートのよい記念となった。今は頼まれていろいろな分野の発言をしているが、私の本業はあくまでもモンゴル史だから、初心に戻ることができてとても嬉しく思っている。

旧版のあとがきで、私は「モンゴル人民共和国時代、モンゴルでは、ほとんど一九二一年の革命以後の歴史しか教えられなかった。だから、モンゴル国でも利用してもらえるようなモンゴル史にしたい、ということも考えた」と書いた。その夢が本当になり、二〇一七年に、とうとうモンゴル国の首都ウラーンバートルで、『モンゴルの歴史』の現代モンゴル語訳が刊行された。たくさんある地図も地名を現代モンゴル文字にして、すべてそのまま採用されている。翻訳してくれたのは、二〇一二年に日馬富士《はるまふじ》の支援によって、岡田英弘著『モンゴル帝国の興亡』をモンゴル語訳して刊行したバトトクトフ氏である。

岡田英弘は、今ではモンゴル国で知らぬ人はいないくらい有名である。「モンゴル帝国から世界史は始まった」と書いた『世界史の誕生』（筑摩書房）が二〇一二年にモンゴル語訳されると、当時の大統領に絶讃され、今ではモンゴル国立大学モンゴル研究所から新版も刊行されている。翻訳したのは、モンゴルにおける岡田と私の一番の親友である、モンゴル国立大学日本学科教授のムンフツェツェグ女史の妹婿にあたる、新モンゴル小中高一貫学校校長のナランバヤル氏で、ムンフツェツェグさんが監修をしてくれた。ナランバヤル氏は二〇一八年には『康熙帝の手紙』（中公新書、のちに藤原書店清朝史叢書）のモンゴル語訳も刊行したが、すでに三版が予定されている。版を重ねるたびに追加があり、二版には清朝史叢書に加えた英語論文からの日本語訳「ガルダンはいつ、いかにして死んだか」のモンゴル語訳が加わった。三版には康熙帝の満洲語の手紙の原本ファクシミリとラテン文字転写が加わるということである。この本は、学術論文を書くときに満洲語史料やモンゴル語史料をどのように使えばいいのか、大学の学生たちに教える授業の教科書になっているそうである。ナランバヤル氏は、次は、岡田著『チンギス・ハーンとその子孫』（ビジネス社）をモンゴル語訳したいと私に許可を求めたので、もちろん快諾した。このほか、訳者は異なるが『この厄介な国、中国』（ワック株式会社）のモンゴル語訳もある。

＊

最近のモンゴル事情について私がこんなに詳しいのは、二〇一八年八月二十四日〜九月九日、ウラーンバートル経由でキルギスタン（現地語でクルグズスタン）に旅行してきたからである。

キルギスタンの首都ビシュケクで、常設国際アルタイ学会（Permanent International Altaistic Conference, PIAC）の第六十一回会議が開催された。これに参加して研究発表をおこない、そのあと風光明媚なイシック・クル湖畔で開催された第三回遊牧民世界競技大会に招待されて観覧してきた。

常設国際アルタイ学会、通称ピアックは、一九五八年、その前年にソ連のフルシチョフ党第一書記が東西平和共存を呼びかけデタント（緊張緩和）が始まったのに乗じて、中央ユーラシア研究を専門とする東西の学者の交流の場となるように、当時西ドイツのボン大学教授だったモンゴル学者ハイシヒの提唱で設立された。その後、毎年世界各地の研究者たちが持ち回りで開催してきたが、ピアックには、元気だったころの岡田と一緒に私は十七回参加した。一九九五年には、第三十八回会議を、岡田が会長、私が事務局長になって日本の川崎市に招聘している。

過去、私が参加したもっとも新しい会議は、ロシア連邦タタルスタン共和国の首都カザンで開催された第五十回会議で、当時心臓バイパス手術のあと長期入院中だった岡田が、自分の代わりにぜひ行くようにと薦めたので、一人で行ったのである。それ以来、一一年ぶりの参加だったので、欧米の旧友たちから

「淳子がピアックに帰ってきた」と喜んでもらえた。

私は英語で「ジューンガル帝国のキルギズ人」という研究発表をした。これは、紀元前から十七世紀はじめまで今のモンゴル国の西北、トゥヴァの北方にいたことが知られているキルギズ人たちが、いつどのようにして、現在のキルギスタンに移住することになったのかについて、一つの試案を示し、かれらが満洲語やモンゴル語史料でなぜ「ブルート（布魯特）」と呼ばれるのか、その理由を考察したものである。

本書の第八章（171頁）に書いたように、十七世紀はじめロシア人が南シベリアにやってきたとき、キルギズ人たちはまだアバカン河流域に住んでいた。かれらはこのあとジューンガルの支配下に入り、ブハラ人と総称された中央アジアのトルコ系イスラム教徒たちと一緒に、ジューンガル軍の砲兵部隊となった。火縄銃手はモンゴル語でプーチン（砲の人）と呼ばれて、外人砲兵部隊も遊牧部族と同じように、千人隊で一オトクと数えられたのである。

十八世紀なかばにジューンガルが清朝に滅ぼされたあと、乾隆帝がカスティリオーネ（郎世寧《ろうせいねい》）らに命じて描かせ、パリで銅版画にした「平定準回両部得勝図《へいていじゅんかいりょうぶとくしょうず》」を見ると、清朝の満洲騎兵は弓矢で戦っているのに対して、ジューンガル軍は鉄砲部隊であることがわかる。

キルギズが史料にブルートという名で登場するのは、十七世紀末、ジューンガルのガルダンが清に敗れたときである。ブルートという名称の起源は、アラビア語で火薬を意味するバールードで、これがトルコ語に入ってバールートになった。戦闘的な民族として知られるキルギズ人が、ジューンガル帝国ではもっぱら火縄銃手として部隊を組んだため、「ブルート（火薬）」とあだ名され、十七世紀末から十八世紀なかばにかけて、ジューンガルの支配地が拡大するにつれて南方に移住し、現在のキルギスタンに至ったのではないか、と私は報告した。

キルギズ人たちからは何の質問もなく、静まりかえってしまった。これに対して、アメリカのインディアナ大学出身の学者が好意的な批評をしてくれた。私にとっては予想通りだったのだが、じつはジューンガル帝国はかれらキルギズ人にとっては公式の敵であり、ジューンガルのバートル・ホンタイジとキルギズの首長が従兄弟だったとか、ジューンガルの配下で清と戦ったなどという歴史は、「マナス」という英雄叙事詩で語られるかれらの神話を否定するものだから、気に入らないのである。

発表が終わったあと、キルギズ語しか話さない男性が、英語を話せる友人を連れて、私に声をかけた。私に「ジューンガル研究を何年しているか」と聞くので、「四〇年」と答えると、残念そうに「私は三〇年だ」と言う。一九九一年のソ連崩壊前後に研究をはじめたのだろう。「キルギズの立場を示す史料を集めているから、それも使って研究をしてほしい」と私に言い、史料すべてを私にくれるということで、私は有り難く受け取ると返事した。

あとで、アメリカのモンゴル学会会長アリシア・カンピ女史に「キルギズ人は私の発表は嫌いよね」と聞いたら「そう、嫌い。でも淳子、意見を変えないでね」と言った。

歴史研究というのは、世界中どんなところでも、いつでも簡単に政治と結びつくから、史実だけを追究し発表するのは勇気がいる。「本当のことを言ったら、自国はもちろんのこと、どんな国の人にも、誰にも好かれない」と岡田もよく言っていた。それでも史実を明らかにすることが学者の使命だし、史実だけが歴史学を発展させると私は思う。何より、日本人に生まれたおかげで、何を言っても生命の危険はないのだから、われわれは研究で知り得た本当のことを世間に発表する義務がある、とずっと思ってきた。

＊

今回、新版を刊行するにあたって、本書をはじめからていねいに読み直した。第十章までは小さな訂正や書き足し以外、修正する個所はほとんどなかった。古い時代の歴史資料は限られているし、私は本当に用心深く嘘にならないような叙述をしてきたと改めて思った次第である。

しかし、一つだけ残念なことがある。「中国」ということばの使い方である。

本書を刊行したあと、満洲史や中国近現代史を研究してきたのでわかったことだが、二十世紀までは中国という国家も中国人という国民も存在しなかった。国家としては、一九一二年に誕生した中華民国が最初である。だから、本書では十九世紀以前の「中国」を「シナ」に訂正したかったのだけれども、あまりに多くて校正できないことが想像できたので、あきらめた。その代わりに、ここで私の見解を説明しておきたいと思う。

日本が戦前に利用していた「支那」は、英語の「China」と同じく、紀元前二二一年に中原を統一した始皇帝《しこうてい》の建てた王朝「秦《しん》」を起源とする。日本で「支那」ということばが使われるようになったのは江戸時代である。

一七〇八年、イタリアのシチリア島生まれの宣教師ジョヴァンニ・バッティスタ・シドッティが、日本にキリスト教を布教しようとして、髪は月代《さかやき》に剃《そ》り和服を着て刀を差した侍の姿をして、マニラから屋久《やく》島《しま》に上陸した。日本人の格好をしていたらばれないだろうと考えたところが、当時のマニラにいかにいろいろな人種がいたかということを表している。日本ではもちろんすぐに捕まり、長崎に送られたあと江戸に護送され、小石川《こいしかわ》のキリシタン屋敷に幽閉されたまま、一七一四年に亡くなった。

江戸でシドッティは、六代将軍・徳川家宣《いえのぶ》を輔佐していた新井白石《あらいはくせき》の尋問を四回受けた。白石は、シドッティの語ったことをもとにして、『采覧異言《さいらんいげん》』(一七一三年)と『西洋紀聞』(一七一五年)を書いたが、そのなかで、日本人が「漢土《かんど》」や「唐土《とうど》」と呼んでいる土地を、ヨーロッパ人は「チーナ」と言っていることに注目した。

漢も唐もとっくに滅んだ王朝であることを日本人は知っていたが、漢字と遣唐使の記憶から、その土地をあいかわらずこう呼んでいたのである。新井白石は「チーナ」が漢訳仏典の『大蔵経《だいぞうきょう》』にある「支那」と同じことばであることに気づき、このあと日本では、王朝名ではなく土地の名前として「支那」が使われるようになったわけである。

一八九四〜九五年の日清戦争に敗れた清国は、ようやく日本を手本に近代化に乗り出すことを決め、留学生を続々と日本に派遣した。清国留学生もはじめは自分たちの国土を「支那」、自分たちを「支那人」と呼んだ。ところが、「支」は「庶子」、「那」は「あれ」という意味で、よい意味の漢字ではない。それで十九世紀末から、「支那」の代わりに「中国」を使うようになったのである。

戦争に負けた(中国にではなくてアメリカに負けたのだが)日本に対して、「支那」は蔑称だから使わないように、と中華民国総統の蔣介石《しょうかいせき》が言い、GHQの命令を受けた日本人は、それまでの「支那」をすべて「中国」と書き換え、英語のチャイナもすべて「中国」と翻訳してしまった。このため、明治以来、日本人が研究してきた支那通史が中国史ということになった。一九一二年まで中国がなかったのだから、中国人も二十世紀まではいなかったのに、今では紀元前からずっと中国という国があって、中国人がいたと日本人は思っている。一九四九年に中華民国を台湾に追い出して建国した中華人民共和国は、まったく違う国なのに、略称を中国としているために日本人はだまされているのである。

漢字の「支那」はよい意味ではないから嫌だ、と中国人が言うのだから、意味のないカタカナの「シナ」にすればいい。「中国五千年」はウソで、「シナ二千二百年」が正しいのである。

＊

同様の考え方でいくと、「蒙古」も「モンゴル」とすべきである。ただし、漢文史料や戦前の日本語史料に「蒙古」とあるものは史料通りにした。モンゴル人民共和国を「外蒙古」と呼ぶのは史実ではないので論外だが、「内モンゴル」は中国で「内蒙古」と地図にもあるので、扱いが難しい。旧版の「内蒙古」を本文では内モンゴルと変えたけれども、地図は内蒙古のままであることをお許し願いたい。

今回の増補新版では旧版の「第十一章　戦後のモンゴル」を大幅に書き足し、倍の分量にした。それは、旧版が刊行された二〇〇二年からの一六年間に変化した部分だけでなく、それ以前の一九四五年からの中国内モンゴル自治区の実情が、内モンゴル出身で静岡大学教授の楊海英さん（日本名は、本名のオーノス・チョクトにちなんだ大野旭）の一連の研究のおかげでずいぶんあきらかになったからである。ちなみに楊さんは内モンゴルの内を「みなみ」とルビをふる。モンゴル国を「北モンゴル」、中国の内モンゴル自治区を「南モンゴル」と呼ぶのがモンゴル人の立場である。

前述したように、二〇一八年八月〜九月、私は一四年ぶりにモンゴル国の首都ウラーンバートルを訪問した。本文でも書いた通り、今では三〇〇万人の人口の半数近くがウラーンバートルに住んでいる。ウラーンバートルを取り巻く美しい山々は多くの家で埋まっており、それらはゲル村ではなく、すでにほとんどが固定住居と化している。ジューンガルのガルダンと清軍の激戦地であるジョーン・モド（本文202頁の写真）にも行ってみたが、テレルジ国立公園の内部であるにもかかわらず、家々が立ち並んでいた。

車が増えたせいでウラーンバートル市内はつねに交通が渋滞し、空気が悪いだけでなく、目的地に時間通りに着くことが難しい。経済的にも大変な損失であると思った。

現地で出会った日本人技術者たちは、いつでも地下鉄を作る援助をするけどね、と言っていた。日本人はやはり人がよくてモンゴル好きな人も多いんだなあ、と改めて思った次第である。

本書の旧版を書いたあと、私は二〇〇八年にワック株式会社から『朝青龍はなぜ強いのか？』を刊行した。これは副題に「日本人のためのモンゴル学」とあるように、一般の日本人のためのわかりやすいモンゴル話だったが、朝青龍が大相撲を辞めてしまった途端にワックが本を引き揚げてしまったので、入手困難になった。そうしたら二〇一七年に日馬富士の問題が起きて、ワックがふたたび『モンゴル力士はなぜ嫌われるのか』と改題して刊行した。中身はほとんど変わらず、日本人のためのモンゴル学であるので、本書より読みやすいと思う。一読をお勧めする。

このあとモンゴル史に関する研究としては、藤原書店から清朝史叢書の一冊として『最後のモンゴル遊牧帝国　清の好敵手ジューンガル』を刊行予定である。まだ何年もかかると思うので、辛抱強く待っていて下さい。

二〇一八年九月

宮脇淳子

ヤ行・ラ行

マ 行

ナ行・ハ行

タ　行

サ　行

カ 行

Ⅲ．事項索引

ア　行

マ行〜ワ行

ナ行・ハ行

タ 行

サ　行

カ　行

Ⅱ．地名索引

ア　行

マ行〜ワ行

ナ行・ハ行

サ　行

カ 行

索　引

I．人名索引

ア　行

〈著者紹介〉

宮脇淳子（みやわきじゅんこ）

1952年　和歌山県に生まれる　本名 岡田淳子
1976年　京都大学文学部史学科（東洋史専攻）卒業
1982年　大阪大学大学院文学研究科博士課程単位取得退学
1983〜1996年　東京外国語大学アジア・アフリカ言語文化研究所
共同研究員
2008年　東京外国語大学から博士号授与（学術博士）
1997〜2017年　東京外国語大学・常磐大学・国士舘大学・東京大学などの非常勤講師を歴任
2018年　昭和12年学会会長就任

主要著書
『最後の遊牧帝国　ジューンガル部の興亡』講談社選書メチエ　1995年
『世界史のなかの満洲帝国』PHP 新書　2006年（『世界史のなかの満洲帝国と日本』と改題　ワック株式会社　2010年）
『朝青龍はなぜ強いのか？　日本人のためのモンゴル学』ワック株式会社　2008年（『モンゴル力士はなぜ嫌われるのか』と改題　2018年）
『真実の中国史［1840-1949］』ビジネス社　2011年（同題　PHP 文庫　2018年）
『真実の満洲史［1894-1956］』ビジネス社　2013年（『日本人が知らない満洲国の真実』と改題　扶桑社新書　2018年）
『韓流時代劇と朝鮮史の真実』扶桑社　2013年（増補版『朝鮮半島をめぐる歴史歪曲の舞台裏』　扶桑社新書　2020年）
『かわいそうな歴史の国の中国人』徳間書店　2014年（新装版　2020年）
『悲しい歴史の国の韓国人』徳間書店　2014年（新装版　2020年）
『日本人が教えたい新しい歴史』徳間書店　2016年（新装版　2020年）
『どの教科書にも書かれていない日本人のための世界史』KADOKAWA　2017年
『満洲国から見た近現代史の真実』徳間書店　2019年
『中国・韓国の正体　異民族がつくった歴史の真実』ワック株式会社　2019年
『世界史のなかの蒙古襲来　モンゴルから見た高麗と日本』扶桑社　2019年

主要共著
『民族の世界史 4　中央ユーラシアの世界』山川出版社　1990年
『清朝とは何か』藤原書店　2009年
『米中ソに翻弄されたアジア史』扶桑社　2020年

〈歴史・民族・文明〉

刀水歴史全書 59

モンゴルの歴史　遊牧民の誕生からモンゴル国まで
［増補新版］

2018年10月31日　初版 1 刷発行

2023年10月12日　初版 4 刷発行

著　者　宮脇淳子

発行者　中村文江

発行所　株式会社　刀水書房

〒101-0065　東京都千代田区西神田 2－4－1　東方学会本館
TEL 03-3261-6190　FAX 3261-2234　振替 00110-9-75805

印刷　亜細亜印刷株式会社
製本　株式会社ブロケード

 ISBN978-4-88708-446-9　C1322

刀水歴史全書 —歴史・民族・文明—

四六上製　平均300頁　随時刊　（価格は税別　書名末尾の☆は「電子ブックあり」のマーク）

樺山紘一
1 **カタロニアへの眼**（新装版）☆
歴史・社会・文化
1979, 2005(新装版)　000-X　四六上製　289頁＋口絵12頁　￥2300

西洋の辺境，文明の十字路カタロニアはいかに内戦を闘い，なぜピカソら美の巨人を輩出したか。カタロニア語を習い，バルセロナに住んで調査研究した歴史家によるカタロニア文明論

R. C. リチャードソン／今井　宏訳
2 **イギリス革命論争史**
1979　001-8　四六上製　353頁　￥2200

市民革命とは何であったか？　同時代人の主張から左翼の論客，現代の冷静な視線まで，革命研究はそれぞれの時代, 立場を反映する。論者の心情をも汲んで著された類書のない学説史

山崎元一
3 **インド社会と新仏教**☆
アンベードカルの人と思想　〔付〕カースト制度と不可触民制
1979　＊002-7　四六上製　275頁　￥2200

ガンディーに対立してヒンドゥーの差別と闘い，インドに仏教を復興した不可触民出身の政治家の生涯。日本のアンベードカル研究の原典であり，インドの差別研究のほとんど最初の一冊

G. バラクロウ編／木村尚三郎解説・宮島直機訳
4 **新しいヨーロッパ像の試み**［品切］
中世における東欧と西欧
1979　003-4　四六上製　258頁　￥2330

最新の中世史・東欧史の研究成果を背景に，ヨーロッパの直面する文明的危機に警鐘を鳴らした文明史家の広ヨーロッパ論。現代のヨーロッパの統一的傾向を最も早く洞察した名著。図版127点

W. ルイス，村上直次郎編／富田虎男訳訂
5 **マクドナルド「日本回想記」**☆
［再訂版］　インディアンの見た幕末の日本
1979　＊005-8　四六上製　313頁　￥2200

日本をインディアンの母国と信じて密航した青年の日本観察記。混血青年を優しくあたたかく遇した幕末の日本と日本人の美質を評価。また幕末最初の英語教師として評価されて，高校英語教科書にものっている

J. スペイン／勝藤　猛・中川　弘訳
6 **シルクロードの謎の民**
パターン民族誌
1980　006-9　四六上製　306頁　￥2200

文明を拒否して部族の掟に生き，中央アジア国境地帯を自由に往来するアフガン・ゲリラの主体パターン人，かつてはイギリスを，近くはロシアを退けた反文明の遊牧民。その唯一のドキュメンタルな記録

B. A. トゥゴルコフ／加藤九祚解説・斎藤晨二訳
7 **トナカイに乗った狩人たち**
北方ツングース民族誌
1981　024-7　四六上製　253頁　￥2233

広大なシベリアのタイガを漂泊するエベンキ族の生態。衣食住，狩猟・遊牧生活から家族，氏族，原始文字，暦，シャーマン，宇宙観まで。ロシア少数民族の運命

G. サルガードー／松村　赳訳
8 **エリザベス朝の裏社会**
1985　060-3　四六上製　338頁　￥2500

シェイクスピアの戯曲や当時のパンフレット“イカサマ読物”“浮浪者文学”による華麗な宮廷文化の時代の裏面。スリ・盗賊・ペテン師などの活躍する新興の大都会の猥雑な現実

P. F. シュガー, I. J. レデラー 編／東欧史研究会訳

9 **東欧のナショナリズム**

歴史と現在

1981 025-5 四六上製 578頁 ¥4800

東欧諸民族と諸国家の成立と現在を，19世紀の反トルコ・反ドイツ・反ロシアの具体的な史実と意識のうえに捉え，東欧紛争の現在の根源と今後の世界のナショナリズム研究に指針を与える大著

R. H. C. デーヴィス／柴田忠作訳

10 **ノルマン人** ［品切］

その文明学的考察

1981 027-1 四六上製 199頁 ¥2233

ヨーロッパ中世に大きな足跡をのこしたヴァイキングの実像を文明史的に再評価し，ヨーロッパの新しい中世史を構築する第一人者の論究。ノルマン人史の概説として最適。図版70余点

中村寅一

11 **村の生活の記録** （下）［品切］

(上)上伊那の江戸時代 (下)上伊那の明治・大正・昭和

1981 028-X 029-8 四六上製 195頁, 310頁 ¥1845 ¥1800

村の中から村を描く。柳田・折口体験をへて有賀喜左衛門らとともに，民俗・歴史・社会学を総合した地域史をめざした信州伊那谷の先覚者の業績。中央に追従することなく，地域史として独立し得た数少ない例の一つ

岩本由輝

12 きき書き**六万石の職人衆**

相馬の社会史

1980 010-7 四六上製 252頁 ¥1800

相馬に生き残った100種の職人の聞き書き。歴史家と職人の心の交流から生れた明治・大正・昭和の社会史。旅職人から産婆，ほとんど他に見られない諸職が特に貴重

---

13 （缺番）

田中圭一

14 **天 領 佐 渡** （1）［品切］

(1)(2)村の江戸時代史 上・下(3)島の幕末

1985 061-1, 062-X, 063-8 四六上製 (1)275頁 (2) 277頁 (3) 280頁 (1)(2) ¥2000 (3)¥2330

戦国末〜維新のムラと村ビトを一次史料で具体的に追求し，天領の政治と村の構造に迫り，江戸〜明治の村社会と日本を発展的にとらえる。民衆の活躍する江戸時代史として評価され，新しい歴史学の方向を示す

岩本由輝

15 **もう一つの遠野物語** ［追補版］☆

（付）柳田國男南洋委任統治資料六点

1994 ＊130-7 四六上製 275頁 ¥2200

水野葉舟・佐々木喜善によって書かれたもう一つの「遠野物語」の発見。柳田をめぐる人間関係，「遠野物語」執筆前後の事情から山人〜常民の柳田学の変容を探る。その後の柳田学批判の先端として功績は大きい

森田安一

16 **ス イ ス** ［三補版］☆

歴史から現代へ

1980, 1995（三補版） 159-6 四六上製 304頁 ¥2200

13世紀スイス盟約者団の成立から流血の歴史をたどり，理想の平和郷スイスの現実を分析して新しい歴史学の先駆と評価され，中世史家の現代史として，中世から現代スイスまでを一望のもとにとらえる

樺山紘一・賀集セリーナ・富永茂樹・鳴海邦碩

17 **アンデス高地都市** ［品切］

ラ・パスの肖像

1981 020-4 四六上製 図版多数 257頁 ¥2800

ボリビアの首都ラ・パスに展開するスペイン，インディオ両文明の相克。歴史・建築・文化人類・社会学者の学際協力による報告。図版多数。若く多才な学者たちの協力の成功例の一つといわれる

A. ノーヴ／和田春樹・中井和夫訳　［品切］

18 **スターリンからブレジネフまで**

ソヴェト現代史

1983　043-3　四六上製　315頁　￥2427

スターリン主義はいかに出現し，いかなる性格のものだったか？　冷静で大胆な大局観をもつ第一人者による現代ソ連研究の基礎文献。ソ連崩壊よりはるか前に書かれていた先覚者の業績

19 （缺番）

増井經夫

20 **中国の歴史書**

中国史学史

1984　052-2　四六上製　298頁　￥2500

内藤湖南以後誰も書かなかった中国史学史。尚書・左伝から梁啓超，清朝野史大観まで，古典と現代史学の蘊蓄を傾けて，中国の歴史意識に迫る。自由で闊達な理解で中国学の世界に新風を吹きこむ。ようやく評価が高い

G. P. ローウィック／西川　進訳

21 **日没から夜明けまで**

アメリカ黒人奴隷制の社会史

1986　064-6　四六上製　299頁　￥2400

アメリカの黒人奴隷は，夜の秘密集会を持ち，祈り，歌い，逃亡を助け，人間の誇りを失わなかった。奴隷と奴隷制の常識をくつがえす新しい社会史。人間としての彼らを再評価するとともに，社会の構造自体を見なおすべき衝撃の書

山本　新著／神川正彦・吉澤五郎編

22 **周 辺 文 明 論**

欧化と土着

1985　066-2　四六上製　305頁　￥2200

文明の伝播における様式論・価値論を根底に，ロシア・日本・インド・トルコなど非西洋の近代化＝欧化と反西洋＝土着の相克から現代の文明情況まで。日本文明学の先駆者の業績として忘れ得ない名著

小林多加士

23 **中国の文明と革命**

現代化の構造

1985　067-0　四六上製　274頁　￥2200

万元戸，多国籍企業に象徴される中国現代の意味を文化大革命をへた中国の歴史意識の変革とマルキシズムの新展開に求める新中国史論

R. タカキ／富田虎男・白井洋子訳

24 **パ ウ ・ ハ ナ**

ハワイ移民の社会史

1986　071-9　四六上製　293頁　￥2400

ハワイ王朝末期に，全世界から集められたプランテーション労働者が，人種差別を克服して，ハワイ文化形成にいたる道程。著者は日系３世で，少数民族・多文化主義研究の歴史家として評価が高い

原田淑人

25 **古代人の化粧と装身具**

1987　076-X　四六上製　図版180余点　227頁　￥2200

東洋考古学の創始者，中国服飾史の開拓者による古代人の人間美の集成。エジプト・地中海，インド，中央アジアから中国・日本まで，正倉院御物に及ぶ美の伝播，唯一の概説書

E. ル・ロワ・ラデュリ／井上幸治・渡邊昌美・波木居純一訳

26 **モンタイユー**（上）（下［新装版］）

ピレネーの村　1294～1324

(上)1990 (下)2021　＊086-7 ＊471-1　四六上製　367頁 425頁　￥2800 ￥3300

アナール派第３世代の代表作！　法王庁に秘蔵された異端審問記録から中世南仏の農村生活を人類学的手法で描き，フランス文学最高のゴンクール賞を受賞した。1975年本書刊行以来フランスで社会史ブームを巻き起こした

ダヴ・ローネン／浦野起央・信夫隆司訳

27 **自決とは何か** ［品切］

ナショナリズムからエスニック紛争へ

1988 095-6 四六上製 318頁 ￥2800

自殺ではない。みずからを決定する自決。革命・反植民地・エスニック紛争など，近現代の激動を“自決 Self-determination への希求”で解く新たなる視角。人文・社会科学者の必読書

メアリ・プライア編著／三好洋子編訳

28 **結婚・受胎・労働** ［品切］

イギリス女性史1500～1800

1989 099-9 四六上製 270頁 ￥2500

イギリス女性史の画期的成果。結婚・再婚・出産・授乳，職業生活・日常生活，日記・著作。実証的な掘り起こし作業によって現れる普通の女性たちの生活の歴史

M. I. フィンレイ／柴田平三郎訳

29 **民主主義—古代と現代** ［品切］

1991 118-9 四六上製 199頁 ￥2816

古代ギリシア史の専門家が思想史として対比考察した古代・現代の民主主義。現代の形骸化した制度への正統なアカデミズムからの警鐘であり，民主主義の本質に迫る一書

木崎良平

30 **光太夫とラクスマン**

幕末日露交渉史の一側面

1992 134-0 四六上製 266頁 ￥2524

ひろく史料を探索して見出した光太夫とラクスマンの実像。「鎖国三百年史観」をうち破る新しい事実の発見が，日本の夜明けを告げる。実証史学によってはじめて可能な歴史の本当の姿の発見

青木　豊

31 **和鏡の文化史** ［品切］

水鑑から魔鏡まで

1992 139-1 四六上製 図版300余点 305頁 ￥2500

水に顔を映す鏡の始まりから，その発達・変遷，鏡にまつわる信仰・民俗，十数年の蓄積による和鏡に関する知識体系化の試み。鏡に寄せた信仰と美の追求に人間の実像が現れる

Y. イチオカ／富田虎男・粂井輝子・篠田左多江訳

32 **一　世**

黎明期アメリカ移民の物語り

1992 141-3 四六上製 283頁 ￥3301

人種差別と排日運動の嵐の中で，日本人留学生，労働者，売春婦はいかに生きたか。日系アメリカ人一世に関する初の本格的研究の始まり，その差別と苦悩と忍耐を見よ（著者は日系二世）

鄧　搏鵬／後藤均平訳

33 **越南義烈史**☆

抗仏独立運動の死の記録

1993 143-X 四六上製 230頁 ￥3301

19世紀後半，抗仏独立闘争に殉じたベトナムの志士たちの略伝・追悼文集。反植民地・民族独立思想の原点（1918年上海で秘密出版）。東遊運動で日本に渡った留学生200人は，やがて日本を追われ，各地で母国の独立運動を展開して敗れ，つぎつぎと斃れるその記録

D. ジョルジェヴィチ, S. フィシャー・ガラティ／佐原徹哉訳

34 **バルカン近代史**

ナショナリズムと革命

1994 153-7 四六上製 262頁 ￥2800

かつて世界の火薬庫といわれ，現在もエスニック紛争に明け暮れるバルカンを，異民族支配への抵抗と失敗する農民蜂起の連続ととらえる。現代は，過去の紛争の延長としてあり，一朝にして解決するようなものではない

C. メクゼーパー, E. シュラウト共編／瀬原義生監訳, 赤阪俊一・佐藤専次共訳

35 **ドイツ中世の日常生活**

騎士・農民・都市民

1995 ＊179-6 四六上製 205頁 ￥2800

ドイツ中世史家たちのたしかな目が多くの史料から読みとる新しい日常史。普通の“中世人”の日常と心性を描くが，おのずと重厚なドイツ史学の学風を見せて興味深い

神山四郎　［比較文明学叢書１］

36 **比較文明と歴史哲学**

1995　182-0　四六上製　257頁　¥2800

歴史哲学者による比較文明案内。歴史をタテに発展とみる旧来の見方に対し，ヨコに比較する多系文明の立場を推奨。ボシュエ，ヴィコ，イブン・ハルドゥーン，トインビーと文明学の流れを簡明に

神川正彦　［比較文明学叢書２］

37 **比較文明の方法**

新しい知のパラダイムを求めて

1995　184-7　四六上製　275頁　¥2800

地球規模の歴史的大変動の中で，トインビー以降ようやく高まる歴史と現代へのパースペクティヴ，新しい知の枠組み，学の体系化の試み。ニーチェ，ヴェーバー，シュペングラーを超えてトインビー，山本新にいたり，原理と方法を論じる

B. A. トゥゴルコフ／斎藤晨二訳

38 **オーロラの民**

ユカギール民族誌

1995　183-9　四六上製　220頁　¥2800

北東シベリアの少数民族人口1000人のユカギール人の歴史と文化。多数の資料と現地調査が明らかにするトナカイと犬ぞりの生活・信仰・言語。巻末に調査報告「ユカギール人の現在」

D. W. ローマックス／林　邦夫訳

39 **レコンキスタ**

中世スペインの国土回復運動

1996　180-4　四六上製　314頁　¥3300

克明に史実を追って，800年間にわたるイスラム教徒の支配からのイベリア半島奪還とばかりはいいきれない，レコンキスタの本格的通史。ユダヤ教徒をふくめ，三者の対立あるいは協力，複雑な800年の情勢に迫る

A. R. マイヤーズ／宮島直機訳

40 **中世ヨーロッパの身分制議会**［品切］

新しいヨーロッパ像の試み（２）

1996　186-3　四六上製　214頁　¥2800

各国の総合的・比較史的研究に基づき，身分制議会をカトリック圏固有のシステムととらえ，近代の人権思想もここから導かれるとする文化史的な画期的発見，その影響に注目が集まる。図写79点

M. ローランソン，J. E. シーヴァー／白井洋子訳

41 **インディアンに囚われた白人女性の物語**

1996　195-2　四六上製　274頁　¥2800

植民地時代アメリカの実話。捕虜となり生き残った２女性の見たインディアンの心と生活。牧師夫人の手記とインディアンの養女となった少女の生涯。しばしば不幸であった両者の関係を見なおすために

木崎良平

42 **仙台漂民とレザノフ**

幕末日露交渉史の一側面No. 2

1997　198-7　四六上製　261頁　¥2800

日本人最初の世界一周と日露交渉。『環海異聞』などに現れる若宮丸の遭難と漂民16人の数奇な運命。彼らを伴って通商を迫ったロシア使節レザノフ。幕末日本の実相を歴史家が初めて追求した

U. イム・ホーフ／森田安一監訳，岩井隆夫・米原小百合・佐藤るみ子・黒澤隆文・踊共二共訳

43 **スイスの歴史**

1997　207-X　四六上製　308頁　¥2800

日本初の本格的スイス通史。ドイツ語圏でベストセラーを続ける好著の完訳。独・仏・伊のことばの壁をこえてバランスよくスイス社会と文化を追求，現在の政治情況に及ぶ

E. フリート／柴嵜雅子訳

44 **ナチスの陰の子ども時代**

あるユダヤ系ドイツ詩人の回想

1998　203-7　四六上製　215頁　¥2800

ナチスの迫害を逃れ，17歳の少年が単身ウィーンからロンドンに亡命する前後の数奇な体験を中心にした回想録。著者は戦後のドイツで著名なユダヤ系詩人で，本書が本邦初訳

今谷明・大濱徹也・尾形勇・樺山紘一・木畑洋一編

45 20世紀の歴史家たち

(1)日本編(上) (2)日本編(下) (5)日本編(続) (3)世界編(上) (4)世界編(下)

1997～2006　四六上製　平均300頁　各￥2800

歴史家は20世紀をどう生きたか，歴史学はいかに展開したか。科学としての歴史学と人間としての歴史家，その生と知とを生々しく見つめようとする。書かれる歴史家と書く歴史家，それを読む読者と三者の生きた時代

日本編(上)　1997 211-8

1 徳富 蘇峰（大濱徹也）
2 白鳥 庫吉（窪添慶文）
3 鳥居 龍蔵（中薗英助）
4 原 勝郎（樺山紘一）
5 喜田 貞吉（今谷 明）
6 三浦 周行（今谷 明）
7 幸田 成友（西垣晴次）
8 柳田 國男（西垣晴次）
9 伊波 普猷（高良倉吉）
10 今井登志喜（樺山紘一）
11 本庄栄治郎（今谷 明）
12 高群 逸枝（栗原 弘）
13 平泉 澄（今谷 明）
14 上原 専祿（三木 亘）
15 野呂栄太郎（神田文人）
16 宮崎 市定（礪波 護）
17 仁井田 陞（尾形 勇）
18 大塚 久雄（近藤和彦）
19 高橋幸八郎（遅塚忠躬）
20 石母田 正（今谷 明）

日本編(下)　1999 212-6

1 久米 邦武（田中 彰）
2 内藤 湖南（礪波 護）
3 山路 愛山（大濱徹也）
4 津田左右吉（大室幹雄）
5 朝河 貫一（甚野尚志）
6 黒板 勝美（石井 進）
7 福田 徳三（今谷 明）
8 辻 善之助（圭室文雄）
9 池内 宏（武田幸男）
10 羽田 亨（羽田 正）
11 村岡 典嗣（玉懸博之）
12 田村栄太郎（芳賀 登）
13 山田盛太郎（伊藤 晃）
14 大久保利謙（由井正臣）
15 濱口 重國（菊池英夫）
16 村川堅太郎（長谷川博隆）
17 宮本 常一（西垣晴次）
18 丸山 眞男（坂本多加雄）
19 和歌森太郎（宮田 登）
20 井上 光貞（笹山晴生）

日本編(続)　2006 232-0

1 狩野 直喜（戸川芳郎）
2 桑原 隲蔵（礪波 護）
3 矢野 仁一（挾間直樹）
4 加藤 繁（尾形 勇）
5 中村 孝也（中田易直）
6 宮地 直一（西垣晴次）
7 和辻 哲郎（樺山紘一）
8 一志 茂樹（古川貞雄）
9 田中惣五郎（本間恂一）
10 西岡虎之助（西垣晴次）
11 岡 正雄（大林太良）
12 羽仁 五郎（斉藤 孝）
13 服部 之總（大濱徹也）
14 坂本 太郎（笹山晴生）
15 前嶋 信次（窪寺紘一）
16 中村 吉治（岩本由輝）
17 竹内 理三（樋口州男）
18 清水 三男（網野善彦）
19 江口 朴郎（木畑洋一）
20 林屋辰三郎（今谷 明）

世界編(上)　1999 213-4

1 ピレンヌ（河原 温）
2 マイネッケ（坂井榮八郎）
3 ゾンバルト（金森誠也）
4 メネンデス・ピダール（小林一宏）
5 梁 啓超（佐藤慎一）
6 トーニー（越智武臣）
7 アレクセーエフ（加藤九祚）
8 マスペロ（池田 温）
9 トインビー（芝井敬司）
10 ウィーラー（小西正捷）
11 カー（木畑洋一）
12 ウィットフォーゲル（鶴間和幸）
13 エリアス（木村靖二）
14 侯 外廬（多田狷介）
15 ブローデル（浜名優美）
16 エーバーハルト（大林太良）
17 ウィリアムズ（川北 稔）
18 アリエス（杉山光信）
19 楊 寛（高木智見）
20 クラーク（ドン・ベイカー 藤川隆男訳）
21 ホブズボーム（水田 洋）
22 マクニール（高橋 均）
23 ジャンセン（三谷 博）
24 ダニーロフ（奥田 央）
25 フーコー（福井憲彦）
26 デイヴィス（近藤和彦）
27 サイード（杉田英明）
28 タカキ，R.（富田虎男）

世界編(下)　2001 214-2

1 スタイン（池田 温）
2 ヴェーバー（伊藤貞夫）
3 バルトリド（小松久男）
4 ホイジンガ（樺山紘一）
5 ルフェーヴル（松浦義弘）
6 フェーヴル（長谷川輝夫）
7 グラネ（桐本東太）
8 ブロック（二宮宏之）
9 陳 寅恪（尾形 勇）
10 顧 頡剛（小倉芳彦）
11 カントロヴィッチ（藤田朋久）
12 ギブ（湯川 武）
13 ゴイテイン（湯川 武）
14 ニーダム（草光俊雄）
15 コーサンビー（山崎利男）
16 フェアバンク（平野健一郎）
17 モミリアーノ（本村凌二）
18 ライシャワー（W.スティール）
19 陳 夢家（松丸道雄）
20 フィンリー（桜井万里子）
21 イナルジク（永田雄三）
22 トムスン（近藤和彦）
23 グレーヴィチ（石井規衛）
24 ル・ロワ・ラデュリ（阿河雄二郎）
25 ヴェーラー（木村靖二）
26 イレート（池端雪浦）

戸上　一
46 **千　利　休**
ヒト・モノ・カネ
1998　＊210-6　四六上製　212頁　￥2000

高価な茶道具にまつわる美と醜の世界を視野に入れぬ従来の利休論にあきたらぬ筆者が，書き下ろした利休の実像。モノの美とそれにまつわるカネの醜に対決する筆者の気迫に注目

大濱徹也
47 **日本人と戦争**☆
歴史としての戦争体験
2002　220-7　四六上製　280頁　￥2400

幕末，尊皇攘夷以来，日本は10年ごとの戦争で大国への道をひた走った。やがて敗戦。大東亜戦争は正義か不正義かは鏡の表と裏にすぎないかもしれない。日本人の“戦争体験”が民族共有の記憶に到達するのはいつか？

K.B.ウルフ／林　邦夫訳
48 **コルドバの殉教者たち**
イスラム・スペインのキリスト教徒
1998　226-6　四六上製　214頁　￥2800

9世紀，イスラム時代のコルドバで，49人のキリスト教徒がイスラム教を批難して首をはねられた。かれらは極刑となって殉教者となることを企図したのである。三つの宗教の混在するスペインの不思議な事件である

U.ブレーカー／阪口修平・鈴木直志訳
49 **スイス傭兵ブレーカーの自伝**
2000　240-1　四六上製　263頁　￥2800

18世紀スイス傭兵の自伝。貧農に生まれ，20歳で騙されてプロイセン軍に売られ，軍隊生活の後，七年戦争中に逃亡。彼の生涯で最も劇的なこの時期の記述は，近代以前の軍隊生活を知る類例のない史料として注目

田中圭一
50 **日本の江戸時代**☆
舞台に上がった百姓たち
1999　＊233-5　四六上製　259頁　￥2400

日本の古い体質のシンボルである江戸時代封建論に真向から挑戦する江戸近代論。「検地は百姓の土地私有の確認である」ことを実証し，一揆は幕府の約束違反に対するムラの抗議だとして，日本史全体像の変革を迫る

平松幸三編　2001年度 沖縄タイムス出版文化賞受賞
51 **沖縄の反戦ばあちゃん**
松田カメ口述生活史
2001　242-8　四六上製　199頁　￥2000

沖縄に生まれ，内地で女工，結婚後サイパンへ出稼いで，戦争に巻込まれる。帰郷して米軍から返却された土地は騒音下。嘉手納基地爆音訴訟など反戦平和運動の先頭に立ったカメさんの原動力は理屈ではなく，生活体験だ

52　（欠番）

原田勝正
53 **日　本　鉄　道　史**
技術と人間
2001　275-4　四六上製　488頁　￥3300

幕末維新から現代まで，日本の鉄道130年の発展を，技術の進歩がもつ意味を社会との関わりの中に確かめながら，改めて見直したユニークな技術文化史

J.キーガン／井上堯裕訳
54 **戦争と人間の歴史**
人間はなぜ戦争をするのか？
2000　264-9　四六上製　205頁　￥2000

人間はなぜ戦争をするのか？　人間本性にその起源を探り，国家や個人と戦争の関わりを考え，現実を見つめながら「戦争はなくなる」と結論づける。原本は豊かな内容で知られるＢＢＣ放送の連続講演（1998年）

M.シェーファー／大津留厚監訳・永島とも子訳

55 **エリザベート―栄光と悲劇**

2000　＊265-6　四六上製　183頁　￥2000

ハプスブルク朝の皇后“シシー”の生涯を内面から描く。美貌で頭が良く，自信にあふれ，決断力を持ちながらも孤独に苦しんでいた。従来の映画や小説では得られない“変革の時代”に生きた高貴な人間像

地中海学会編

56 **地中海の暦と祭り**

2002　230-4　四六上製　285頁　￥2500

季節の巡行や人生・社会の成長・転変に対応する祭は暦や時間と深く連関する。その暦と祭を地中海世界の歴史と地域の広がりの中でとらえ，かつ現在の祭慣行や暦制度をも描いた，歴史から現代までの「地中海世界案内」

堀　敏一

57 **曹　　操**

三国志の真の主人公

2001　＊283-0　四六上製　220頁　￥2800

諸葛孔明や劉備の活躍する『三国志演義』はおもしろいが，小説であって事実ではない。中国史の第一人者が慎重に選んだ“事実は小説よりも奇”で，人間曹操と三国時代が描かれる

P.ブラウン／宮島直機訳

58 **古代末期の世界**　［改訂新版］

ローマ帝国はなぜキリスト教化したか

2002　＊354-7　四六上製　233頁　￥2800

古代末期を中世への移行期とするのではなく独自の文化的世界と見なす画期的な書。鬼才P.ブラウンによる「この数十年の間で最も影響力をもつ歴史書！」(書評から)

宮脇淳子

59 **モンゴルの歴史**　［増補新版］

遊牧民の誕生からモンゴル国まで

2018　＊446-9　四六上製　320頁　￥2800

紀元前1000年に中央ユーラシア草原に遊牧騎馬民が誕生してから，現在21世紀のモンゴル系民族の最新情報までを1冊におさめた，世界初の通史。2017年には，モンゴルでも訳書完成

永井三明

60 **ヴェネツィアの歴史**

共和国の残照

2004　＊285-4　四六上製　270頁　￥2800

1797年「唐突に」姿を消した共和国。ヴェネツィアの1000年を越える歴史を草創期より説き起こす。貴族から貧困層まで，人々の心の襞までわけ入り描き出される日々の生活，etc.ヴェネツィア史の第一人者による書き下ろし

H.バイアス／内山秀夫・増田修代訳

61 **敵　国　日　本**

太平洋戦争時，アメリカは日本をどう見たか？

2001　286-X　四六上製　215頁　￥2000

パールハーバーからたった70日で執筆・出版され，アメリカで大ベストセラーとなったニューヨークタイムズ記者の日本論。天皇制・政治経済・軍隊から日本人の心理まで，アメリカは日本人以上に日本を知っていた……

伊東俊太郎　［比較文明学叢書 3］

62 **文明と自然**

対立から統合へ

2002　293-2　四六上製　256頁　￥2400

かつて西洋の近代科学は，文明が利用する対象として自然を破壊し，自然は利用すべき資源でしかなかった。いま「自から然る」自然が，生々発展して新しい地球文明が成る。自然と文明の統合の時代である

P.V.グロブ／荒川明久・牧野正憲訳

63 **甦る古代人**

デンマークの湿地埋葬

2002　298-3　四六上製　191頁　￥2500

デンマーク，北ドイツなど北欧の寒冷な湿地帯から出土した，生々しい古代人の遺体（約700例）をめぐる“謎”の解明。原著の写真全77点を収録した，北欧先史・古代史研究の基本図書

大濱徹也

64 **庶民のみた日清・日露戦争**

帝国への歩み

2003　316-5　四六上製　265頁　¥2200

明治維新以後10年ごとの戦争に明けくれた日本人の戦争観・時代観を根底に，著者は日本の現代を描こうとする。庶民の皮膚感覚に支えられた生々しい日本の現代史像に注目が集まる。『明治の墓標』改題

喜安　朗

65 **天皇の影をめぐるある少年の物語**

戦中戦後私史

2003　312-2　四六上製　251頁　¥2200

第二次大戦の前後を少年から青年へ成長した多くの日本人の誰もが見た敗戦から復興の光景を，今あらためて注視する少年の感性と歴史家の視線。変転する社会状況をくぐりぬけて今現われた日本論

スーザン・W.ハル／佐藤清隆・滝口晴生・菅原秀二訳

66 **女は男に従うもの？**

近世イギリス女性の日常生活

2003　315-7　四六上製　285頁　¥2800

16～17世紀，女性向けに出版されていた多くの結婚生活の手引書や宗教書など（著者は男性）を材料に，あらゆる面で制約の下に生きていた女性達の日常を描く（図版多数集録）

G.スピーニ／森田義之・松本典昭訳

67 **ミケランジェロと政治**

メディチに抵抗した《市民＝芸術家》

2003　＊318-9　四六上製　181頁　¥2500

フィレンツェの政治的激動期，この天才芸術家が否応なく権力交替劇に巻き込まれながらも，いかに生き抜いたか？　ルネサンス美術史研究における社会史的分析の先駆的議論。ミケランジェロとその時代の理解のために

金七紀男

68 **エンリケ航海王子**　［品切］

大航海時代の先駆者とその時代

2004　322-X　四六上製　232頁　¥2500

初期大航海時代を導いたポルトガルの王子エンリケは，死後理想化されて「エンリケ伝説」が生れる。本書は，生身で等身大の王子とその時代を描く。付録に「エンリケ伝説の創出」「エンリケの肖像画をめぐる謎」の２論文も

H.バイアス／内山秀夫・増田修代訳

69 **昭和帝国の暗殺政治**

テロとクーデタの時代

2004　314-9　四六上製　341頁　¥2500

戦前，『ニューヨーク・タイムズ』の日本特派員による，日本のテロリズムとクーデタ論。記者の遭遇した5.15事件や2.26事件を，日本人独特の前近代的心象と見て，独自の日本論を展開する。『敵国日本』の姉妹篇

E.L.ミューラー／飯野正子監訳

70 **祖国のために死ぬ自由**

徴兵拒否の日系アメリカ人たち

2004　331-9　四六上製　343頁　¥3000

第二次大戦中，強制収容所に囚われた日系２世は，市民権と自由を奪われながら徴兵された。その中に，法廷で闘って自由を回復しアメリカ人として戦う道を選んだ人々がいた。60年も知られなかった日系人の闘いの記録

松浦高嶺・速水敏彦・高橋 秀

71 **学 生 反 乱**

―1969―　立教大学文学部

2005　335-1　四六上製　281頁　¥2800

1960年代末，世界中を巻きこんだ大学紛争。学生たちの要求に真摯に向合い，かつ果敢に闘った立教大学文学部の教師たち。35年後の今，闘いの歴史はいかに継承されているか？

神川正彦　［比較文明学叢書 5］

72 **比較文明文化への道**

日本文明の多元性

2005　343-2　四六上製　311頁　¥2800

日本文明は中国のみならずアイヌや琉球を含め，多くの文化的要素を吸収して成立している。その文化的要素を重視して“文明文化”を一語として日本を考える新しい視角

藤川隆男編

73 **白人とは何か？**

ホワイトネス・スタディーズ入門

2005 ＊346-2 四六上製 257頁 ￥2200

近年欧米で急速に拡大している「白人性研究」を日本で初めて本格的に紹介。差別の根源「白人」を人類学者が未開の民族を見るように研究の俎上に載せ，社会的・歴史的な存在である事を解明する多分野17人が協力

W. フライシャー／内山秀夫訳

74 **太平洋戦争にいたる道**

あるアメリカ人記者の見た日本

2006 349-1 四六上製 273頁 ￥2800

昭和初・中期の日本が世界の動乱に巻込まれていくさまを，アメリカ人記者の眼で冷静に見つめる。世界の動きを背景に，日本政府の情勢分析の幼稚とテロリズムを描いて，小社既刊『敵国日本』と対をなす必読日本論

白井洋子

75 **ベトナム戦争のアメリカ**

もう一つのアメリカ史

2006 ＊352-3 四六上製 258頁 ￥2500

「インディアン虐殺」の延長線上にベトナム戦争を位置づけ，さらに，ベトナム戦没者記念碑「黒い壁」とそれを訪れる人々の姿の中にアメリカの歴史の新しい可能性を見る。「植民地時代の先住民研究」専門の著者だからこその視点

L. カッソン／新海邦治訳

76 **図書館の誕生**

古代オリエントからローマへ

2007 ＊356-1 四六上製 222頁 ￥2300

古代の図書館についての最初の包括的研究。紀元前3千年紀の古代オリエントの図書館の誕生から，図書館史の流れを根本的に変えた初期ビザンツ時代まで。碑文，遺跡の中の図書館の遺構，墓碑銘など多様な資料は語る

英国王立国際問題研究所／坂井達朗訳

77 **敗北しつつある大日本帝国**

日本敗戦7ヵ月前の英国王立研究所報告

2007 ＊361-5 四六上製 253頁 ￥2700

対日戦略の一環として準備された日本分析。極東の後進国日本が世界経済・政治の中に進出，ファシズムの波にのって戦争を遂行する様を冷静に判断。日本文化社会の理解は，戦中にも拘わらず的確で大英帝国の底力を見る

史学会編

78 **歴 史 の 風**

2007 ＊369-1 四六上製 295頁 ￥2800

『史学雑誌』連載の歴史研究者によるエッセー「コラム 歴史の風」を1巻に編集。1996年の第1回「歴史学雑誌に未来から風が吹く」（樺山紘一）から昨2006年末の「日本の歴史学はどこに向かうのか」（三谷 博）まで11年間55篇を収載

青木 健→99巻『新ゾロアスター教史』

79 **ゾロアスター教史** ［絶版］

古代アーリア・中世ペルシア・現代インド

2008 ＊374-5 四六上製 308頁 ￥2800

本邦初の書下ろし。謎の多い古代アーリア人の宗教，サーサーン朝国教としての全盛期，ムスリム支配後のインドで復活，現代まで。世界諸宗教への影響，ペルシア語文献の解読，ソグドや中国の最新研究成果が注目される

城戸 毅

80 **百 年 戦 争**

中世末期の英仏関係

2010 ＊379-0 四六上製 373頁 ￥3000

今まで我が国にまとまった研究もなく，欧米における理解からずれていたこのテーマ。英仏関係及びフランスの領邦君主諸侯間の関係を通して，戦争の前史から結末までを描いた，本邦初の本格的百年戦争の全体像

R. オズボン／佐藤 昇訳

81 **ギリシアの古代**

歴史はどのように創られるか？

2011 ＊396-7 四六上製 261頁 ￥2800

最新の研究成果から古代ギリシア史研究の重要トピックに新しい光を当て，歴史学的な思考の方法，「歴史の創り方」を入門的に，そして刺戟的に紹介する。まずは「おなじみ」のスポーツ競技，円盤投げの一場面への疑問から始める

藤川隆男
82 人種差別の世界史
白人性とは何か？
2011　＊398-1　四六上製　274頁　¥2300
差別と平等が同居する近代世界の特徴を，身近な問題（ファッション他）を取り上げながら，前近代との比較を通じて検討。人種主義と啓蒙主義の問題，白人性とジェンダーや階級の問題などを，世界史的な枠組で解明かす

Ch. ビュヒ／片山淳子訳
83 もう一つのスイス史
独語圏・仏語圏の間の深い溝
2012　＊395-0　四六上製　246頁　¥2500
スイスは，なぜそしていかに，多民族国家・多言語国家・多文化国家になったのか，そのため生じた問題にいかに対処してきたか等々。独仏両言語圏の間の隔たりから語る，今までに無い「いわば言語から覗くスイスの歴史」

坂井榮八郎
84 ドイツの歴史百話
2012　＊407-0　四六上製　330頁　¥3000
「ドイツ史の語り部」を自任する著者が，半世紀を超える歴史家人生で出会った人，出会った事，出会った本，そして様ざまな歴史のエピソードなどを，百のエッセイに紡いで時代順に語ったユニークなドイツ史

田中圭一
85 良寛の実像
歴史家からのメッセージ
2013　＊411-7　四六上製　239頁　¥2400
捏造された「家譜」・「自筆過去帳」や無責任な小説や教訓の類いが，いかに良寛像を過らせたか！　良寛を愛し，良寛の眞実を求め，人間良寛の苦悩を追って，その実像に到達した，唯一，歴史としての良寛伝が本書である

A. ジョティシュキー／森田安一訳
86 十字軍の歴史
2013　＊388-2　四六上製　480頁　¥3800
カトリック対ギリシア東方正教対イスラームの抗争という，従来の東方十字軍の視点だけではなく，レコンキスタ・アルビショワ十字軍・ヴェンデ十字軍なども叙述，中世社会を壮大な絵巻として描いた十字軍の全体史

W. ベーリンガー／長谷川直子訳
87 魔女と魔女狩り
2014　＊413-1　四六上製　480頁　¥3500
ヨーロッパ魔女狩りの時代の総合的な概説から，現代の魔女狩りに関する最新の情報まで，初めての魔女の世界史。魔女狩りの歴史の考察から現代世界を照射する問題提起が鋭い。110頁を超える索引・文献・年表も好評

J.=C. シュミット／小池寿子訳
88 中世の聖なるイメージと身体
キリスト教における信仰と実践
2015　＊380-6　四六上製　430頁　¥3800
中世キリスト教文明の中心テーマ！　目に見えない「神性」にどのように「身体」が与えられたか，豊富な具体例で解き明かす。民衆の心性を見つめて歴史人類学という新しい地平を開拓したシュミットの，更なる到達点

W. D. エアハート／白井洋子訳
89 ある反戦ベトナム帰還兵の回想
2015　＊420-9　四六上製　480頁　¥3500
詩人で元米国海兵隊員の著者が，ベトナム戦争の従軍体験と，帰還後に反戦平和を訴える闘士となるまでを綴った自伝的回想の記録三部作第二作目 *Passing Time* の全訳。「小説ではないがそのようにも読める」(著者まえがき)

岩崎 賢
90 アステカ王国の生贄の祭祀
血・花・笑・戦
2015　＊423-0　四六上製　202頁　¥2200
古代メキシコに偉大な文明を打ち立てたアステカ人の宗教的伝統の中心＝生贄の祭りのリアリティに，古代語文献，考古学・人類学史料及び厳選した図像史料を駆使して肉迫する。本邦ではほとんど他に例のない大胆な挑戦

藤川隆男

91 **妖獣バニヤップの歴史**

オーストラリア先住民と白人侵略者のあいだで

2016 ＊431-5 四六上製 300頁＋カラー口絵８頁 ¥2300

バニヤップはオーストラリア先住民に伝わる水陸両生の幻の生き物。イギリスの侵略が進むなか，白人入植者の民話としても取り入れられ，著名な童話のキャラクターとなる。この動物の記録を通して語るオーストラリア史

ジョー・グルディ＆D.アーミテイジ／平田雅博・細川道久訳

92 **これが歴史だ！**

21世紀の歴史学宣言

2017 ＊429-2 四六上製 250頁 ¥2500

気候変動を始め現代の難問を長期的に捉えるのが歴史家本来の仕事。短期の視点が台頭する今，長期の視点の重要性の再認識を主張。歴史学研究の流れから，膨大な史料データ対応の最新デジタル歴史学の成果までを本書に

杉山博久

93 **直良信夫の世界**

20世紀最後の博物学者

2016 ＊430-8 四六上製 300頁 ¥2500

考古学，古人類学，古生物学，現生動物学，先史地理学，古代農業……。最後の博物学者と評されたその研究領域を可能な限り辿り，没後30年に顕彰。「明石原人」に関わる諸見解も紹介し，今後の再評価が期待される

永田陽一 野球文化學會学会賞受賞

94 **日系人戦時収容所のベースボール**

ハーブ栗間の輝いた日々

2018 ＊439-1 四六上製 210頁 ¥2000

「やる者も見る者もベースボールが本気だった」カリフォルニアから強制立ち退きでアメリカ南部の収容所に送られた若者たち。屈辱の鉄条網のなかで生き延びるための野球に熱中，数千の観衆を前に強豪チームを迎え撃つ

三佐川亮宏

95 **紀元千年の皇帝**

オットー三世とその時代

2018 ＊437-7 四六上製 430頁＋カラー口絵２頁 ¥3700

その並外れた教養と知性の故に，「世界の奇跡」と呼ばれた若き皇帝。彼の孤高にして大胆な冒険に満ちた儚い生涯と，「紀元千年」の終末論の高揚する中世ローマ帝国の世界に，今日のヨーロッパ統合の原点を探る旅

山﨑耕一

96 **フランス革命**

「共和国」の誕生

2018 ＊443-8 四六上製 370頁 ¥3000

「革命前夜のフランスの状況」から説かれる本書。１冊で，「革命」とは何か，複雑なフランス革命の諸々の動きと人々の生き方，共和国の成立からナポレオンの登場，帝政の開始までの，すべてを理解できる革命史が完成

ヒュー・ボーデン／佐藤昇訳

97 **アレクサンドロス大王**

2019 ＊442-1 四六上製 234頁 ¥2300

歴史の中に浮び上る真の姿。「西アジアで発見の重要文書から，アレクサンドロスは基本的に「西洋的な人物」であると考えなくなる」と，著者。最新の研究成果を踏まえ旧来のアレクサンドロス像に異議を唱えた入門書

トーマス・W.アルフォード／中田佳昭・村田信行訳

98 **インディアンの「文明化」**

ショーニー族の物語

2018 ＊438-4 四六上製 300頁 ¥3000

小さな部族のエリートが「白人的価値」と「インディアンの価値」の中で苦悩し翻弄されながら，両者の懸け橋を目指して懸命に生きた姿。アメリカ白人社会への強制的同化を受け入れ生き残る ⇒ 現代社会への問いかけ？

青木 健

99 **新ゾロアスター教史**

古代中央アジアのアーリア人・中世ペルシアの神聖帝国・現代インドの神官財閥

2019 ＊450-6 四六上製 370頁 ¥3000

10年前の本邦初の書下ろし（本全書79巻）が既に品切れて，全面改稿！ 最新の研究成果と巻末に詳細な日本におけるゾロアスター教研究の現状を記録。旧版の良さを生かしながら，本来の諸言語の音を取り入れる

森田安一

100 **スイスの歴史百話**☆

2021 ＊462-9 四六上製 310頁 ￥2700

ヨーロッパの中央に位置するスイスの歴史は，周囲の大国との関係を無視して語ることはできない。あえて，いやむしろスイスから語った百遍の歴史エピソードから，連綿と続くヨーロッパの物語を浮かび上がらせた

永田雄三

101 **トルコの歴史**〈上〉〈下〉☆

2023 〈上〉＊479-7〈下〉＊480-3 四六上製 291頁 323頁 ￥2700

世界でも傑士のトルコ史研究者渾身の通史。匈奴，突厥などモンゴル高原から中央ユーラシアへ展開した騎馬遊牧民の一部トルコ系民族が，西へ移動。民族性を保持しつつ移住先文化と融合，洋の東西に展開した壮大な歴史

シュテフェン・パツォルト／甚野尚志訳

102 **封建制の多面鏡**☆

「封」と「家臣制」の結合

2023 ＊475-9 四六上製 210頁 ￥2700

わが国ではまだ十分に知られていない欧米最新の封建制概念を理解する入門書。中世ヨーロッパ各地で多様な形で出現し，「多面鏡に映るがごとくに」異なる像を形成してきた近代に至るまでの「封建制」概念に迫る

桜井万里子

103 **古代ギリシア人の歴史**

(2024年４月刊行予定)

2023 ＊445-2 四六上製 400頁予定 ￥3500